光明社科文库
GUANGMING DAILY PRESS:
A SOCIAL SCIENCE SERIES

·政治与哲学书系·

乡村振兴战略背景下的
农业支持保护政策研究

孔令刚　等｜著

光明日报出版社

图书在版编目（CIP）数据

乡村振兴战略背景下的农业支持保护政策研究 ／ 孔令刚等著 . -- 北京：光明日报出版社，2021.4

ISBN 978 - 7 - 5194 - 5869 - 0

Ⅰ. ①乡… Ⅱ. ①孔… Ⅲ. ①农业政策—研究—中国 Ⅳ. ①F320

中国版本图书馆 CIP 数据核字（2021）第 057600 号

乡村振兴战略背景下的农业支持保护政策研究
XIANGCUN ZHENXING ZHANLUE BEIJING XIA DE NONGYE ZHICHI BAOHU ZHENGCE YANJIU

著　　者：孔令刚 等	
责任编辑：刘兴华	责任校对：张　幽
封面设计：中联华文	责任印制：曹　诤

出版发行：光明日报出版社

地　　址：北京市西城区永安路 106 号，100050

电　　话：010 - 63169890（咨询），010 - 63131930（邮购）

传　　真：010 - 63131930

网　　址：http：//book. gmw. cn

E - mail：liuxinghua@ gmw. cn

法律顾问：北京德恒律师事务所龚柳方律师

印　　刷：三河市华东印刷有限公司

装　　订：三河市华东印刷有限公司

本书如有破损、缺页、装订错误，请与本社联系调换，电话：010 - 63131930

开　　本：170mm×240mm		
字　　数：260 千字	印　　张：17	
版　　次：2021 年 4 月第 1 版	印　　次：2021 年 4 月第 1 次印刷	
书　　号：ISBN 978 - 7 - 5194 - 5869 - 0		
定　　价：95.00 元		

目　录
CONTENTS

绪 论

农业是出现最早的物质生产部门，是人类社会再生产的起点，是人们赖以生存的基础产业，农业的充分发展是促进国民经济增长的基础前提。① 实施乡村振兴战略，产业兴旺是重点。推动农业高质量发展又是农村产业兴旺的重中之重。作为"三农"发展的核心支撑，全面提高农业综合生产能力和全要素生产率面临着更加迫切的任务和政策需求。财政支农资金是国家财政对农业的直接分配方式，反映的是工农、城乡之间的财政资源配置状况。② 从国际农业发展经验来看，世界各国都建立了广泛的农业支持保护政策。不同国家在不同时期的财政农业投入政策的目标和手段各有其特点，这为我们在新时代研究乡村振兴战略背景下完善农业支持保护政策提供了有益的借鉴。

农业作为基础产业承载着诸如确保粮食安全、社会稳定、生态安全等重要功能。中国农业正处于人口自然增长减缓、非农就业增加以及农业生产结构转型三大历史性变迁的交汇期③，也正处在转变发展方式、优化经济结构、

---

① 陈秧分，王国刚，孙炜琳. 乡村振兴战略中的农业地位与农业发展 [J]. 农业经济问题，2018（1）：20-26.
② 刘振伟. 建立稳定的乡村振兴投入增长机制 [J]. 农业经济问题，2019（5）：4-8.
③ 黄宗智，彭玉生. 三大历史性变迁的交汇与中国小规模农业的前景 [J]. 中国社会科学，2007（4）：74-88.

转换增长动力的攻关期①。我国农业也已步入由传统农业向现代农业跨越的关键时期。坚持把保障国家粮食安全作为发展现代农业的首要任务、摆在推进乡村产业发展的突出位置抓实抓好，处理好稳定粮食生产与产业多样化发展的关系，处理好"大国小农"如何实现农业现代化等问题，建立健全惠及农业及乡村产业发展的体制机制和政策体系，增加农业发展资金投入，等等，这些相关问题还有待深入研究。

　　本书的研究目的在于系统梳理我国农业支持保护政策实施效果、存在的突出问题，对现行农业支持与保护政策进行评估，借鉴国际农业支持保护政策的经验，着眼于推进农业高质量发展和乡村振兴，统筹考虑农业现代化与农村现代化的综合推进，构建符合国际通行规则的财政支农政策体系，研究提出构建新型农业支持保护政策体系的总体思路、重点举措、对策建议。

　　作为绪论，意在对全书所研究的内容和主要观点做一个简略梳理，为读者阅读全书提供一些梗概和进一步阅读的线索。

一、乡村振兴战略背景下农业发展需要重点关注的问题

　　研究农业支持政策不能离开实施乡村振兴战略这个大背景。坚持农业农村优先发展是实施乡村振兴战略的总方针，是解决城乡发展不平衡、农村发展不充分的根本出路，是加快推进农业农村现代化的必然选择。② 乡村振兴战略是一个系统工程，涉及农业农村内部资源的整合，也离不开外部因素和力量的引导和催化，重点是把现代产业发展理念和组织管理方式引入农业农村，用交叉共融的产业体系改造和提升农业，抓住融合点、贯通融合线、形成融合面、构建融合体，催生一批新产业、新业态、新模式、新主体，激发乡村发展活力，增强发展动能。

---

① 韩长赋. 大力推进质量兴农绿色兴农加快实现农业高质量发展 [N]. 农民日报，2018 – 02 – 27（1）.

② 张红宇. 坚定不移推进农业农村优先发展 [N]，人民日报，2019 – 03 – 15（09）.

（一）在新方位上研究如何提高对"饭碗要牢牢端在自己手中"重要性的认识

粮食安全、食品安全和食物主权是粮食的三大国家安全功能，粮食安全是国家安全的重要基础。粮食战争、货币战争和石油战争一同，被并称为和平时期的三大战争，并在国家间、地区间政治中得到运用。中国农业从战国开始就面临着用较少耕地养活众多人口的艰巨任务。当前，国际环境正在发生深刻而复杂的变化，我国改革发展稳定任务繁重，保障粮食安全面临许多新情况、新问题、新挑战。

习近平总书记强调，保障粮食安全历来是治国安邦的头等大事，中国人的饭碗要牢牢端在自己手中，我们的饭碗应该主要装中国粮。实施藏粮于地、藏粮于技战略，提高粮食产能，确保谷物基本自给、口粮绝对安全。[①] 夯实粮食生产能力基础，抓好粮食生产，稳定粮食和重要农产品产量、保障国家粮食安全和重要农产品有效供给始终是我们的头等大事，是"三农"工作的第一责任。要从"地"和"技"两个方面着手，理顺体制，完善措施。一是要保护耕地。提高基本农田的区位稳定程度、集中连片程度、落地到户程度和信息化程度，建立耕地质量建设与管护的长效机制，实行最严格的耕地保护制度和最严格的节约用地制度，对管护及合理利用基本农田给予财政补贴，以耕地整治和农田水利为重点，确保耕地质量与主要水利设施永续利用，到2020年建成8亿亩高标准农田。二是提升农业技术装备水平。强化现代农业产业技术体系建设，突破制约粮食生产的育种重大关键技术难题，加快粮食生产关键技术集成配套和推广，提高粮食生产重点薄弱环节的机械化水平[②]。三是在调整产业结构时，农业生产以粮食生产为核心，保障农民从事粮食生产的积极性，处理好粮食安全与发展高附加值农产品关系，保证基本的粮食种植面积，集中力量把最基本最重要的稻谷、小麦等口粮保住，切实做到谷物基本自给、口粮绝对安全。在保障数量供给的同时，更加注重粮食产品质量安全。四是丰富政策工具，加大政策实施力度，充分调动地方政

---

① 魏后凯.把饭碗牢牢端在自己手中［EB/OL］.人民网，2019-09-03.

② 张红宇，张海阳，李伟毅，等.中国特色农业现代化：目标定位与改革创新［J］.中国农村经济，2015（1）：4-13.

府和农民重农抓粮的积极性，真正把粮食安全责任落到实处，构建更高层次、更高质量、更有效率、更可持续的国家粮食安全保障体系。①

（二）在新起点上研究如何走出适合国情的现代农业发展道路

实现农业现代化，既要学习国外农业发展的先进经验，又要准确把握我国农业发展的自身特点，走出适合国情的现代农业发展道路。② 2018 年以来，国际贸易形势复杂多变，国内经济下行压力加大。在农业发展领域，我们同样面临国际与国内两个方向上的挑战，农业大而不强，结构性矛盾突出，全球竞争力明显薄弱。因此，对外我们要打造强势农业、提高中国农业全球竞争力，对内我们要加快补齐农业农村短板、实现四化同步发展。对农业自身发展来讲，还存在生产规模小、分散化经营的特点，难以建立规模优势，不利于农业先进生产技术普及等，这都阻碍了农业生产效率的提升与农业生产现代化的实现。如何走出适合国情的现代农业发展道路需要在区域结构、产业结构等方面探索适宜的方向。农业生产方式要通过产业体系、生产体系和经营体系创新，提高土地产出率、资源利用率、劳动生产率。从全国来看，农业产业结构要构建新的农业发展业态，发展新产业新业态，促进粮经饲统筹，种养加一体，农林牧渔结合，一、二、三产业融合，推动农业产业全面转型升级；农业区域结构要根据资源禀赋和产业基础，突出区域、企业和产品特色，推动农业产业链、供应链、价值链重构升级，推动农业生产向粮食生产功能区、重要农产品生产保护区、特色农产品优势区聚集，强化以信息技术为核心的网络化、智能化、精细化、组织化应用，提升农业生产效率和增值空间，走出一条集约、高效、优质、生态、安全、可持续的现代农业发展道路。

（三）在新站位上研究如何提升对农业的社会价值认同

农业是国民经济的基础产业，农产品是人类生存与发展最重要的物质基础，关系到国计民生。农业社会是工业社会诞生的母体，农业产业是国家工

---

① 国家粮食和物资储备局. 解决好吃饭问题始终是治国理政的头等大事 [N]. 人民日报，2019 - 10 - 16 (10).

② 彭道涛. 小农户对接农业现代化的现实困境与对策研究 [J]. 现代农业研究，2019 (9)：40 - 42.

业化最重要的基础产业。农业不仅是农民的生产经营活动，它包含了农民的生活方式、文化传承、种族延续、生命价值，以及各种社会关系，农业向全社会提供了巨大的正外部性。① 在新背景下更要充分认识拓展农业内涵的价值。农业不仅具有生产物质产品的传统功能和经济功能，而且具有生态环境与生态涵养、物种多样性、农民生活及就业与社会保障、社会稳定与社会调节、文化教育、休闲观光、文化传承等多种功能，要通过发挥农业的多功能提升农业发展层次，提升社会对农业价值的认同。一是从长远的现代化目标出发，农业在中国未来经济社会中承担保障高水平的粮食安全、满足对农产品消费升级的需要、支持农民增收和缩小城乡地区收入差距、提升农村社会活力、促进农村生态环境改善、推动整体生态文明建设等重要功能；二是从农业产业的吸引力层面来看，实施乡村振兴战略需要培养一大批新型职业农民、农村实用人才带头人，培育发展一批规范经营、有较强引领能力的新型经营主体，创造稳定的就业创业空间，鼓励农民创业创新。提升农业生产标准化、规模化、集约化水平，延长产业链、提升价值链、打通供应链，把涉农二、三产业尽可能留在农村，把就业岗位尽可能留给农民，把增值收益尽可能分给农民，培育农业品牌，全面提升农业质量效益竞争力，富裕农民、提高农民、扶持农民，提升农民的获得感和幸福感，让农民成为有吸引力的职业，将农业培育成有奔头的产业。

二、乡村振兴战略背景下的农业现代化

农业农村现代化是实施乡村振兴战略的总目标。为推动农村农业现代化这个总目标的实现，中央从政策设计上提出了以"构建现代农业产业体系、生产体系、经营体系"三大体系建设为重点的农业农村现代化推进方略。推进乡村振兴战略背景下的农业现代化，有关传统农业、现代农业以及农业现代化等概念的理论及现实基础需要进一步厘清。同时，要深入研究我国小农户在数量上一直处于农业经营主体地位，且长期以"大国小农"的农业经营形式存续并发展的国情。在新形势下，培育适应小农户需求的多元化、多层

① 周立，王彩虹，方平. 供给侧改革中农业多功能性、农业4.0与生态农业发展创新
[J]. 新疆师范大学学报（哲学社会科学版），2018（1）：92 – 98.

次农业生产性服务组织，将传统农业家庭经营引入现代分工经济，继承和发扬传统农业技术，使之与现代农业技术合理结合，促进传统小农户向现代小农户转变，实现小农户与现代农业发展有机衔接，推进"大国小农"实现农业现代化，对夯实实施乡村振兴战略的基础更具有现实意义。

（一）关于传统农业

我国传统农业延续时间十分长久，"大国小农"是我国农业的现实基础。农业生产是经济社会与自然界联系最紧密的产业活动，农业是连接人与自然的关键节点，是传承文化与文明的重要载体，是人类最基本生活必需品的提供者。农业除了食物和纤维生产功能外，还承载可再生资源管理、生态服务、文化传承、生物多样性等诸多功能，反映在收入多元化、经营多样化等不同侧面①，这是我国传统农业产生的根本，也是其经久不衰的重要原因。传统农业可以说是建立在经验基础上的精耕细作技术系统，是在自然经济条件下，采用人力、畜力、手工工具、铁器等为主的小农劳动方式，传承世代积累下来的传统经验，以自给自足的自然经济居主导地位，是农业发展史上的一个重要阶段。我国传统农业发展过程形成了鲜明的特点：一是在尊重自然、顺应自然的条件下，合理利用自然，发展出与现代农学不同的观念体系和有利于可持续发展的精耕细作的技术体系；二是农业以种植业为主，养殖业为辅，种植业和养殖业相互依存、相互促进，种植业为养殖业提供饲料来源，养殖业为种植业提供大量的有机肥料；三是形成了蕴含科学道理的耕作模式，包括因地制宜、合理耕作，深耕细锄、多耕多锄，积肥造肥、合理用肥，合理轮作、间作套种以及发展农田水利事业，增加灌溉面积等重要措施。②

中国传统农业技术的精华，对世界农业的发展有积极的影响。传统农业当然也存在发展方式粗放、农业生产经营规模小、生产经营组织化程度低、技术装备水平低等问题，在小农生产的基础上如何实现"大国小农"的农业现代化需要深入研究。

---

① 房艳刚，刘继生．基于多功能理论的中国乡村发展多元化探讨：超越"现代化"发展范式［J］．地理学报，2015，70（2）：257－270．
② 严火其．中国传统农业的特点及其现代价值［J］．中国农史，2015（4）：12－24．

（二）关于现代农业

现代农业是建立在现代自然科学基础上，用现代工业、农业、信息科学、管理技术和人工智能技术装备起来的，生产技术由经验转向科学的集约化农业，是生产区域化、专业化、标准化、品牌化，综合生产率、劳动生产率和资源转化效率高，农产品质量安全可靠的优质高产高效农业，是一、二、三产业深度融合发展，农民收入稳定增长的多功能农业，是人与自然和谐相处、生态良好、竞争力强的可持续农业。

发展现代农业的方向是产业化。根据发达经济体发展的经验、中国的具体国情以及现实的经济环境，现代农业的发展既要提升产业竞争力，又要包容家庭农户生产的共生性[1]，不排斥小农户的存在，要发挥小农户精耕细作和合理分工的经营优势。现代农业的基本特征体现在农业的绿色化、优质化、特色化、品牌化等方面。[2] 为实现现代农业的这些特征，要构建现代农业产业体系、现代农业生产体系和现代农业经营体系。现代农业产业体系的主要特征是市场化、融合化、高级化；现代农业生产体系的主要特征是科技化、机械化、绿色化；现代农业经营体系的主要特征是集约化、社会化、组织化。

（三）关于农业现代化

农业现代化是中国国家整体现代化的重要组成部分，也是多年来的农业政策一直追求达到的核心目标[3]。农业现代化是从传统农业向现代农业转化、农业产业不断升级优化、农业集约化水平和产业竞争力不断提升的过程。在这个动态发展过程中，农业生产与工业化高度融合，通过农业科技创新，促进劳动过程机械化、农业技术集成化、生产经营信息化、生产管理智能化，农业经营方式由小农经济转变为专业化、社会化、市场化、产业化的农业组

---

[1] 张良悦. 推进小农户和现代农业发展有机衔接 [N]. 河南日报, 2019 - 03 - 02.

[2] 曾福生, 卓乐. 实施乡村振兴战略的路径选择 [J]. 农业现代化研究, 2018, 39 (5)：709 - 716.

[3] 夏柱智. 农业治理和农业现代化：中国经验的阐释 [J]. 政治学研究, 2018 (5)：20 - 23.

织形式，实现农产品生产、加工、流通、销售一体化和农村产业结构的优化。① 农业现代化有几个明显的标志：一是用现代的物质技术装备农业，农业良种化、水利化、机械化、信息化等，农业供给能力稳定提高；二是农业生产有规模效益；三是国家对农业的支持政策体系完善，有一整套贯穿产前产中产后全过程的专业化、社会化的服务体系；四是农业劳动生产率不断提高，使其逐步接近非农产业劳动生产率水平。②

农业现代化是世界农业发展趋势。从全球范围看，发达国家已于 20 世纪六七十年代全面实现了农业现代化。农业现代化是未来农业发展的主要方向，而我国农业正处在传统农业向现代化农业过渡阶段，目前还属于初级发展农业国家③。依靠农业现代化，促进传统农业转型升级，符合经济社会发展的客观趋势，是世界农业发展的一般规律④。

实现农业现代化必须推动农业发展方式转型。一是在发展模式上，建立农业投入品负面清单管理制度，改变主要依靠化肥、农药等农用化学品支撑产量增长的化学农业模式，充分挖掘和发挥农业的多重功能，发展有机农业、生态农业、休闲农业、观光农业、创意农业和景观农业等绿色农业模式，促进传统农业的绿色化改造和绿色转型，核心是采用现代科学技术和经营管理方法，促进农业发展由过度依赖资源消耗向追求绿色生态可持续转变，发展"农业＋智能化"、"农业＋工业"和"农业＋文化"，促进传统农业加快向现代农业转变；二是在生产方式上，从根本上改变主要依靠提高土地产出率的做法，全面激活劳动力、土地、资本、科技创新等要素，不断提高资源利用率、劳动生产率和科技进步率，根据市场需求以及农业增效、农民增收、农村增绿的需要，促进农业产业结构的升级和农业发展层次的提

---

① 郭爱君，陶银海．新型城镇化与农业现代化协调发展的实证研究［J］．西北大学学报（哲学社会科学版），2016（6）：97 - 103.

② 杜鹰．小农生产与农业现代化［J］．中国农村经济，2018（10）：2 - 6.

③ He C. New Opportunities for Modern Agriculture – Overview of China Modernization Report 2012：A study of agricultural modernization［J］．Modernization Science Newsletter，2012（4）：1 - 23.

④ 蔡淑芳，许标文，郑回勇．农业现代化与农业内部就业：基于2014 年全国数据的实证分析［J］．中国农学通报，2016，32（34）：200 - 204.

升，依靠提高全要素生产率来增强农业国际竞争力，使农业真正成为一个具有较高经济效益和市场竞争力的产业。

（四）关于"大国小农"如何实现农业现代化

促进小农户融入现代农业发展轨道，在小农生产的基础上实现中国特色的农业现代化是乡村振兴战略背景下推动农业现代化必须考虑的重大问题。我国是以小农户为主要农业经营主体的国家，小农户不仅是农业经济的基本单元，具有合理分工、精耕细作等诸多优势，也是传统农耕文明的重要载体。① 小农户是以家庭经营为特征，主要开展农业生产活动并以此维持家庭生产生活，生产手段传统、经营规模小、投入产出小、所获收益小的农业微观经营主体。② 第三次全国农业普查数据显示，我国尽管有超过 2.8 亿农村劳动力外出务工，土地流转比例超过 1/3，但我国仍然有 2.07 亿户，其中规模经营农户仅有 398 万户，仍然有 71.4% 的耕地由小农户经营，主要农产品由小农户来提供，③ 小农经济的基本格局没有发生根本变化。

历经数千年的历史变迁，小农户依然在数量上处于农业经营的主体地位且长盛不衰，在相当长的时期内，在我国农业经营中小规模的兼业农户仍然会占大多数，小农生产也仍将是我国农业的主要经营方式与农业发展的重要组织资源。④ 所以，小农户与现代农业的有机衔接不仅包括小农户与新型农业经营主体的对接，还应包括小农户与现代农业技术的对接，以及小农户与国家农业治理目标（如国家在农业可持续发展、食品安全等方面的目标）的对接。⑤

一方面要继续发挥小农精耕细作传统作为社会稳定、提供就业机会、发

① 赵然芬．健全农业社会化服务体系［N］．河北日报，2019－03－20.
② 李铜山，张迪．实现小农户和现代农业发展有机衔接研究［J］．中州学刊，2019（8）：28－34.
③ 石霞，芦千文．如何理解"实现小农户和现代农业发展有机衔接"［N］．学习时报，2018－03－30.
④ 本报评论员．推进小农户和现代农业发展有机衔接［N］．农民日报，2017－11－09.
⑤ 陈义媛．小农户与现代农业有机衔接的实践探索：黑龙江国有农场土地经营经验的启示［J］．北京社会科学，2019（9）：4－13.

展特色种植养殖业、生态可持续性以及传承农耕文明与美丽乡村建设等的特殊作用；另一方面，要强化农业生产性服务平台建设，通过经营方式转型和扩展农业经营中迂回交易与分工深化的空间，鼓励农户参与社会分工，将传统农业家庭经营引入现代分工经济。如在农业生产环节，引入整地、育苗、栽插、病虫害防治、收割等专业化服务；在农业经营环节，引入代耕代种、联耕联种、土地托管、经理人代营等专业化服务。鼓励小农户按照现代农业方式从事生产经营，与互联网实现有效对接，发展订单农业，使用现代技术和现代装备；同时，推动农业布局的优化。在区域层面，调整与优化沿纬度的农业时空布局，促进农业生产性服务的跨区作业外包。在县域层面，通过"一乡一特、一县一业"，形成优势农产品的集群布局与区域专业化①，并且鼓励有长期稳定务农意愿的小农户稳步扩大规模，培育一批规模适度、生产集约、管理先进、效益明显的农户式家庭农场。激发小农户积极性、主动性、创造性，使小农户成为发展现代农业的积极力量和有效参与者，培育核心农户和职业农民，促进传统小农户向现代小农户转变，让小农户共享改革发展成果，实现小农户与现代农业发展有机衔接，走"劳动密集型＋技术密集型"的农业现代化路线，推进农业现代化。

我国农业正处于传统农业向现代农业转型过程之中，发展程度呈橄榄型分布：部分地区、部分行业呈现现代农业雏形，在全国比重较小；大部分地区现代农业元素与传统农业元素并存，前者替代后者的速度随着科技进步在加快；部分地区仍处于以传统农业为主导的阶段，主要分布在贫困、边远和交通不便地区。② 不同区域的经济以及科技水平上的差异使农业经济发展也存在着较大的不同，这就需要调动社会各方面的力量共同为农业发展提供助力。

三、乡村振兴战略背景下构建农业支持保护政策体系的着力点

中国农业发展已经进入一个重要的战略和政策转型期。随着中国农业发展的主要矛盾由总量不足转变为结构性矛盾，农业发展将进入全面转型升级

---

① 罗必良. 促进小农户和现代农业发展有机衔接［N］. 南方日报，2019－03－11.

② 刘振伟. 产业振兴是乡村振兴的基础［J］. 农村工作通讯，2019（13）：21－26.

的新阶段。发展阶段的转变要求农业支持保护政策亟须从过去主要依靠化学农业支撑产量增长的增产导向型政策，转变为以农业增效、农民增收、农村增绿，保障农产品质量和安全为核心目标，以绿色农业为支撑、追求质量和效率的质效导向型政策。① 目前在支持农业发展方面依然存在投入总量规模不足、投入结构需优化、投资效率需提高等问题。推动农业支持保护制度的完善，需要强化政府行为导向，在财政税收、金融信贷、农业保险、基础设施建设、市场营销、公共服务等农业投入政策上要有新思路、新举措，构建有中国特色的农业支持保护政策体系。②

（一）构建农业农村优先发展的长效机制

实施乡村振兴战略的关键是建立健全城乡融合发展体制机制和政策体系。坚持农业农村优先发展要着眼于促进各类资源要素向农业农村倾斜，调整政策思路和政府行为，构建农业农村优先发展的长效机制。健全农业投入稳定增长机制，确保农业投入持续增加，是强化农业基础、建设现代农业的迫切需要。2019 年中央一号文件要求"按照增加总量、优化存量、提高效能的原则，强化高质量绿色发展导向，加快构建新型农业补贴政策体系"。构建新型农业补贴政策体系需要政府财政投入的引导激励，实现城乡公平发展，实现农业农村优先发展，更需要创新财政撬动金融支农政策，引入现代治理理念和管理方式，汇聚全社会力量，激活主体、激活要素、激活市场，激发广大农民的内生活力，增强社会资本和金融资本等投资动力，培育乡村经济社会持久发展的旺盛生命力。③

（二）财政支农政策导向要从增产转向提质

新时期更大规模财政支农资金投入对财政支农管理的科学化、精细化提出了更高的要求。把增量公共资源优先向农业和农村倾斜，公共财政投入要优先保障农业农村发展，这在新时期依然必须要坚持。④ 但政策支持导向要

---

① 魏后凯. 中国农业发展的结构性矛盾及其政策转型［J］. 中国农村经济，2017（5）：2 - 17.

② 张红宇. 坚定不移推进农业农村优先发展［N］. 人民日报，2019 - 03 - 15.

③ 陶怀颖. 创新实施乡村振兴战略的几点思考［N］. 农民日报，2018 - 01 - 06.

④ 苏明，张立承，王明昊，等. 持续加大公共财政对"三农"的投入力度：新时期公共财政支持"三农"政策研究［N］. 农民日报，2013 - 9 - 17（3）.

从增产转向提质，向以绿色农业为支撑、追求质量和效率的质效导向型农业政策转变，推动质量兴农、绿色兴农、品牌强农，从制约农业可持续发展的重点领域和关键环节入手。其中加快建立完善绿色生态为导向的农业补贴制度更加急迫、更加必要。要把推进农业绿色发展作为农业补贴制度改革的"风向标"和政策实施的"导航仪"，重点建立健全耕地、草原、渔业水域等重点农业生态系统的绿色生态补贴政策体系，逐步建立补贴发放与绿色发展责任挂钩的机制；建立耕地休耕轮作补贴制度；大力推进畜禽粪污资源化、农作物秸秆综合利用、地膜回收利用；完善农业科技支持政策，健全农业绿色发展的创新驱动机制，增强农业绿色发展的后劲。支持发展优势特色品牌农产品和标准化订单生产经营。虽然长期制约中国农业发展的总量不足的矛盾得到缓解，但是农业竞争力较低、效益较差、质量不高以及农民增收难等各种深层次的结构性矛盾上升为主要矛盾。① 从发达国家20年来农业支持政策演变的总体趋势看，我国农业支持政策应更多地在一般公共服务、资源环境保护等方面加大力度，更多地发挥市场机制的作用，从增产导向型向质效导向型和竞争力导向型转变，以提高农业可持续发展能力和市场竞争能力。②

（三）健全适合农业特点的金融体系

实施乡村振兴战略，补齐"三农"短板需要大量的金融社会资本支持，同时也必将开启巨大的投资市场，蕴藏巨大商机。加强涉农金融产品创新，增加对重点领域的信贷投入，推动金融资源更多向农村倾斜。扩大农业保险覆盖面，增加保险品种，提高风险保障水平。要强化金融服务方式创新，充分运用信贷保险等市场化工具，调动金融社会资本向农业农村倾斜。构建政府财政资金和政策性信贷资金合力支农的工作机制，激活财政政策"以小博大"的乘数效应，实现财政与货币政策在"三农"领域的协调配合。发展普惠金融，支持新型农业经营主体和小微企业发展，解决适度规模新型经营主体面临的贷款难、贷款贵、保险少等难题，重点是加快建立覆盖主要农业县

---

① 魏后凯. 中国农业发展的结构性矛盾及其政策转型 [J]. 中国农村经济，2017 (5)：2-17.

② 叶兴庆. 我国农业支持政策转型：从增产导向到竞争力导向 [J]. 改革，2017 (3)：17-34.

的农业信贷担保服务网络，全面开展以适度规模经营新型经营主体为重点的信贷担保服务。扩大农业大灾保险试点，开展价格保险、收入保险试点，加快出台优势特色农产品农业保险中央财政奖补政策，研究组建专业的农业再保险公司；全面推进新型农业经营主体信息直报系统应用，点对点对接信贷保险、补贴培训等服务。应鼓励社会资本和金融机构单独或联合政府组建乡村振兴投资基金、产业投资基金，盘活农业农村资产资源，推动农村集体资产资本化、农民权益股权化，共同投资农村产业融合、乡村公共服务和农村社区建设，建立一批农业产业强镇。在农业领域积极探索、推广政府与社会资本合作示范模式，建立可持续的投入运营机制。

四、乡村振兴战略背景下支持农业发展的政策目标

科学确定财政支农政策中长期目标，不仅是完善财政支农投入机制的前提，也是完善财政支农投入机制的基础，它可以增强财政支农政策的目标性，提升政策的前瞻性。不同的发展阶段，财政支农的政策目标也不相同。从国情和各地实际出发，财政政策要保障农业农村优先发展，支农政策目标也应该有阶段性优先顺序和重点领域。①② 在强化保障粮食安全、农民持续增收、农业可持续发展和农业高质量发展等农业发展多元目标取向的基础上③，乡村振兴战略背景下支持农业发展的政策目标要突出以下几点。

（一）确保粮食安全和农产品有效供给

粮食安全目标是农业支持政策的首要目标。粮食是农业的重中之重，是大国重器。推动农业生产健康稳定增长，保证农产品的质量和安全，为人们提供优质健康的食物，是农业发展的底线目标。历史和现实都表明，粮食安全尤其是口粮安全问题一直是我国社会稳定发展的重大问题。因此，确保国家粮食战略安全依然应该是财政支农政策目标的必选。一是必须牢牢把握粮

---

① 中国农村财经研究会课题组. 完善农业投入保障机制与深化农村综合改革研究报告（上）［J］. 当代农村财经，2017（8）：2 - 8.
② 中国农村财经研究会课题组. 完善农业投入保障机制与深化农村综合改革研究报告（下）［J］. 当代农村财经，2017（9）：2 - 14.
③ 蒋永穆，卢洋，张晓磊. 新中国成立70年来中国特色农业现代化内涵演进特征探析［J］. 当代经济研究，2019（8）：11 - 18.

食安全尤其是口粮安全这个立国立民之根本，坚持谷物基本自给、口粮绝对安全的基本方针，必须毫不放松抓好粮食生产，实现年稳定在6亿吨以上的粮食总量目标。二是通过政策引导，更加强化粮食安全的责任意识和目标考核。要确保死守18.65亿亩耕地红线，确保粮食播种面积长期稳定在16.5亿亩以上，划定并确保永久基本农田保护面积不少于15.46亿亩，确保真正建成10亿亩的高标准农田并有所扩大，确保以粮食安全为核心的主要农产品有效供给，为国民经济健康可持续发展提供坚实保障。三是加大对粮食主产区的利益补偿。建立中央与地方之间的纵向转移支付机制和粮食主产区与主销区之间的横向转移支付机制。加大中央财政对粮食主产区的补偿力度，加大对粮食主产区农业基础设施建设的扶持力度，包括高标准农田，粮食主产区粮食流通储备体系建设等，增强粮食主产区持续发展的基础。促进粮食等重要农产品产区在稳定产量的同时，积极树立优质产区品牌形象，提高产品竞争力和扩大市场容量，推动粮食等重要农产品品牌建设和产品效益的协调统一。设立粮食补贴基金，依据粮食主产区粮食调出量，把吸纳主销区粮食补贴资金转移到粮食主产区的农民手中，缩小主产区与主销区农民收入差距情况。

（二）全面提高农业综合生产能力和全要素生产率

财政支农的重点和方向需要从单纯数量增长向数量质量安全并重转变，由数量支持或增产目标向质量和品种目标转变方向调整，提高农业国际竞争力。一是鼓励选用科学合理的方式来推动农业经济进步，优化农业产业体系、生产体系、经营体系，提高资源利用率、劳动生产率、土地产出率，发展现代农业。二是扶持具有国际竞争优势的优质农产品生产，从战略性主导产业、区域性特色优势产业和地方性特色产品等方面推进农业结构战略性调整，从功能链条、空间布局等各方面进一步优化农业产业体系，优化农业产业结构和产品结构，发展紧缺和绿色优质农产品生产，保障城乡居民对农产品的多元化需求，加快发展特色优势产业，提高农业发展质量。

（三）建立以绿色生态为导向的农业支持体系

优先建立农业绿色发展支持体系，构建以绿色生态为导向的符合世贸规则的财政支农政策体系。一是提高"绿箱"政策支持覆盖面，增加农业生产性直接补贴，减少对农产品的流通补贴。二是优化"黄箱"政策支持结构，将财政支农资金向粮食等主要农产品的重点产业、重点区域和重点环节进行倾斜，进一步提高对粮食主产区粮食综合生产补贴标准，提高财政支农效果。三是建立支持推动农业休养生息的财政支农政策。以农业发展和环境要求相匹配绿色发展为目标，推进农业发展过程的绿色化、生态化、清洁化。把现代先进的科学技术融入农业的绿色发展中，完善绿色发展的管控体系，增加绿色发展的扶持。① 推广深耕深松、保护性耕作、秸秆还田、增施有机肥、种植绿肥等土壤改良方式，支持休耕轮作、耕地保护与质量提升，支持水资源空间格局优化、水土流失治理，支持开展重金属污染耕地修复，支持推广应用秸秆还田腐熟、施用生物有机肥等土壤有机质提升措施，推进农业资源的循环利用率，实现农业绿色发展。

（四）优化重要农产品进出口全球布局

推动农产品进出口贸易健康发展，一是支农政策调整要在确保国内粮食等重要农产品供给安全的前提下进行，加大支持对我国具有特色优势、高附加值农产品出口的力度。二是鼓励支持适度进口国内紧缺农产品，以满足国内市场供应，缓解国内土地、资源和环境压力，为农业休养生息创造条件。随着我国改革发展面临的外部环境的不确定性和风险因素的不断累积，而农业又是受贸易摩擦影响较为突出的领域之一，应对不确定外部环境的影响，也将是我国农业发展长期面临的又一新的重大课题。②

（五）突出农民增收目标

一是加大对农业农村公共产品的财政投入，减轻农民负担，以实现农民收入的持续增长。二是发展现代高效农业、农产品加工业和农村新兴服务业，为农民持续稳定增收提供坚实的农村产业支撑，改变高度依赖农民外出打工的工资性收入的城市导向型增收模式，依靠农村产业振兴和各种资源激

---

① 蓝海涛，王为农，涂圣伟，等．"十三五"时期我国现代农业发展趋势、思路及任务［J］．经济研究参考，2016（27）：31-43.

② 王钊，曾令果．新中国70年农业农村改革进程回顾、核心问题与未来展望［J］．改革，2019（9）：19-30.

活，逐步建立持续稳定、多渠道的农村导向型农民增收模式①，同时改革农产品价格的形成机制，建立优质优价的价格机制，依靠市场导向的价格形成机制来引导广大农户、家庭农场、农民合作社、农业产业化龙头企业等主体行为，进一步增加农民经营性收入。二是提高农业科技三项费用支出比例，增加对农业技术推广和技能培训的支出，通过更有效的财政支农制度安排，完善农民培训体系，增加对农民的"人力资本"投资，培养现代化职业农民，提升农业从业者的身份认同感，使农民群众在共享发展中有更多获得感。三是延伸农业产业链。引入新技术、新业态，释放农业多重功能，发展现代农产品加工业，培育休闲农业与互联网农业等多种农业产业形态，构建一、二、三产业交叉融合的现代产业体系，促进农民充分就业，提高农业综合效益，让普通农户参与全产业链价值链利益分配。四是培育新型农业经营主体，抓好家庭农场和农民合作社两类新型农业经营主体，发展多种类型的产业联合体，探索多种形式的新型主体与农户的利益联结机制。五是实现小农户与现代农业的有机衔接。高度重视我国"大国小农"的基本国情，发展多种形式的新型经营主体，创新多元化的利益联结机制，把小农生产引入现代农业发展轨道，实现小农户的全面发展，形成稳定的收入增长机制。

---

① 魏后凯. 中国农业发展的结构性矛盾及其政策转型 [J]. 中国农村经济，2017 (5)：2－17.

第一章

国际上部分经济体农业支持保护政策经验

农业是国民经济的基础,无论是发达国家还是发展中国家,都非常重视农业。农业支持保护政策一直是各国关注的重点,其包含农业法律、制度、具体实施措施等方方面面的内容。不同国家结合本国农业发展现状,从不同方面对农业实施支持保护政策。本章选取比较有代表性的国家,详细阐述其农业支持保护政策的具体内容和实施路径,为我国乡村振兴战略背景下的农业发展提供经验和借鉴。

第一节 美国的农业支持保护政策

一、农业补贴政策

美国的农业补贴政策主要以维护农业生产安全、保障农场主基本收益为主要目标,包括对农场主的直接补贴、反周期补贴、奶制品损失补贴、灾难援助、交易援助贷款和贷款缺额补贴、作物与收入保险补贴、出口补贴7种方式。[①] 每个州根据当地的农作物优势特色,对不同农作物进行不同方式的补贴。当价格和产量低于基于收益时,给予相应的基本收益补贴;对于当地非优势农作物,则由农业协会予以指导支持。

---

① 潘文博,宁鸣辉,任意,等. 美国耕地质量保护提升技术的经验与启示 [J]. 中国农技推广,2017,33(03):11-16.

　　随着美国财政状况日趋紧张，国内开始出现了反对农产品补贴的呼声。在农业人口不断减少的情况下，公众认为，农业补贴是拿多数人的钱为少数群体服务。在农场主群体内部同样也产生了分歧，一些大的农场主对农业政策不满意，认为政府的补贴额六成以上都给了年销售额 1 万 ~25 万美元的中小农场主。大农场主们反对政府补贴这些中小农场主，避免他们成为自己的竞争对手。① 在此情形下，为逆转 2008 年之前制定的农业法高支持、高补贴思路的 2014 年农业法出台。新的农业法逐步放松政府对农业生产和农产品的直接补贴，调控方式趋于市场化。法案取消了直接支付，保留了营销援助贷款项目，强化了农业风险保障和营养项目，并对资源保护项目进行调整。表1-1 展示了 2010—2016 年美国政府直接支付的变化情况，可以得出 2014 年后一些项目支付发生了显著变化。新的农业法在很大程度上减轻了农业相关开支，减轻了美国政府的财政负担。

表 1-1　美国政府直接补贴（2010—2016 年）　　单位：千美元

项目名称	2010 年	2011 年	2012 年	2013 年	2014 年	2015 年	2016 年
联邦政府直接农业计划支付	1239166	1042053	1063512	1100380	976685	1080449	1297968
固定直接支付	480927	470568	468702	428853	1873	−351	−535
棉花过渡援助款项					45993	2402	106
轧花成本分担项目							32646
平均作物收入选举计划	42139	1598	4140	20690	25508	1374	12
价格损失保障						75493	0
农业风险保障						437689	606142
反周期支付	20910	1651	−123	−84	−53	−6	−19
贷款差额补贴	11439	575	−62	−33	6189	15484	16585
营销贷款收益	200	8	0	0	3296	5353	4016

---

① 刘景景. 美国农业补贴政策演进与农民收入变化研究［J］. 亚太经济，2018（06）：70-77，147-148.

续表

项目名称	2010 年	2011 年	2012 年	2013 年	2014 年	2015 年	2016 年
证书汇兑收益	71	0					
乳品收入损失项目	5166	− 10	44657	23170	− 13	− 4	− 6
乳品利润保障项目						69	1039
烟草过渡支付项目	68677	66603	65293	64797	64640	257	0
保护	321947	367432	369506	367990	356140	361893	376396
生物质作物援助项目	23139	2980	1227	708	544	736	688
补充和临时灾害援助	264792	130455	110240	194291	472572	180062	65754
其他	− 240	193	− 68	− 2	− 5	− 2	926

数据来源：ERS。美国政府直接支付是净付款，包括：（1）美国政府向农业部门支付的总付款；（2）农业部门返还给美国政府的款项；（3）会计调整。负值表示在历年中超过支付总额的款项。

从美国政府对农业补贴政策的转变可以看出，农民收入状况和政府财政能力影响政府补贴政策的根本方向。在 1996 年以前，农民收入降低时，农业补贴政策力度加大。在 1996 年之后，随着市场化改革步伐的加快，农业补贴开始逆转，来源于农业补贴的收入占农民收入的比重开始降低。同时，美国农业补贴政策的不断调整也是农业利益团体相互博弈和妥协的结果。专业化的农业组织有共同的利益去向，更容易达成一致立场，对农业政策制定起到了关键作用。除了农业团体，消费者团体、环保组织等农业外的利益团体也不断加入到农业补贴政策制定过程中，寻求各自的利益。

二、农业保险政策

农业保险是各国防范农业风险的重要手段。美国政府提供的农业保险政策居于世界较高的水平和规模，并成为很多国家制定农业保险政策的方向。美国农业保险政策随着经济、社会、国内外环境的变化，经历了从政府单独承担的农业保险单一模式到公私合营混合模式，最后形成了私企独营的市场化运作模式。美国的农业保险政策是不断试验、快速发展再到逐渐成熟的渐进发展过程。

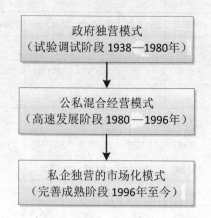

图 1 – 1　美国农业保险历史发展阶段图

当前美国农业保险制度的运行主体是政府依法成立的联邦农业保险公司（Federal Crop Insurance Corporation，简称 FCIC），负责农业保险的规划、管理、制定费率等，承担农业风险调研、政府补贴的预算管理等保险业务监管扶持职责；私营保险公司负责运营具体的农业保险业务。

（一）政府独营模式

1923 年，美国政府首次对农业保险问题予以研讨，讨论结果得出农业保险计划需要在国家管理范畴内，运用国家统一的数据资源支持才能取得成功。此后 10 年内美国经历了农业出口危机、严重旱灾等事件，农业保险再次被提上国会议程。1938 年 FCIC 依法组建，标志着美国农业保险制度正式建立。①

FCIC 最初的承保作物是小麦、棉花，到 1944 年又增加了亚麻类作物，并对玉米、大麦等多种作物进行保险实验。为了降低保险的过高财政投入，FCIC 获得在高风险区域不进行保险销售的权利。20 世纪 60 年代开始，FCIC 参保作物品种不断增加，同时降低保险费率、提高保险额度，农户的参保率上升。1978 年，基于单个农场的保险计划在美国 20 个县开始实施，随后扩

---

① 陈永福.中国粮食供求预测与对策探讨［J］.农业经济问题，2005（04）：8 – 13，79.

大至 40 个县，此类保险计划促进了低风险生产者的投保积极性，对改善 FCIC 财政支出起到了很大作用。

虽然政府独营模式在该时期取得了一定成效，但依旧存在政府赔付率高、农户不认可、参保率低等主要问题。截至 1980 年，参保作物为 26 种，覆盖区域仅为全国 50% 的县，参保的土地面积仅占耕地面积的 6% 左右。①

（二）公私共营模式

1980 年，美国政府颁布《联邦农业保险法》，确定实施公私共同经营的公营模式，这标志着政府独营农业保险模式的结束，有利于强化农业保险在农业支持政策中的地位和作用。该法案提出扩大农作物的承保范围和业务区域，并为吸引私营保险企业及农户参与保险明确了补贴政策。一是政府对保险公司在经营保险过程中发生的亏损给予一定补贴；二是对保险公司进行减免税收等财政政策；三是建立多风险保险制度，保障巨大灾害风险的应对；四是给予符合条件的农场主一定额度的保险费补贴，提高参保率。在此模式下的农业保险计划扩大到美国所有重要的农业县。此后，美国政府不断通过立法、税收、再保险等方面进行改进，农业保险在此期间实现了高速发展，但依旧存在农业保险管理费用增加、损失率提高的问题。1981—1993 年，每年的农业保险计划中保险支付的赔偿均高于保险收入。

（三）私企独营市场化模式

1996 年，美国政府颁布了《联邦农业完善与改革法案》，旨在加强与完善农业生产与经营的市场化导向，减轻政府在农业支持政策上的财政预算压力。该法案明确规定，FCIC 从农业保险直接业务中撤出，不再从事保险经营工作，只承担监管职责。自此，美国农业保险模式正式进入政府负责监管、私人保险公司单独经营时期。

截至 2013 年年末，美国农业保险保费收入已达 182 亿美元，是 2007 年的 2.67 倍，参保面积也达到了 1.1 亿 hm²，约占耕地面积的 66%。收入保险获得了最大认可，农业收入保险保费收入占农业保险总保费的比重达

---

① 李俊杰，张晶，彭华，等. 美国农业保险政策的发展及展望［J］. 农业展望，2017，13（10）：82 – 87.

83%。① 2014 年美国逐步以农业保险计划报废补贴代替农业直接补贴，农业保险覆盖范围持续扩大。

三、农业服务支持政策

美国农业的服务体系主体是各类社会化组织。美国政府通过支持政策鼓励社会组织从事各类农业服务活动。目前，美国高度社会化的农业服务包括生产服务和教育科研服务。同时，有三类渠道保障农业教育科研服务。

（一）农业生产服务

农业生产服务贯穿了产前、产中、产后的全过程。产前社会化服务体系主要由农用生产资料的生产、供应和提供服务的各类生产厂家或公司、农业合作社等主体构成。农业合作社和农工商综合企业等专业组织为现代农业产中提供各项服务，依据各品种情况不同而采取不同措施。最后，高度专业化的农产品加工、储存、运输、销售等现代农业产后服务基本是由合作社或服务公司来完成的。并且，农产品的存储和运输已实现了高度的专业化和商品化。产后服务企业本身构成了原始农产品的一个广大市场，又是农场主和消费市场的一条纽带。同时，企业通过农产品的加工不仅创造了新市场，而且在农业生产者和消费者之间发挥了农产品蓄水池的中间作用。

（二）农业教育科研服务

美国拥有世界一流的农业教育体系，高素质农民是美国农业科技发达的基础，也是农业发展的内在动力。② 在农村中学里均开设了农业课程，普及农业技术基础知识。目前美国共有 69 所州立农学院，构成了美国农业教育的中坚力量。这些农学院经常举办讲座和培训班，并通过网络向农场主和农业工人传授前沿的农业科技知识，也承担国家和州政府所实施的关于农民就业、生态环境等政策的调研工作。

美国农业技术推广受到重视，还归功于从联邦政府农业部到各个县，都有专门的农业科技推广人员和机构。这些机构是各州立大学农学院的直属机

---

① 张恒. 美国农业经济发展的政策研究 [D]. 长春：吉林大学，2017.
② 张恒. 美国农业经济发展的政策研究 [D]. 长春：吉林大学，2017.

构，负责各县推广站的日常工作。美国农业部在农业教育、科研、推广体系中，既是参与者也是协调者。它除了直接从事研究和推广工作，还负责审批实验站研究计划，通过管理联邦赠款来保证农学院综合体的整体运作。

（三）农业技术研发资金保障

美国的农业技术研发资金主要来自三类渠道。一是联邦政府和州、县政府拨款；二是各类基金会，如洛克菲勒基金、比尔·盖茨基金等公益性基金捐赠；三是大型农业公司向科研机构提供资金和委托。多向的资金渠道，保证了农业技术研发和推广的工作经费，同时提高了农业科研及技术的时效性。

第二节　欧盟的农业支持保护政策

欧盟对农业实施高水平的支持和保护是其一贯的农业政策。共同农业政策（Common Agricultural Policy，CAP）是欧盟对农业支持发展的规范载体和制度支撑。CAP 从形成到发展再不断完善，也是经历了很长时间的一个发展过程。直接补贴政策、市场措施政策与农村发展政策共同构成了 CAP 的三大政策体系。

一、直接补贴政策

直接补贴是欧盟成员国农户从事农业生产最基础的收入支持。目前的直接补贴包括单一补贴、单一区域补贴、挂钩型补贴、特定农产品补贴等。[1]根据欧盟成员国不同的国情和农业结构与生产状况，实行符合区域现状的补贴计划。单一补贴和单一区域补贴是直接补贴的主要形式。

单一补贴于 2003 年提出，2005 年正式实施。单一补贴基于农户所持有的给付权大小，即根据农户拥有的合格土地面积，以年度支付的形式发放。

---

[1]　李自海. 欧盟农业补贴政策的分析及探究［J］. 农村经济与科技，2013，24（2）：123－125.

单一补贴有三种执行模式。（1）历史参照模式——按照一定历史参考期（一般以过去的两年数值为参考）所获得的补贴金额予以支付，与当年的种植物面积、产量无关。该模式下的补贴基本是固定不变的。（2）地区模式——同一地区农户按照上一年度获得的支付总额，获得一致的补贴金额。（3）混合模式——地区模式和历史模式的混合。不同的国家根据本国国情实施不同的模式。

获得单一补贴需要经过严格的评估标准，包括：农户的主体生产活动必须和农业生产有关，经营副业的不予补贴；若发现有限制土地而没有农业生产活动，不予补贴；农业生产活动的可用土地面积不少于1公顷；获得补贴的农户还必须遵守相应的环境保护、食品安全等方面的法律法规，保证优良的农业生产环境。①

单一区域补贴是对2004年后加入欧盟的成员国实施的一项过渡期直接补贴政策。该补贴支付金额标准是：国家直补总额÷该国可用农业土地面积，农户获得相同的单位面积补贴支付。获得该补贴的标准也相对宽松。

二、市场措施政策

为了避免农户因市场变动而遭受巨大损失，欧盟利用一些市场措施，即在农业市场发生危机时使用干预价格来维持农产品市场稳定。但这种市场手段被认为是一种扭曲农业生产的调控政策。随着欧盟加入世界贸易组织（WTO），干预价格被列为需要削减的"黄箱"政策，其执行范围在逐渐减少，支持水平也在逐渐降低。目前的市场措施政策只是作为一个保护生产者利益的最低价格"安全网"，不再对实际市场价格造成干预影响。

三、农村发展政策

农村发展问题一直是农业支持政策的焦点。农业支持政策的实施尽管取得了一定的成果，但更多的新问题也由此出现：部分农业地区，主要是边远地区、山区等经济落后地区，人口不断减少，农业劳动力老龄化倾向严重。

---

① 徐慎娴．欧盟共同农业政策演变探究：从价格干预到直接收入补贴［J］．台湾农业探索，2008（4）：124－127.

在农业基金中，用于资助改革的资金比重较低，且大部分集中于较为富裕的地区；农业环境问题严重。化肥、杀虫剂的广泛应用，使得农作物受到污染。与此同时，在加速超营养化之后，很多化学试剂进入水体，污染地表水源和地下水供应体系，对公众的生命造成危害。

农村发展政策的核心是促进环境保护、指导农业结构调整和农村地区发展。农村发展政策以项目的形式执行，资金来源于欧洲农村发展农业基金（EAFRD）、国家配套资金以及私营机构投资。项目的主题包括：（1）提升农业竞争力（农业投资、支持农户集团、支持培训活动等）；（2）改善环境和农村条件；（3）促进农村地区经济多样化和生活质量提高。此外，该政策还负责不同项目间的综合协调，以符合整体农村发展规划。目前，农村发展政策在 CAP 中的作用进一步加强，资金资助占 CAP 总预算的比例也不断提升。

四、农业支持保护政策改革目标与内容

为了更好地应对经济问题、环境问题、区域发展问题等，欧盟国家逐步对 CAP 实施改革。改革的展开主要是围绕三大目标：可靠的粮食生产、自然资源可持续管理、平衡的区域发展。为实现这些目标，CAP 计划通过 7 年时间（2014—2020 年），深化欧盟农业生产的市场化改革，加强对农民收入保障、自然资源保护等的政策性支持。具体改革内容围绕直接补贴、市场措施、农村发展政策三方面展开实施。

（一）直接补贴政策的改革

直接补贴政策改革的内容包括以下几点。（1）基本补贴不再区分单一补贴和单一区域补贴，并重新分配给付权，每公顷补贴金额实现全欧盟统一标准。将基本补贴结合绿色补贴、青年农民补贴、小农户补贴等形成新的直接补贴政策架构。（2）减少欧盟成员国之间补贴标准的差异，目标是 2020 年所有成员国将在国家层面实施统一的直接补贴标准。（3）实施绿色直补政策。30% 的直补经费用于支持农民开展保护草场、生态热点地区和作物多样性等义务型土地，以此保护区域环境和气候改善。（4）补贴群体向中小农户和青年农户倾斜。为应对农业劳动人力资源不足的问题，从 2015 年起，对所有从事农业生产的青年农户（仅保留土地而不从事农业生产的青年除外）给

予额外的直接补贴，补贴期长不超过5年。

（二）市场措施政策的改革

市场措施政策的改革主要是为了优化整个食品供应链结构，提高农业生产者的收入分成和话语权。改革内容包括：（1）取消对奶制品以及酒类制品的生产限额，允许农户根据市场需求增加产量，鼓励农民生产高质量、更贴近市场消费需求的产品；（2）发挥农村发展基金会的协调作用，减少内部竞争，提升农产品在全球的竞争力；（3）完善农业生产保险制度，加强农户抵抗气候变化引发的各类损失风险的能力，保障在市场危机情况下农户快速恢复生产。

在市场措施改革的同时，也提高了环境保护和食品安全标准的要求。单一农场补贴不再与生产挂钩，但必须遵守环境保护、食品安全以及动物健康标准的相关法规。对遵守高的环境保护标准的农民还加以补贴，以此激励农民执行环境保护高标准的农业种植行为。

（三）农村发展政策的改革

CAP的改革赋予农村发展政策新的内容，具体新内容包括：（1）通过支持农村设施的重建和现代化改造、为青年农民提供启动资金、开展对农民的农业培训，来帮助农民适应新技术，提升农业竞争力；（2）加大对自然环境的保护，建立农业—环境—气候保护机制、推进林业发展，并采取一系列有益于环境和应对气候变化的活动。

此外，CAP 2020农村发展政策确定了六大优先支持领域，包括：（1）促进农业知识的传播和农业技术创新；（2）扩大农业技术的推广；（3）优化农业产品供应链结构，将农业风险管理、农产品加工和市场等纳入供应链结构中；（4）保护、修复农业生态系统；（5）支持农产品行业低碳经济发展；（6）改善农村地区公共设施、促进社会包容。

第三节　加拿大的农业支持保护政策

加拿大是北美洲的农业大国，农业发展重视对先进科技的应用，其机械化水平和科技化水平都比较高，是全球农业高度发达的国家之一。加拿大是联邦制国家，联邦政府负责制定农业政策、农业科学研究、农产品质量标准和区域农业开发计划等，农业部是主要负责农业事务的具体机构；地方政府负责实施有关政策，并承担农业研究与推广、培训服务等。①

一、加拿大农业政策的演进

（一）以价格支持措施为主的农业支持政策框架

20 世纪 30 年代至 80 年代末，加拿大的农业支持政策主要是以价格支持措施为主，并根据农业市场环境修订法案以保障价值支持措施的实施。在此期间，联邦政府出台了一系列支持农业发展的法案，如《农产品价格支持法》（1944）、《农产品市场营销法》（1947）、《农业稳定法》（1955）等。20世纪 70 年代，加拿大对《农业稳定法》进行修订，缩小了补贴品种范围，提高了价格支持水平。1976 年修订了《草原谷物预付款法》（1959），为特定区域的大麦、燕麦、小麦提供商品贷款担保，该法案后期又将担保范围扩大至全部可储备的农产品。

（二）直接收入补贴措施的过渡转型期政策框架

20 世纪 90 年代初至 21 世纪初，是农产品价格支持政策向直接收入补贴措施逐步转型的时期。20 世纪 90 年代初期，加拿大政府对农业的支持保护力度达到顶峰，近 1/3 的农业总产值来自政府的农业保护政策，政府财政负担加重。与此同时，WTO 的乌拉圭回合农业谈判也要求限制使用扭曲市场价格的农业支持政策。在此背景下，加拿大开始进行市场化导向的农业支持政策改革，减少政府直接干预，使用与农业生产不挂钩的直接补贴。

按照 WTO 农业规则设计的新政策，加拿大将重心转移到稳定农户收入、降低对生产决策的干预上，对农产品的保险计划取代之前的具体商品支持项目，并对不同地区的生产者给予公平的支持。政策的调整使加拿大政府对农业部门的支持大幅下降，对农业的直接支持水平显著低于同期其他欧盟国家的水平。

---

① 朱满德，袁祥州，江东坡. 加拿大农业支持政策改革的效果及其启示［J］. 湖南农业大学学报（社会科学版），2014，15（5）：61 - 69.

（三）市场导向的农业政策体系

进入 21 世纪以来，加拿大逐步构建起相对完善的市场导向农业政策体系。该阶段的农业政策目标集中于：（1）提高农业生产的竞争力和创新能力；（2）促进农业生产、经营适应社会发展需要，将消费者对健康和环境的要求纳入生产、经营的首要考虑因素中；（3）加大食品安全监管，提高农业部门的可持续发展能力。为此，2003 年加拿大开始实施"农业政策框架"（APF），该政策是联邦政府—省政府—地方政府联合构建"一体化农业政策"的初步尝试。APF 由此形成了加拿大农业风险管理、食品安全、创新、环境保护等综合协调的支持政策体系。

APF 作为市场导向的农业政策体系，实施期限为 5 年，2008 年加拿大联邦政府又针对国内外环境以及未来农业发展可能面临的机遇和挑战，制定了"未来增长的政策框架"（GF）。GF 覆盖了农业监督管理、商业风险管理、可持续农业、食品安全、贸易与市场、农业创新增长等诸多内容，同时该政策也强调应当根据地方实际农业发展情况灵活实施相关政策。该政策实施期限也为 5 年。可以看出加拿大的政策都具有时间限制，以此为未来政策的完善和修订提供评估的依据。

表 2 - 2　加拿大 GF 计划主要内容

政策计划	性质	目标
农业监督管理行动计划	农药监管	解决影响农业部门创新和竞争力的监管挑战
商业发展	农业企业	鼓励采用健全的农业企业管理实践
商业风险管理	农业生产	对不同类型的损失和现金流提供保护
可持续农业	农业环境	解决农业环境挑战，鼓励更多环保行动
综合食品安全倡议	食品安全	保证食品安全，降低生产安全风险
贸易与市场发展	农业市场	帮助企业抓住市场机会，促进其国内外市场取得成功
农业创新增长计划	研究开发	促进农业科技创新投资，加快评估与采用创新产品，抢占商业机会

资料来源：加拿大政府农业网站。

二、加拿大现行农业支持政策

现行加拿大农业支持政策是在 GF 基础上进行完善和修订后的 GF2。本节从农产品市场价格支持、农产品直接补贴和一般服务支持三方面进行简要梳理。

(一) 市场价格支持

对农产品市场价格的支持主要通过两种方式实现。

第一种方式是通过农产品供应管理，实现对价格的管控与调节。对于易受国内外市场供应影响、容易出现周期性过剩或大幅波动的农产品，加拿大政府实行配额管理，实施有计划定价体系和进出口控制管理。目前在 GF2 体系下农产品供应管理体系覆盖了乳制品、禽肉、蛋三大类产品。

第二种方式是通过关税、关税配额等贸易保护措施实现对农产品市场价格的支持。加拿大对 21 种农产品实施关税配额，涵盖了小麦、大麦、牛肉、乳制品、禽肉和蛋六大类产品。与供应管理体系相比，贸易保护措施产生的价格支持效果比较弱。

(二) 农产品直接补贴

加拿大的直接补贴政策包括一揽子计划：收入稳定计划、作物保险计划、融资信贷计划、税收优惠计划。其中收入稳定计划是直接补贴政策中最重要的补贴措施，包括农业稳定、农业投资等相关措施。

作物保险计划是加拿大农业政策的重要组成部分。作物保险计划的费用由联邦政府、省政府和农场主共同承担。农场主自主决定是否参加作物保险计划。保险计划的一个重要原则是，保障范围和责任尽可能广泛，最大限度减少农户对其他农业援助项目的需求。加拿大农业保险产品目前分为三种[1]：第一种为农作物产量多灾害险，约占农业保险总保费收入的80%；第二种是自然灾害保险，如冰雹保险，该保险完全是商业性的，占农业保险收入的20%；第三种是畜牧价格指数保险，作为一种农业保险创新模式，该保险主

---

[1] 王克. 加拿大农业支持政策和农业保险：发展和启示 [J]. 世界农业, 2019 (3)：56－62.

要是为了保障肉类畜牧养殖和价格稳定，该保险市场规模有限，主要集中在个别省份。

加拿大的融资信贷计划主要资金来源于商业金融机构、政府支持的信贷机构和农民组织的信贷联合会。对商业金融机构和农民组织的信贷联合会，政府通过减免税收和债务担保给予支持。对政府支持的信贷机构，政府则给予补贴。此外，政府还专门为农户借贷提供一个担保计划——预付款计划，主要是向符合条件的生产者垫付现金来改善营销机会，促进农产品在价高时销售。

（三）一般服务支持

最后，加拿大政府的一般服务支持关注的焦点包括农业创新、竞争能力与市场发展、适应能力与行业产能三方面。农业创新主要针对提高农业部门发展能力，新农产品、新农业技术市场化等支持；竞争能力与市场发展的支持主要在于提高产业担保体系的能力，如对满足市场和消费者需要产业担保体系的能力，建立对满足市场和消费者需要的食品安全和农产品可追溯体系等；农业竞争力则主要在于提高食品企业和农户的适应能力以及在国内外市场的盈利能力等。

第四节　日本的农业支持保护政策

日本与中国在农村人口老龄化、人均占有耕地等方面均有相似的农业发展背景。近代以来，日本农业政策在农业技术、土地改革、价格支持政策、贸易支持政策、防灾保险等方面获得发展，这些政策在不同的经济环境下各自发挥作用。尽管有些政策的效果较弱，但不可否认研究和借鉴日本农业政策内容和实施措施，可为我国农业发展提供一定的借鉴。

一、日本的农业法律政策

日本农业法律是农业政策的基石，农业法律政策自 20 世纪 90 年代开始有两大内容的调整。一是 1993 年对《农地法》进行的一次修改；二是 1999

年废止《农业基本法》，通过新的《食品、农业、农村基本法》。

（一）农业法修改

农业法修改的主要内容包括：（1）制定"认定农业生产者"制度，由政府制定认定农业生产者的标准，农业生产者根据农地面积、生产条件、生产形式等，实施申请。申请成功的农户将获得金融贷款、基础设施和土地方面的优惠；（2）制定农业技术培训和管理计划，吸引年轻劳动力进入农业生产、经营；（3）鼓励非农业经济体进入农业产业的发展与经营流通，放宽对农业生产法人经营业务的范围限制，允许从事农产品加工业务，允许相关组织进行农地经营。修改内容的最终目的是为了提高农地使用情况，吸引年轻人进入农业生产领域。

（二）新基本法的提出

新基本法即《食品、农业、农村基本法》，于1999年由日本国会通过。新基本法着眼于未来农业发展，提出的主要目标是：（1）提高粮食和食品国内供给率；（2）强调农业的多功能性，主要体现在净化空气、提供绿色自然景观和涵养水源等环保作用上；（3）强调农业的可持续发展；（4）促进农村发展，促进城乡协调发展。

新的农业基本法在2004年又进行了一次改革，实施的时间尚短，难以预测长期效果。但在农业部分结构优化、大米种植、林业结构优化、农用地集中经营效益等方面取得了显著的进步。

二、农业财政政策

日本对农业的财政政策支持主要通过税制、补贴和限制进口三种方式来保证农民收入稳定。但由于该方式违反了WTO协定，因此日本政府开始加强其他农业支持政策，如将原先用于价格支持的费用转移到用于农业生产和基础设施的补贴支出。

（一）粮食财政支出

乌拉圭回合以后，为了促进粮食流通市场化，防止粮食价格受国际粮食价格的冲击，日本政府实行对稻谷粮食的直接补贴，但数额和补贴方式主要作用于生产方面，而不直接体现在价格补贴上。该方式既不违反世贸组织农业规则，也稳定了本国农民的收入水平。

对稻作的直接补贴由政府和农户共同出资，构成"稻作安定经营基金"。该基金的受益者为完全完成政府生产任务的农户。该补贴方式充分利用世界贸易组织的"绿箱"政策，有效维持了农户粮食收入的稳定性。但自 2009 年金融危机爆发以后，该项补贴没有对粮食生产有所助力，日本的粮食生产反而不断下滑。

（二）针对特定农户的直接支付政策

特定农户主要是山区、半山区地区农户。该支付政策（《针对山区、半山区地区等的直接支付制度》）于 2000 年出台，主要是为解决山区及半山区的经济发展不平衡现象而颁布的。该制度根据日本农地分类设定不同补贴标准。补贴的标准主要由不同农用地的生产成本差异确定。

（三）其他财政补贴政策

除了对山区、半山区农户补贴政策外，日本政府还有其他直接补贴政策和非直接财政补贴政策。直接补贴包括自然灾害补贴、生产资料购置补贴和农作物商业保险补贴等。非直接财政补贴主要是对进行农业生产、经营、流通的单位或个人免除商品税或财产税等。

三、农业贸易政策

20 世纪 90 年代以后，日本由原先限制进口的农产品贸易政策转变为扩大进口的贸易政策，并对进口限制标准、关税制度和产品货源等方面进行了调整。

在 1994 年乌拉圭回合谈判协议中，日本承诺全面改革农产品贸易之都，除大米外所有农产品的非关税措施均转变为配额关税，超过配额部分的农产品进口的最高关税不超过 600%。[①]

虽然承诺放开对农产品的进口限制，但日本依旧会采用技术性壁垒来保护本国的农产品贸易，同时利用 WTO 有关条款中的便利条件，继续对农业实行补贴和支持。日本的农产品技术壁垒主要表现在以下方面。（1）食品安

---

① 齐洪华. 日本农产品贸易保护的政治经济学研究 [D]. 沈阳：辽宁大学，2013.

全规定，对农产品的农药残留限量设定最高限量，且农药种类不断增加。（2）严格的检验检疫准入制度，对进口的农产品必须进行动植物检验和卫生防疫检查。该制度标准之高、手续繁杂使得很多发展中国家的产品经常因检查不合格而被没收或遣返。（3）高标准的农产品规格制度。日本政府通过食品标签的方式保证消费者获得食品规格信息，并对这些标准进行了等级档次的规定。只有符合进口规格并贴有农产品规格标志的农产品才能进入日本市场。此外，日本的技术壁垒不断更新与变化，具有明显的本国农产品保护倾向。

四、日本农业保险补贴政策

农业保险补贴政策是日本农业支持政策的重要内容，是由政府推行的一项公共保险政策，其最终目标是通过政府扶持让受灾农户恢复农业生产。现行的日本农业保险补贴政策包括农作物保险、果树保险、家畜保险等，其保险内容十分广泛，几乎所有农业项目均在被保险范围内。另外，日本还有自主保险项目，包括建筑物、农用机械及其他农作物等，作为对公共保险的补充。

日本政府对农业保险的补贴主要由三部分组成：一是对缴纳保费的农户进行一定比例的补贴，一般为缴纳保费的50%左右；二是对基层保险协会的事业费提供补贴，即国家承担保险协会管理、运行开支的一部分经费开支；三是开展再保险业务，保证农业保险金不发生支付困难，分散保险风险。

第五节　各国农业支持政策对中国的启示

一、美国农业支持保护政策对中国的启示

（一）依法提高农业补贴的效益

美国农业补贴政策高效实施主要得益于农业法案的不断完善和严格执行。虽然我国农业法在农业生产、投入与农业资源保护方面都提出了总体目

标和行动纲领，但与美国农业法案相比，在具体政策措施方面，表现出模糊化和碎片化的不足。而在此基础上制定的农业政策必然也会存在实施效率低下和效果低下的不足。因此，一方面我国需要进一步完善农业法的内容，在农业扶持预算方面，针对不同地域的实际情况，合理规划农业补贴的资金投入；另一方面，进一步加强农户参与，提高其了解法律制定、法律内容的主观意识，提高法律在实施过程中的农户认同感。

（二）积极开展农作物保险政策

美国农业保险建立了一套双向激励保险运行机制，对农业保险提供了资金渠道、监管等多方面的强力支持。双向激励的保险制度既满足了保险机构的逐利动机，也满足了农户的实际需求。此外，丰富的保险产品设计也增加了农户的选择空间，促进了农产品的可持续发展，提高了农业保险的参保率。

目前我国农业保险大多由地方政府推动执行，农民对农业保险的投保行为、保险知识都缺乏自主性的认知与判断。市场化的农业保险机制的运行本质是自由竞争与创新。随着农业保险试点工作的深入开展，应当充分发挥市场的主体地位，地方政府应将工作重点放在农业保险运作的监督与协调方面，鼓励民间资本入股，充分发挥保险公司的主观能动性。总之，从美国农作物保险计划的发展历程中得出，市场化的农业保险制度能够有效支持农业产业的发展。

（三）建立多层次的农民合作组织，提升农业服务质量

综观美国农业组织，不仅有民间组织的参与，还有农业高校、农业科研机构的加入。这些组织共同促进了美国农业高质量的发展。我国农业主要以家庭生产为主，分散的农户其外部交易成本过高，降低了在市场中的竞争力。因此建立各种形式的农民合作组织，提高农民对农业知识的了解、维护农民群体的利益显得尤为重要。

二、欧盟农业支持保护政策对中国的启示

欧盟与中国在经济发展环境和农业发展现状方面存在一定的差异，但欧盟农业支持保护政策的改革路径以及所取得的成就仍具有较强的启示作用。

尤其是，当前在我国实施乡村振兴发展战略的阶段，在共同目标、制度理念方面有很多的契合之处。具体而言，欧盟农业支持政策对我国有以下几方面启示。

（一）加大对农业财政政策倾斜与资金投入

从欧盟共同农业政策发展进程中得出，充裕的财政资金支持是欧盟各国在农业产业发展方面取得巨大成就的重要保障。我国农业生产具有小规模、分散化的特点，农户难以获得专业化生产的规模收益，因此更需要财政资金的支持。只有完善对农业政策的支持、加大财政资金的投入力度，政府对农业的支持政策才能得到强化，并最终促进乡村振兴战略的实施。

（二）完善农业支持政策体系

我国还应借鉴欧盟在不同成员国政策协调与衔接的具体做法，如确定扶持领域范围、补贴力度标准的差异化、设计具体发展项目等，重视不同区域差异化的政策需求。同时，以建立国家乡村振兴战略政策体系为契机，及时进行农业政策制定和农业政策实施管理机制改革，简化合并多部门出台的重复政策，增强政策的协调性、互补性。

（三）构建多层次农业补贴体系

综观欧盟的农业补贴结构，具有复杂化、系统化的特点，除了基本补贴外，还有多层次针对不同目标而设定的补贴范围，在保障农户收入的同时还兼顾农业科技推广、农业教育培训等有利于农业长期发展的相关措施。同时，CAP 2020 改革中还强调了对小农户的补贴标准。我国农业支持政策可参照该结构模式，制定针对小农户和适度规模经营农户的补贴标准。

（四）发展可持续农业生产

可持续农业生产需要从环保和农村发展多角度来提升农村综合实力。CAP 2020 中构建了绿色支持政策架构，更加注重对农村资源环境的保护。我国也正在经历类似的过程，自上而下都认识到保护农村生态环境的重要性和长远性。因此，我国可以尝试提高生态型农业补贴水平，构建符合我国国情的绿色农业发展支持政策。此外，促进农村发展是欧盟共同农业政策的重要内容之一，我国目前在农村建设方面资金来源较多，包括中央和地方财政，还有企业支持等，但资金总量不足，而且缺乏市场化运作机制。因此，欧盟农村发展基金可以作为一个很好的借鉴对象，以此来尝试构建我国农村发展基金，多渠道、市场化地获取、运行农村建设资金，提高农村公共基础设施、农业生产环境的建设。

三、加拿大农业支持保护政策对中国的启示

加拿大现行的农业支持保护政策顺应了农产品贸易自由化的历史趋势，构建了市场导向政策支持体系，使农业成为具有创新、活力、竞争力的重要产业，对中国的农业支持政策改革具有如下几点借鉴意义。

（一）积极探索"一体化"农业支持政策

从 2003 年制定 APF 开始，加拿大政府即尝试构建联邦政府—省政府—地方政府一体化农业政策，联邦政府负责政策制定和预算，省政府和地方政府负责灵活实施相关农业政策。中国可以以乡村振兴战略为契机，理顺省、市、县各级政府农业支持政策的功能以及财政预算，归并各项政策，减少重复性，整合各类财政资金，提高对农业财政资金支持的利用效率。

（二）探索农业风险管理体系

通过梳理得出加拿大农业风险管理包括收入稳定、作物保险、融资借贷等内容，既是保障农户收入的基石，也是应对农业风险的有效工具。如收入稳定计划包括农业稳定、农业投资以及农业恢复等项目，分别对不同程度、不同类别的风险损失进行相应的补偿；如作物保险计划，针对不同程度的风险损失给予保障或补偿，是对收入稳定的进一步补充；中国农业风险管理体系的设计可以参考加拿大的保险体系设计思路，采取多种政策工作相组合，共同应对市场和自然可能对农业造成风险的收入损失。

（三）适时调整农业支持保护政策

任何政策都是根据当时的国内外发展趋势以及时代背景而制定的。纵观加拿大的农业支持政策的演变，可以得出加拿大政府每隔 5～6 年就会对农业政策进行一次调整，以保持政策的活力和有效性。但需要注意的是，既要保证政策的与时俱进，同时也需要注意政策实施的连贯性和持续性。这方面，我国可以通过深入研究其政策的演变，为我国农业政策的调整提供有效的指导与参考。

四、日本农业支持保护政策对我国的启示

通过对日本农业支持保护政策的梳理，可以得出在农业支持方面中国和日本存在一定的共同特征，如政府在农业发展中都发挥着主导作用，以家庭为基本经营单位的小农经济占重要地位，农户兼业化现象比较普遍。日本的农业支持保护政策具体而言对中国存在以下几点启示。

（一）运用健全的法律促进和监督农业政策有序推进

日本极其重视政策执行中的立法规范，并将政策的各个方面都纳入法律体系中，以此督促并保证政策的有效实施。我国许多农业政策通过政府政策文件的形式实现，虽然符合当时的发展需求，但缺乏政策的连贯性和长期性，这不利于农业的长期、可持续发展。因此，未来我国应该首先从法律方面着手，从根本上不断完善农业法律内容，依法促从，依法实现乡村振兴战略。比如，建立保证中国农业财政补贴政策的法律、完善对农业基础设施建设的国家补贴制度、明确农业生态保护法等。

（二）有效运用"绿箱"政策

日本在乌拉圭回合谈判后，加大了对农民的直接补贴，并充分利用 WTO 的"绿箱"政策，把对农业的直接支持和保护转向提升农业竞争力的基础设施建设和生产领域，以及加强农业科技的开发和推广方面。这样的政策转向提高了本国农产品的国际竞争力和自给率，以此应对国际农产品进口的冲击。我国可以借鉴这方面做法，在符合 WTO 的"绿箱"政策有关规定下，实施对农业有效保护政策，将对农业流通领域的价格支持的方式转变为对农业生产领域直接补贴为主，重点对提高农业生产能力与潜力进行支持，加大对农业生态环境的保护投入，加强农田水利等公共设施和硬件的投入。此外，由于两国都存在年轻农业劳动力缺失的现状，因此我国可以借鉴日本对年轻农业劳动力加大培训和支持的具体措施，发展农村教育和提高农业劳动者文化素质，增加对农业人才培养以及农业科技成果的开发与运用。

（三）调整农业财政政策，多样化方式反哺农业

农业补贴是农业财政政策最主要、最常用的方式。日本始终以保证农民收入水平为目标，根据国外形势变化动态调整补贴政策的具体标准和内容，

具有很强的实效性和针对性。首先，我国可以尝试建立直接补贴制度，以保证农民收入为目标，增加补贴总量，加大生产环境和农民的直接补贴力度，减少间接行政补贴。其次，突出补贴重点。我国可以在增加对贫困农户直接补贴的基础上，加大财政补贴力度，扶持农业龙头企业的发展，发展区域生态农业，带动农民脱贫、致富。在处理农业与工业的关系上，我国还需要继续完善以工保农、以工促农的反哺措施，在提升政策的执行效力的同时，需要建立相关法律政策体系，保证工业反哺农业的顺畅运行。

（四）完善农村金融保险政策

我国农业基础相对薄弱，这要求在借鉴他国优点的同时，充分考虑我国国情，稳步、有序地推进农村金融保险政策。

第一，完善我国农村合作金融和政策性金融支持模式。以相互扶持为合作原则，转换经营机制，完善农村合作金融组织的治理结构。政府应适当减少强制干预，以行政引导的方式，鼓励农民参与保险，加入农村金融组织。同时，优化并拓展政策性金融服务的范围，在进一步完善农村金融保险外部环境的前提下，为农户提供更多、差别化的农业金融支持。

第二，制定完善的农村金融保险政策，做好对农业的风险防范，为农业发展、农民的生产生活提供有效的金融支持。我国目前的农业保险还处于初始发展阶段，受限于农村经济发展水平总体落后和农民参保意识不强等因素的影响，农业保险的全国覆盖率低、受益范围小。针对这一问题，我国可以参考日本强制性农业保险制度，根据保险对象、风险区域、保障水平等多方面指标对不同区域进行不同强制性保险分级。这种分级可以由不同地区的气候、土壤条件等因素划分，而不是根据行政区域进行划分管理。同时，政府需加大对农业保险的投入，引导建立农业收入保障机制，提高农民抵御风险的能力。

第二章

农业发展在乡村振兴中的地位和作用研究

中华人民共和国成立初期的探索奠定了农业在我国国民经济中的基础性地位，改革开放之后，家庭联产承包责任制的全面推行以及对外开放的提速升级，极大地改变了国内农村农业的面貌，为我国稳步推进工业化进程做出了巨大贡献，使我国成了"世界工厂"，我国的经济发展也随之步入后工业化时期。但是，农业发展仍是一个攻坚性难题，城乡二元经济结构仍将长久存在。多年来，农业凋敝、农民收入增长缓慢、农村面貌改变难、相关主体无法分享改革红利，不少农村陷入"无人种田""抛耕抛荒"的发展困境。这种局面若无法有效扭转，不仅关系到全国人民的温饱问题，而且会损害国民经济的稳定发展。

2017 年，党的十九大报告首次提出了"乡村振兴战略"；2018 年，国家出台了《乡村振兴战略规划（2018—2022 年）》，为农业发展在乡村振兴中的地位和作用确定了基调、指明了方向、布置了任务。

自古以来，农业是人类社会的衣食之源和生存之本，农业是工业等其他物质生产部门与一切非物质生产部门存在与发展的前提条件，农业是支撑整个国民经济不断发展与进步的物质保障。国民经济越是快速增长，农业的基础地位就越重要（陈锡文，1995）①。农业的基础地位是否牢固，关系全国人民的切身利益，关系社会的安定和整个国民经济的发展，也关系我国在国际竞争中能否保持独立的地位。新时代下，乡村振兴战略对农村、农业和农

---

① 陈锡文. 关于农业经济形势和政策措施的思考［J］. 农村工作通讯，1994（12）：6 –7.

民提出了更高的要求，很多工作需要在更宽广领域、更全面的视角和更具全局意识的大框架下开展，未来乡村振兴战略的实施也不仅仅局限于农村、农业和农民本身，可能涉及产业融合、要素流动、技术整合、制度创新等诸多方面，同时从提升质量、调整结构和改善生态三大方向集中发力，促进农业高质量发展，为乡村振兴战略的实施奠定坚实的基础，同时也为乡村振兴总目标的实现发挥巨大的推动作用。

第一节　我国农业发展的历史沿革

一、中华人民共和国成立初期（1949—1978：30 年）①

中华人民共和国成立伊始，百业凋敝，第一代领导人对我国国情和整个经济形势做出了基本判断，将农业摆在了国民经济恢复的首位。1949 年 12月，在首次召开的全国农业会议上，周恩来总理明确表示"农业的恢复是一切部门恢复的基础"。正是有着这样的表态，全国大部分地区是以农村为中心，以民主改革和农业的恢复为重点，国民经济的调整也主要是加强农业的地位，并采取了正确的农村政策。但是需要指出的是，早期领导人之所以将农业摆在国民经济的首位，并不仅仅因为农业的基础地位，更是客观条件使然。第一，温饱的需要。当时的我国是一个生产力十分落后的农业大国，首要难题仍是解决全国人民的吃饭问题，一旦处理不好，新政权将无法站稳脚跟，更别提巩固了。第二，发展工业的可能性极小。在中华人民共和国成立前夕，毛泽东已经意识到未来工作重心应该从农村转向城市，但是新中国千疮百孔，根本没有集中力量恢复和发展工业的能力和条件。正因为如此，新中国成立初期我国的农业才得以迅速恢复，并由此带动了整个国民经济的复苏。

1953 年，我国开始实施国民经济的第一个五年计划，它被称为过渡时期

---

① 1966—1976 年"文化大革命"期间，文件资料大量缺失，不在统计之列。

总路线的具体化，是一个建设与改造并举的计划。这时，新中国的工作重心开始转移到工业化上来，工业化成了重心任务。党和国家领导人一致认为，工业化关系着民族独立和国家富强，是全国人民的最高利益之所在。正是因为党中央对工业化的无限向往以及急于"赶美超英"的决心，我国开始出现对农业基础地位这一基本工作路线的偏离，与此同时党中央没有充分及时地认清当时国内农业生产方面出现的问题，导致农业很快出现了较为严重的状况。在"一五"计划实施不久的1953年就出现了粮食供不应求，1955年又一次出现了粮食风波。粮食风波的出现引起了党的高度重视，先后对过渡时期总路线做了两次修改。遗憾的是，党中央主要领导人仍然没有将农业放回到基础地位上，而是继续将工业化作为"一五"期间的中心任务，同时提出农业应该适应工业、必须配合工业化，并且不能拖工业化的后腿。为了达到这一要求，全国采取了加速农业的社会主义改造的策略，期望通过改变生产关系来提高农业生产力，使农业与迅速推进的工业化相适应。于是，原计划在15年或更长时间完成的农业社会主义改造一下子缩短并在4年内就完成了。可是事与愿违，当合作化完成后，农业生产力却没有得到预期的发展，"一五"期间的1953年、1954年和1956年农业都没有完成原定计划的指标。这不仅导致了两场粮食危机，还对工业发展造成了直接的负面影响。

此后，党中央开始总结我国"一五"计划和苏联倚重重工业、忽视农业的经验教训，明确提出"农业发展是工业发展的基础"①。为了解决农业问题，早在农业合作化高潮中毛泽东主席就开始酝酿农业的大发展计划，1956年政治局会议通过了《1956—1967年全国农业发展纲要（草案）》（简称《纲要》）。《纲要》的目标。在当时的生产条件下过高，因此被搁置。一年后，1957年10月《纲要》恢复，全国掀起了轰轰烈烈的"农业大跃进"运动，浮夸风泛滥。各地纷纷上报的虚假农业指标让中央主要领导人以为人民温饱已经不成问题，1958年8月中央政治局做出了"粮食问题已经基本解决"的错误判断，并在我国社会主义建设总路线中提出了"工农业并举"，全党的工作重心再次转向工业、转向钢铁生产。

---

① 1957年2月，中央农村工作部部长邓子恢代表中共中央和国务院在全国农业劳动模范代表会议上的讲话。

人民公社在全国各地一哄而起，农民的生产积极性遭到了极大的损害。此外，随着全党工作重心向工业转移，农业劳动力被大量抽调去大炼钢铁，农业生产遭到了毁灭性的破坏。相关资料显示，"大跃进"期间，农业受到了重创，工业也不断倒退。1960 年秋，我国经济陷入全面危机，粮食等农副产品严重不足，全国出现饥荒，人口非正常死亡现象不断出现。这一惨痛教训迫使全党重新审视农业在国民经济中的地位以及农业发展的方法和手段。1961 年，国民经济转入调整时期，党要求集中力量加强农业建设，贯彻"以农业为基础"的方针，严格按照"农、轻、重"的次序安排国民经济计划；同时要求各个部门在制订计划和采取措施时，都必须以农业为基础，把支援农业放在第一位。1962 年，党的八届十中全会将"以农业为基础，以工业为主导"确定为发展国民经济的总方针，这是中华人民共和国成立以来党探索社会主义道路的一项重要成果。1961—1965 年，全党牢牢把握农业的基础地位，国民经济迅速走出了困境。

然而，党的指导思想上的"左"倾并未完全根除，在"以阶级斗争为纲"的思想指导下，将经济建设放在次要位置，"以农业为基础"的方针也被抛弃。1966 年，长达十年的"文化大革命"爆发，全国经济陷入泥沼。

总地来看，中华人民共和国成立前 30 年中，农业的基础地位并不牢固，全党对农业的认识仅停留在"农业关系着全国吃饱穿暖的问题"层面，一旦温饱问题解决，工作重心很快发生偏移，在社会主义现代化建设初期走了不少弯路，影响了国民经济的恢复和增长，错失了国际重要发展机遇，与全球各国平均水平的差距迅速扩大。

二、改革开放时期（1979—1999：20 年）

改革开放期间，农业的发展速度仍然不快，较长时间内都只是吃饱穿暖与稍有富余。随着改革开放和国内工业化进程的不断加快，20 世纪 80 年代末 90 年代初我国农业生产总值的份额持续下降，再次引发了人们对"农业基础地位"的讨论。在工业经济飞速发展的经济背景下，一些学者将保护农业视为局部的、眼前的利益，认为农业不是国民经济的"唯一"基础，并暗示农业的基础地位应该部分地让渡于工业的发展。① 一方面，许多新兴产业都不是农业的衍生物，或者不是以农业为直接的和唯一的衍生基础，这使得农业的基础地位不像过去那样直观明了、易于接受了；另一方面，技术的进步带来了"克隆"生命和"无土栽培"的问世，这些新事物的出现标志着传统农业的部分职能被工业化所取代，甚至整个农业都将成为工业化的对象。

令人庆幸的是，更多的学者认为农业的基础地位并不受农业份额的大小或其升降的影响。他们指出，农业份额下降的统计，一方面是因为未能跳出狭义农业研究的圈子，广义农业不仅包括狭义农业所指的种植业，而且包括农林牧渔业、农产品加工业以及生态农业等；另一方面是因为忽略了份额下降是"农业生产效率提升的结果"这一基本事实。从本质上说，农业的基础地位体现在如下方面：农业生产的农产品是人类赖以生存和发展的基础，农业系统创造和维护的良好生态环境是人类生存和非农业部门可持续发展的基础，农业还是非农产业部门生存和发展的基础，不仅为后者提供了剩余劳动力和剩余农业产品，还为后者提供了巨大的市场。可以说，改革开放期间农业的基础地位受到了人们的一致公认，并基本确立了下来。这一方面使农村的改革与农业发展稳步推进，另一方面让党中央开始着手处理农村中出现的一系列难题。

众所周知，改革开放之前农村采取的是人民公社经济体制，即"三级所有，队为基础"的所有制模式，也就是生产资料分别归公社、生产大队和生产队三级集体所有，相应建立三级管理机构。人民公社采取"大锅饭"的极端平均报酬制度，所有生产队普遍采取了"工分制"作为劳动的计量和分配依据。粮食分配制和粮票供应制实行了 20 多年，生产关系与生产力的发展极不适应，导致农业粮食产量极低，农民完成上交国家任务后，普遍存在口粮不够吃的现象。

1978 年冬天，安徽省凤阳县小岗村 18 户农民秘密地实行了"分田到户"和"大包干"的改革，拉开了我国农村改革的序幕。"六五"期间，随着中央 5 个"一号文件"的颁布，"包产到户"由地下走到上上，"小岗模式"

---

① 傅晨. 辩证认识农业的基础地位［J］. 经济学家，1998（5）：115 - 117.

在全国广大农村普遍推行。这种被后人称为"家庭联产承包责任制"的农业经济制度，不仅解决了我国一个世纪都未能解决的温饱问题，而且让农村剩余劳动力从土地的束缚中解放出来，促进了乡镇企业以及我国城镇化进程的发展。1987 年，全国乡镇企业数量从 1978 年的 152 万个发展到 1750 万个，从业人数从 2826 万人猛增到 8805 万人，产值达到 4764 亿元。

随着农业的发展，农业产值和生产率均得到了较大提升，但是农村又出现了新的难题，其中农民负担过重最为突出。它主要表现在五个方面：一是农村"三乱"（乱收费、乱集资、乱摊派）普遍存在；二是高估虚报农民人均纯收入，多提村提留和乡统筹费；三是摊派问题依然严重，如平摊农业特产税、屠宰税；四是"两工"（积累工、义务工）政策弹性大，强行以资代劳现象较为严重；五是不切实际的达标升级活动屡禁不止。为了治理农民不合理负担工作，1985 年，党中央、国务院下发《关于制止向农民乱派款、乱收费的通知》，此后国务院先后发出几十个减轻农民负担的文件。另外，成立专门的农民负担监督机构，加大治理力度。1997 年以后，又在农村普遍推行"村务公开，民主管理"，凸显了对农民负担的管理。这些农民负担治理措施，力度不可谓不大，取得了一定的成效。

另外，计划经济时期政府的计划定价造成了工农产品价格"剪刀差"问题，城市与农村发展差距越来越大，改革开放期间这些问题没有缓解，反而有所恶化。一方面，中国经济陆续与国际接轨，大宗农产品的价格由国际市场决定，发达国家的农业生产率很高，又存在大量补贴，国际农产品价格长期处于低位；另一方面，工业品市场价格机制业已形成，国内城市化进程高歌猛进，农业生产资料和农村劳动力价格不断上涨，农业生产成本大幅度上升。这直接导致了城乡居民收入差距持续扩大。1978 年农民人均纯收入与城镇居民人均生活费收入之比为 1：2.37，1984 年缩小到 1：1.71，1992 年又扩大到 1：2.3，1993 年再扩大到 1：2.72，超过了改革前的水平。届时，我国城乡居民收入差距在 4 倍左右，大大超出世界发达国家和中等收入国家 1.2：1 或 1.5：1 的差距比例。①

---

① 钟展锦. 农业基础地位的再认识［J］. 中国农村观察, 1995：19 – 23.

改革开放期间，上述问题都得到了或多或少的解决，但是，大部分问题都没有得到根治，农业发展所依赖的农民减负、农产品价格、农业保护等一系列问题依然存在。

三、新三农时期（2000—2017：18 年）

中华人民共和国经过 50 年的发展，农业的基础地位完全确立下来。新三农时期，党中央十分重视农业，做了大量的工作，主要围绕"农业的保护"这一主线开展。

为了实现农业的保护，党中央研究、制定并实施了农业税费减免政策。2000 年，国家支持安徽省首次以省为单位进行农村税费改革试点，该项改革的主要内容为"三个取消、一个逐步取消和两个调整、一项改革"，即取消乡统筹费，取消农村教育集资等专门面向农民征收的行政事业性收费和政府性基金、集资，取消屠宰税；逐步取消统一规定的劳动积累工和义务工；调整农业税政策和农业特产税政策；改革村提留征收使用办法。2005 年安徽省全面取消农业税，全省共减轻农民政策性负担 54.5 亿元，人均减负 109.4元，亩均减负 93.8 元；[1] 2006 年 1 月 1 日《中华人民共和国农业税条例》废止，标志着我国全面取消了农业税。农村税费改革彻底消除了农民负担，得到了广大农民的拥护，农民土地承包积极性空前提高。

为了实现农业的保护，我国启动了"三权"分置改革，明确了土地的所有权、承包权和经营权。21 世纪初，农村土地流转萌芽，但早期只在亲朋好友之间换耕、代耕、转让，大规模的土地流转并不多见。由于担心在土地流转过程中丧失土地承包经营权，农民对大规模、长期限于非血亲之间的土地流转的积极性不高。为了稳定农民的承包权、让农民吃上"定心丸"，党的十七届三中全会提出了"搞好农村土地确权、登记、颁证工作"的要求，陆续在全国各省开展农村土地承包经营权确权登记颁证试点，将承包地块、面积、空间位置和权属证书落实到户。通过确权登记颁证，稳定了土地承包权，让农民转出土地更安心、规模经营主体转入土地更放心，促进了农业适

---

[1] 史力. 安徽深化改革的精神"坐标"：从农村税费改革看安徽"三农"发展［EB/OL］. 安徽省林业科学研究院网站，2018 - 10 - 28.

度规模经营。

为了实现农业的保护，我国实施了粮食的最低收购价格政策。2004 年，我国实施了小麦、稻谷最低收购价格政策，并于 2008 年起逐年提高价格（见表 2 - 1），支撑了新三农时期粮食的连年持续丰收。2008 年，全球金融危机导致大豆、棉花等农产品价格暴跌，为保护农民利益，国家分别对玉米（黑龙江、吉林、辽宁、内蒙古等"三省一区"）、棉花（新疆）、大豆、糖料和油菜籽实行临时收储政策，稳定了该产业的收入水平，保护了农民利益，极大地调动了广大农民的生产积极性。

表 2 - 1　2004—2017 年小麦和稻谷的最低收购价格、玉米临储价格

（单位：元/50 千克）

年份	早籼稻	中籼稻	晚籼稻	粳稻	白小麦	红小麦	混合麦	玉米
2004	70	72		75				
2005	70	72	72	75				
2006	70	72	72	75	72	69	69	
2007	70	72	72	75	72	69	69	
2008	77	79	79	82	77	72	72	75
2009	90	92	92	95	87	83	83	75
2010	93	97	97	105	90	86	86	88
2011	102	107	107	128	95	93	93	99
2012	120	125	125	140	102	102	102	106
2013	132	135	135	150	112	112	112	112
2014	135	138	138	155	118	118	118	112
2015	135	138	138	155	118	118	118	100
2016	133	138	138	155	118	118	118	无
2017	130	136	136	150	118	118	118	无

数据来源：孔祥智、张效榕. 《从城乡一体化到乡村振兴》，载《教学与研究》2018 年第 8 期。

为了实现农业的保护，我国实施了对农业进行直接补贴的政策，主要包括 WTO 所允许的"蓝箱"和"绿箱"补贴。2002 年，吉林、安徽、湖南等粮食主产区开始实施粮食直补改革试点，标志着我国农业补贴制度开始向全面反哺农业时期转型。从 2003 年开始，党中央首次提出城乡统筹战略，以工补农、以城补乡，使农民从农业发展中直接获益成为全面反哺农业时期的重要主题。在此期间，中央和地方政府给予的补贴主要包括种粮农民直接补贴、农资综合补贴、良种补贴和农业机械购置补贴四大类补贴。2015 年财政部和农业部将前三项补贴合并为"农业支持保护补贴"，主要用于支持耕地地力保护和粮食适度规模经营。届时已经初步形成收入型补贴、生产型补贴和政府一般性服务等相结合，兼顾粮食安全和农民增收的农业补贴制度。

为了实现农业的保护，我国开始积极探索以"新农合""新农保"为核心的农业社会保障体系。"新农合"即新型农村合作医疗保险，是由政府组织引导、农民自愿参加，个人、集体和政府多方筹资，以大病统筹为主的农民医疗互助共济制度。其于 2003 年开始实施，2004 年年底全国农民参合率就达到 72.6%，2010 年以后达 80% 以上。"新农保"即新型农村社会养老保险，是一种个人缴费、集体补助和政府补贴相结合的保险制度，与家庭养老、土地保障、社会救助等社会保障政策措施相配套，保障农村居民的老年基本生活，2009 年开始试点。"新农保"的实施意味着我国农民在 60 岁以后都能享受到国家普惠式的养老金。

经过几代人的努力，我国农业保护体系基本形成。在结构上，我国已经初步建立了以保障粮食安全、促进农民增收和农业可持续发展为主要目标，由农民直接补贴、生产支持、价格支持、流通储备、灾害救济、基础设施、资源与环境保护以及政府间转移支付等各类支出组成，涵盖了农业产前、产中、产后各个环节的保护体系和以农民为主体的社会保障政策体系。上述工作带来了我国粮食产量 2004—2015 年的"十二连增"、2013—2017 年农村居民家庭恩格尔系数明显下降、2012 年农村居民已经进入联合国界定的"富裕阶段"，为以后实现农业发展、重塑城乡关系、促进城乡融合以及实施乡村振兴战略打下了坚实的基础。

第二节 农业发展在乡村振兴中的地位与作用

一、农业发展在乡村振兴中的地位

如果说新中国前 50 年的发展奠定了农业的基础地位，那么 2000 年以来党则开始探索农业发展之路，这一农业路线被最新一代领导人继承下来；不同的是，上一代领导人重视的是农业保护，期望达到的是农业不能拖工业后腿的目标；而新一代领导人强调的是农业的发展，同时带动其他非农产业的发展。党的十八大以来，党中央提出了乡村振兴战略，这意味着农业开始迈入发展时期。在这一崭新的时期，农业不仅要实现充分发展，而且还面临着提升国际竞争力的历史重任，实现农业高质量发展是我国社会主义现代化建设的一大目标。有专家提出，农业不仅是中华民族实现伟大复兴中国梦的基础和支撑，而且直接关系梦想能否实现以及梦想实现的速度、质量和品位，一个真正强大的国家必须拥有强大的农业。党的十九大上，习近平总书记将表征农业农村生产力发展进步的"产业兴旺"列为乡村振兴五点总体要求的第一位，农业发展成为国家乡村振兴战略的刚性基础、首要任务和目标构成。

顾名思义，农业发展是指发展广义农业所涵盖的各项产业，包括做大做强农业，提高农业的质量和安全性，完成农业产业化，丰富农产品及延伸的功能性产品，发展农产品加工业，加快一、二、三产业融合发展的步伐，推进农业的二产化和三产化，提升农业的整体盈利水平。

农业发展是时代要求。长期以来，农业一直遵循着"产量为王"的宗旨，忽略了农产品的质量提升，大部分产品均处于粗放型增长的状态，高品质产品十分缺乏；农产品溯源体系尚未建立，追踪难、问责难，食品安全事件频发，农药残留、重金属超标、抗生素滥用等问题触目惊心；农业经营过程中小农思想泛滥，围湖造田、毁林开荒、生态破坏行为比比皆是，生态平衡遭到威胁；农产品品牌意识薄弱，产品开发千人一面、缺乏地域特色和文化底蕴，产品营销不到位，信息化水平低下。随着我国社会主要矛盾的变化，新时期农业需要解决的已不再是基本的温饱问题，而是高水平的生活品质所需要的高质量农产品供给不足的问题，农业发展是破解农产品供需矛盾的关键之所在，坚持农业农村优先发展在 2018 年被提上乡村振兴战略的发展议程中。

农业发展是国民经济的刚性基础，农业现代化是国家现代化必不可少的重要组成部分，没有农业发展，国家现代化就是不完整的。第一，农业是整个国民经济的基础，是解决人民衣食住行所需的基础性产业，为工业的发展提供原料，尤其是粮食生产关系到国家安全和稳定；第二，农业农村是我国经济社会发展的短板，没有农村的全面小康，就没有整个国家的全面小康，没有农业农村的现代化，就没有整个国家的现代化；第三，弱势农业以及相对落后的农村隐藏着巨大的内需和发展潜能，激发农业农村发展的活力，就是从全局上激发经济社会发展的新动能、新活力。因此，中央提出坚持把现代农业建设作为保持经济社会持续健康发展的重要任务，任何时候都不能放松；坚决加强耕地质量保护与提升，坚决强化农业科技支撑，坚决转变农业发展方式，坚决完善农业支持保护体系，使农业逐步由目前的小规模、高成本、低效益、弱竞争力转变为适度规模、低成本、高效益、强竞争力上来，坚决防范"农业过关论""粮食过关论"的泛滥。

农业发展是根治城乡居民收入差距拉大的重要手段。我国是一个典型的"二元经济"发展中国家，城乡差距和工农业发展差距巨大，工业品和农业品价格"剪刀差"长期存在，农业发展不力直接导致农民收入与市民收入差距迅速拉大，进而引起诸多问题。比如一些农民"弃农离农就工从商"，一些农民同时从事多份工作、兼业"两栖型农民"越来越多，前者导致合格农民越来越少，甚至"抛荒"农田农地越来越多，后者导致农业产出低下、生产效益下降，进而反过来影响农业的发展。由于农业是农民增收的主要来源，这些问题的解决有赖于未来较长时期内的农业发展。

农业发展对农村生态环境的改善具有重要的保障作用。多年来，农村面貌总体变化不大，农村基础设施建设滞后、生产生活条件低下、基本公共服务不完善、乡村治理机制"原始粗暴"，农村生态环境的发展长期得不到重视。只有农业发展了，农民富裕了，才有资金对农村生态环境进行治理；如果农业发展不起来，农民增收的效果不能实现，不但没有了进行治理农村的资金，而且农民"穷则思变"，还可能间接引发资源环境的恶化。

2018 年中共中央"一号文件"围绕着实施乡村振兴战略，提出了"三农"发展的"三步走"目标任务：第一步是"到 2020 年，乡村振兴取得重大进展，制度框架和政策体系基本形成"；第二步是"到 2035 年⋯⋯农业农村现代化基本实现"；第三步是"到 2050 年，乡村全面振兴，农业强、农村美、农民富全面实现"。农业发展是乡村振兴战略的三大最终目标之一，牵涉到我国全面建成小康社会总目标的实现，也体现着中国特色社会主义"五位一体"总体布局在农业发展中的具体展开，具有重要的基础性地位。

二、农业发展在乡村振兴中的作用

（一）奠定经济基础

农业发展是农业现代化的必由之路。党的十九大报告中提出了实施乡村振兴战略的总要求，即"产业兴旺、生态宜居、乡风文明、治理有效、生活富裕"，其中"产业兴旺"位居其首，意味着农业发展将在乡村振兴战略中起到奠定经济基础的作用。2018 年中央农村工作会议提出，"农业强不强、农村美不美、农民富不富，决定着亿万农民的获得感和幸福感，决定着我国全面小康社会的成色和社会主义现代化的质量"。推进农业发展，才能实现农业强、农村美、农民富，我国经济发展就有了扎实的基础和强劲的依托；否则，实现农业强、农村美、农民富就成为"无源之水、无本之木"，甚至到 2020 年全面建成小康社会也容易成为空谈。在当前乃至 21 世纪中叶"把我国建成富强民主文明和谐美丽的社会主义现代化强国"前，农业发展仍是解决我国一切问题的基础和关键。就多数农村地区而言，如果农业不发展，即便"生态宜居、乡风文明"，广大农民"看着美景跳着舞"实现乡村振兴也无异于天方夜谭；如果农业不发展，乡村振兴战略的推进也将是不可持续的。

发展农业，最根本的是发展粮食产业，粮食生产是一国的立国之基。要结合完善质量兴粮、绿色兴粮、服务兴粮、品牌兴粮推进机制和支持政策，鼓励新型农业经营主体、新型农业服务主体带动小农户延伸粮食产业链、打造粮食供应链、提升粮食价值链，积极培育现代粮食产业体系，鼓励发展粮食加工业、流通业和面向粮食产业链的生产性服务业，促进粮食产业链创新力和竞争力的提升；要结合推进农业支持保护政策的创新和转型，深入实施藏粮于地、藏粮于技战略，通过全面落实永久基本农田特殊保护制度、加快划定和建设粮食生产功能区、大规模推进农村土地整治和高标准农田建设、加强农村防灾减灾救灾能力建设等举措，夯实粮食生产能力的基础，帮助粮食生产经营主体更好地实现节本增效和降低风险，将保障粮食安全建立在保护粮食生产经营主体种粮营粮积极性的基础上；要结合优化粮食仓储的区域布局和加强粮食物流基础设施建设等措施，全面提升粮食产业链和粮食产业体系的质量、效益和可持续发展能力，为"把中国人的饭碗牢牢端在自己手中"打下扎实基础。

发展农业，是发展农产品加工业的基础。农业是基础产业，位于所有产业链的最上游，农业是工业特别是轻纺工业的主要原料来源，我国轻工业产值的一半左右是依靠农产品做原料生产出来的，这些产业的发展有赖于农业的成本下降、效率和质量提高以及技术进步。只有农产品成本下降了，相关轻工业的成本才能下降、生产效率才能提升；只有农产品的质量提升了、安全性提高了，轻工业产品的品质和安全性才能受到信赖，才能真正实现发展。

在我国经济已由高速增长阶段转向高质量发展阶段，农业作为国民经济的基础，农业的高质量发展将为我国整体经济的高质量发展奠定基础。过去，我国农业发展存在两大问题：一方面，农业资源要素过度开发，以化肥为例，我国单位土地化肥使用量是世界平均水平的 2.7 倍，2017 年我国水稻、玉米、小麦三大粮食作物化肥利用率仅为 37.8%[①]，过量的化肥被冲地下，影响了土壤的营养平衡；另一方面，大量社会资本进入，农业资本投资增长明显，有效保障和提高了农业产出，但一定程度上造成了农业产能过剩，导致玉米、稻谷等主要农产品出现产量、进口量和储备量"三量齐增"的奇怪局面，造成了资源的浪费。农业高质量发展是解决上述难题的好

---

① 刘慧. 化肥农药减量增效促绿色发展［N］. 经济日报，2017 - 12 - 22.

方法。

（二）催生农业经营服务主体

我国是一个农业大国，但不是农业强国，家庭联产承包责任制强化了农业基本经营制度的"分"、削弱了"统"的力量，未能形成较强的农业竞争力。我们预期，在乡村振兴战略下农业发展起来以后，农业生产规模扩大，农业结构更趋于合理和紧凑，各地区陆续形成符合区域资源禀赋和比较优势的特色，达到一定水平的农业开放程度和外向化程度，一些颇具国际和国内影响力的品牌先后创立，国内农业相关经营服务主体也将随之出现并壮大，共同推动我国农业综合竞争力水平的提高。

第一，催生更多的农业龙头企业。农业龙头企业是农业发展过程中联系农户与市场的桥梁，是乡村振兴战略的重要依托主体，农业发展将有利于农业龙头企业的孵化、培育和壮大。通过建立"风险共担、利益共享"的利益联结机制，农业龙头企业将小农户与大市场有效地联结起来，提高了农产品附加值和市场竞争力，实现自身规模和实力的大提升。农业发展的基础地位也将使国家更加重视农业龙头企业的发展，对其实行政策倾斜。比如，对于农业部首批认定的 76 个国家农业产业化示范基地中的 3140 家规模以上龙头企业，中央和地方政府为它们的经营活动提供了财政、税收、金融、人才、科技、产业和市场七个方面的扶持政策，单单科技政策就撬动它们 772 亿元的科研投入，使其 R&D 投入年均增长率高达 18.7%[1]，扶持政策起到了良好的提高技术创新效率、促进企业规模扩张的效果，在"十一五"期间这些企业吸纳就业人数高达 130 万之多。再比如，政府通过制定适当的优惠政策帮助企业推销产品，提供供、产、销方面的信息引导企业及时采购、生产和销售，以及制定一些产业政策适当集中某一类型的龙头企业，使龙头企业实现区域化布局、专业化生产，提高企业的外部经济性和专业化配套化生产，从而降低企业营运成本，提升它们的经营绩效。

第二，壮大农业行业协会。农业行业协会是农业中实行行业自我管理的

---

① 于健南，王玉蓉，王广深. 农业龙头企业技术创新扶持政策的作用机制及启示［J］. 科技管理研究，2015（23）：15－19.

非政府组织和非营利机构，是政府与市场主体意外的"第三种力量"或"第三部门"，是沟通政府与农业市场主体的平台，在整个社会中主要扮演"协调人"的角色。农业行业协会向协会会员收取会费，取得的收入全部用于自身发展，主要涉足政府与企业都不能或者不宜涉足的领域，代表农业经营者的权益，通过与政府有关部门的对话与沟通，与国内外其他组织的沟通与合作以及通过创建业内统一的产品和服务品牌三大渠道，及时准确地将农业经营者的意愿进行制度化的利益表达，独立地开展或参与反侵权、反倾销、反补贴、反垄断的诉讼等维权活动。这一中介性质的机构在西方发达国家广泛存在，但在我国农村采取的是家庭联产承包责任制，规模弱小、分布分散的小农户经营主体未能有效联合起来，农业行业协会的作用长期被忽视，导致国内农业行业协会发育不健全。农业发展将推动农业市场化和农业结构调整，促进农业行业协会的壮大，弥补家庭经营制度的先天缺陷，缓解农业小生产与大市场的矛盾，提高农业抗风险的程度，提升农业的综合竞争能力。

第三，发展农业服务主体。农业发展将细化农业分工，小农经济将迅速瓦解，资本化农业运作可能出现，包括农机服务、农资服务在内的服务主体将出现并活跃在广大农村。农机服务主体拥有大型拖拉机、收割机、播种施肥无人机等，向农业经营主体提供机械租赁、机械使用指导等服务；农资服务主体提供良种、农药、化肥等生产资料的销售，并提供病虫害和相关技术指导服务；粮食收购加工主体常年或季节性从事粮食收购、烘干、脱粒以及其他加工等服务，并通过多种手段线上线下销售，赚取差价。这些农业服务主体将在农业发展之后发展壮大起来，并形成一定的经营规模，在全省乃至全国经营连锁门店，为农业生产者们提供技术含量更高、更加及时、更加精准的专业服务。

（三）增加农民收入

过去几十年，我国制定和执行了对标西方资本主义国家的"赶超战略"，不仅在政策上有意识地向工业、城市和城市居民倾斜，而且采取多种措施从农村获取支持"赶超战略"所需要的诸多资源，造成了农产品与工业品之间严重的"剪刀差"，致使农民增收空间狭小，城乡收入的绝对差和相对差均迅速拉大。可以说，我国一方面牺牲农业发展工业，另一方面对农业进行保护,对农产品设置较高的收购价格,起到了确保农业安全的作用,但是也出现了新的问题。典型的情况是,目前工业发展起来之后仍无力反哺农业,工业品收益上升还对农业的生产要素产生了虹吸效应,导致留在农村或者愿意从事农业生产的农民越来越少。这引起了农村空心化,现在留在农村的大多是老人、妇女和儿童,许多自然村落开始衰败,一些村落甚至消失,农民收入增长空间进一步缩小。

不可否认,改革开放以来农村居民收入得到了稳步提高,但是这些增长的收入大多并非来自农业,而是来自农业派生行业或非农行业,比如进城打工的收入或者从事手工业所挣的收入或者农产品批发零售等,据悉农业兼业化在农村十分普遍①,农业之外没有一技之长的少数农户一般总是徘徊在贫困的边缘。此外,农民获得的收入有相当大的比例没有用于农业生产。有的村民举家移居到大城市或小城镇生活,将积蓄带离了农村;有的村民将绝大多数收入用于子女教育,待子女成年后留在城市,又千方百计将收入用于子女购房等支出;由于非农产业的回报率高,许多头脑活络的村民则通过向亲友举债借贷的方式筹集资金,从事非农产业的经营。

农业规模化经营是公认的增加农民收入的方式,目前尚在持续进行的"三权分置"改革就是为了防止经营权变更引发权属争议,稳定农民的承包权,让农村土地流转发展得更为顺畅。但是,"三权分置"改革本身并不能增加农民收入,要使农民收入增加,仍然需要依赖农业发展。比如,对于那些种植果树、林木、盆景、中药材等经济收益较好的承包商,土地大规模流转就并非难事,这些地区并没有进行"三权分置"改革,关键是回报可观、土地流转后农民获得的收益较多,因而流转机制更加顺畅。可见,如果只抓体制改革、不抓农业发展这一关键问题,农民收入增加是不可能实现的。

据统计,目前我国仍有数亿人生活在农村,他们的生活并不宽裕,有的甚至在贫困线上下挣扎,农业发展涉及数亿人的福祉,也涉及经济新常态下的社会稳定,党中央对此非常重视,乡村振兴战略提出了让务农成为体面的

---

① 韩俊. 对新阶段加强农业基础地位的再认识 [J]. 江苏农村经济,2008(3): 10 - 12.

职业、农民获得体面的收入和农村树起体面的形象"三体面"的终极目标。为了实现这一目标,农业发展应该承担起增加农民收入的重任。未来,在保证粮食安全的前提下,以农业产业为基础,丰富农产品结构,发展县域经济,发展休闲农业、观光农业、生态农业、互联网农业等,提高农业收益率和竞争力,改变农民工"两栖"生活方式,让更多人专注于农业生产,让现代公司经营制度取代当前的传统家庭经营模式,实现农业的转型升级和高质量发展,是农业发展的一个取胜之道。

(四)改善农村生产生活环境

"要想富,先修路"曾经是 20 世纪 90 年代广大农村致富的基本理念,但是广大农村的生产生活环境的提升较之城市和乡镇而言是相对缓慢的。农业发展将推动人们改善农村生产生活环境,让农村变得"更美"、生产更高效、生活更愉快。

推动农业生态环境改善。2015 年农业部表示,我国农业已经超过工业成为最大的面源污染行业①,我国农业资源过度开发、农业投入品过量使用、地下水超采以及农业内外源污染等一系列农业生态环境问题日益凸显,土壤污染、水体污染导致农村生态环境持续恶化,加剧了农产品质量安全风险,不仅带来了农业高质量发展的生态危机,而且打破了人与自然的平衡,甚至可能威胁到人类生存、繁衍与文明的存续。农业发展将为改善农业生态环境提供资金支持和目标激励,改革产权制度,解决农业污染的信息不对称问题,健全农业生态环境补偿机制和激励制度,明确责任主体、补偿措施和激励细则,建立风险防范和保障机制。"绿水青山就是金山银山"是习总书记的一个著名论断,农业不仅将在生态优先的环境下发展,而且将推动生态环境的不断优化,最终实现资源、环境和经济社会的协调发展。

推动公益性基础设施建设。现代农业公益性基础设施包括纯公益性和准公益性两类:前者指生产经营主体在使用消费过程中具有完全非竞争性和非排他性的农业基础设施,包括跨区域大型农田水利、农村交通、物联网等生

---

① 农业部. 农业已超工业成最大面源污染产业 [EB/OL]. 凤凰财经网,2015 – 04 – 15.

产性农业基础设施，也包括天然林资源保护、退耕还林、种苗工程建设等农村生态环境基础设施，还包括农产品市场与信息化系统、农业技术研发推广系统、新型农业经营主体征信系统等农业服务基础设施；后者指农业生产经营与消费上具有有限的非竞争性或非排他性的农业基础设施，包括农村电力、饮水安全、农村燃气、新型能源、标准农业园区等生产生活基础设施，也包括保险、冷链、仓储、烘干、技术服务等现代农业服务系统，还包括农村物流、农产品批发、零售与电子商务等现代农业营销系统。由于这些基础设施具有完全或者半完全的公益性特征，无法将不交费的"搭便车"消费者排除在外，因而无法引入市场机制加以建设，导致农村公益性基础设施建设严重落后于我国各地平均经济发展水平。在农业发展的过程中，中央和地方政府应积极介入，设立牵头单位和相关负责主体，或建立由政府财政与私人资本共同出资的政府和社会资本合作（Public‐Private Partnership，PPP）模式，或政府出资建设、私人资本运营，或由政府提供一定比例的补贴性资助，将更多的民间资本引入农村基础设施建设领域，激活现代农业公益性基础设施投资与运营。

推进农村法治建设。"依法治国"是我国的治国理政之本，理论上法律手段是解决社会众多问题的主要手段，农村基层也不例外。但是，农村地域广阔、农民文化水平不高，受传统宗族、亲戚熟人、宗教迷信等影响较大，最近十几年来农业税的全面取消使乡村财政收入大幅度减少，能人志士纷纷迁居城市，农村基层自治组织的治理能力急剧弱化，农村法治基础越来越薄弱。农业发展一方面将增加农村剩余劳动力的就业，减少闲杂人等的聚集，杜绝"黄"和"赌"的滋生，同时宣传活生生的优秀村民，为农村生产生活注入更多的正能量；另一方面，农业发展也将为农村法治治理提供更多的资金支持，中央和地方政府将通过在农村设立基层司法机构和法律服务机构，加强行政执法队伍建设，实现村民自治和法律治理相结合，完善农村基层行政复议和行政诉讼制度，提高农民对法律的知悉程度和信仰程度，推进农村法治建设。

（五）激发制度技术创新

农业发展将减少和消除对传统生产关系、体制机制以及自然资源的路径依赖，呼唤制度变革和技术革新，最终起到稳步推动我国制度创新和技术创新的作用。

"经济基础决定上层建筑"，农业发展将激发农村制度创新。在国家层面，为了顺应农业和农村发展的要求，2018 年 3 月，十三届全国人大会议对国务院组成部门进行了调整，撤销农业部，将农业部的职责，国家发改委的农业投资项目、财政部的农业综合开发项目、国土资源部的农田整治项目、水利部的农田水利建设项目等管理职责整合，组建农业农村部；将农业部的渔船检验和监督管理职责划入交通运输部，将农业部的草原资源管理和确权登记管理职责划入自然资源部，将农业部的监督指导农业面源污染治理职责划入生态环境部，将农业部的草原防火职能划入应急管理部。除了组织架构，我国农村土地使用权制度模式也将不断进化，比如农村土地股份合作制改革，短期来看是适应农村土地规模经营，实现农村土地使用权流转的资本化市场化，培育农村土地流转中介、价格评估和登记制度，加快农村土地流转体系建设，优化农村土地资源的优化配置。此外，农业发展还将促进现代农业经营制度的建立，比如建立"以用促养、以养保用"的农作物轮作制度、建立现代栽培制度、建立粮食规范化生产制度、建立土壤培肥制度等。在省市层面，针对农村集体山川湖泊，普遍存在着产权不够明晰、经营主体不够落实、经营机制不够灵活和利益分配不够合理等问题，农业发展将推动诸多制度创新。比如，为了做好农业发展过程中的河湖管理和保护工作，安徽省在全国率先全面推行河长制，建立了省市县三级河长组织体系，编制了长江干流、淮河干流、新安江干流和巢湖省级"一河（湖）一策"实施方案，让不少河段水段达到了地表水 V 类水质标准，推动了区域生态环境的整体提升，同时加强了自然保护地统一监管、林业资源安全巡护和生物多样性保护；为了适应林业发展需要，2008 年以来各地陆续开始实施林业分类经营，推进集体林权制度改革，建立了林长制，1 亿多农民直接受益，实现了"山定权、树定根、人定心"，不仅健全了林业产权制度，拓宽了林农对森林资源特别是商品林的经营自主权，建立了生态改善、林业发展和林农增收的有效机制，而且完善了林木资源的监测与管理，提升了林业防灾减灾能力，推动了生态产业化和产业生态化发展。

农业发展也将推动我国农业技术的多项创新。现代农业的发展不仅仅是早期的机械化、水利化和化肥化，更包括信息化、互联网化、智能化和高端化。第一，农业技术方面将迎来发展的机遇期。农业发展对农业技术的发展、进化与应用提出了新的要求，过去的"机械化"不能脱离人工，现代农业让"百分百"的机器化作业成为发展方向，无人机技术在播种、喷洒农药、收集农作物信息等方面已经广为应用，未来应用的领域将更广更深入；同时，农业发展也将同时加速农业技术变迁和标准化，比如培育更多的农产品品种、满足不同层次的消费者需求，比如农业技术标准化、方便应用和质量管控等。第二，农业发展也将推动我国技术制度的革新，打破部门和学科限制，在更宽的领域实现产学研、农科教紧密结合，完善以产业需求为导向、以农产品为单元、以产业链为主线、以综合试验站为基点的新兴农业科技资源的组合模式，进一步完善农业科技成果的评价机制，加快农业技术转移和成果转化速度，引导农业教育科研单位、供销合作社、农业龙头企业、大中专学生等社会力量广泛参与农业技术的推广应用。第三，农业发展也将推动农业技术组织的创新。当农业生产力发展到一定水平，农业技术组织将必然随之变化。现代农业的起步和发展推动了相关企业的集聚、协调和合作，农业科技园、农业试验示范站以及涉农企业孵化器等应运而生。1994年开始我国提出并建立了农业科技园，如今农业科技示范园已遍布全国各地，对传统农业的技术和产业结构起到了改造、提升、引导和辐射等作用；在传统农业向现代农业过渡的过程中，农业技术推广体系建设催生了农业科技试验示范站，工作人员在那里使用生物学、植物学、农业病理学、食品加工等专业技术解决农业发展中的问题，实现农产品的优质高产；国家发挥了政府采购这一工具的作用，建立了成千上万的涉农企业孵化器，促进了农业科技成果转化和农业专业技术服务的开展，完善了农业科技创新链的衔接，培育了一批具有一定竞争力的龙头企业。未来农业发展到某种阶段，也将继续推动特定农业技术组织的创新。

（六）促进产业交叉融合

农业发展将加速农业与第二、第三产业的交叉融合，使三次产业的边界越来越模糊，在原有的行业体系下衍生出许多新的分支。生态农业就是这样一个以农业为基本依托、三大产业多维融合的产业。它既具有生产特征，又有环境保护和文化传播等功能，同时还和休闲旅游密切结合在一起。从生产来看，它包括种植业、林业、牧业和渔业，主导农产品有粮油、瓜果、蔬菜、棉麻、药材、禽畜、蛋奶和水产品等；从功能上看，它包括智慧再生能源管理、电子政务、信息协同、乡村文化传播、线上线下培训、互动评价、在线生态文化游、质量安全追溯、可视化绿色物流、营销、智能清洁化加工和精准生态化生产等；从关键技术上看，它包括循环种养技术、生态化加工技术、光伏技术、传感网技术、大数据技术、物联网技术、定位技术、云计算技术、人工智能技术、互联网技术和文化创意植入技术等诸多方面。通过使用不同的技术，生态农业能够实现不同的功能，既可以摆脱能源制约，又可以提高资源利用效率，也可以达到环境保护的目的。比如，光伏农业中，使用太阳能杀虫灯可以有效解决大量使用农药化肥带来的土壤肥力下降、农产品农药残留严重以及农业废弃物剧增等问题；休闲观光农业中，既涉及种植业、养殖业，又涉及旅游、餐饮、休闲、教育培训、养生康复服务业，还涉及文化创意产业，甚至承载着多重文化的传播与传承。

随着农业发展提速，互联网的发展、储运效率和农产品冷链物流技术的进步对农产品销售模式产生了巨大的影响，冷链物流运输业迅速崛起，农产品开始越过层层批发代理从田间地头直接销售到千家万户的餐桌，催生了众多生鲜电商，以京东、阿里巴巴和亚马逊为代表的诸多企业纷纷开展生鲜电商业务。在农业大省安徽，景徽菜篮子、呆萝卜、爱生鲜、谊品到家等具有一定影响力的电商经营品牌应运而生。① 这些新兴的生鲜电商公司，不少是以一、二、三线城市新鲜蔬菜刚需家庭为目标顾客群，抓住了现代城市年轻人和中产阶层生活节奏加快的特点，通过 App 线上订购、隔日线下自取的销售模式，打造"无剩菜、新鲜采摘、新鲜直送"的形象，配送基地临近农产品生产基地，门店设立在临近小区或城市交通枢纽位置，既最大限度地保持瓜果蔬菜的新鲜度，又解决了"最后一公里物流"问题，吸引了数以万计的用户，成为新时代促进农业新发展的后起之秀。此外，可以预见，大数据、

---

① 赵微. 安徽省生鲜电商创新模式探究［J］. 知识经济，2019（18）：53－54.

人工智能以及 5G 技术将进一步拉长农业产业链条细分行业的融合以及产品的生产、销售与服务提供，让农产品安全追踪成为难题，在不久的将来就将刺激产业链条不同环节的经营专业化，同时面临产品标准化问题，从而孕育出专门从事农产品质量安全监测与投入品安全管理行业。

第三章

新型农业产业体系及其发展路径

新产业、新经济的发展壮大，不仅可以缓解产品供求结构失衡，而且可以优化生产要素配置，在农业方面的新业态同时还可以对生态环境和农民收入产生重大影响，在促进我国经济结构改革中发挥重要作用。现代农业发展中有许多新的要素和技术，充分利用这些新的要素有利于农村形成新的产业和模式。充分利用新一轮的技术和商业模式创新，依托农业，促进农业等产业融合发展，拓展多种新型农业功能，推广多种新型农业，进而促进农业产业链延伸，"拓展新产业、新业态"是中央特别指出的推进农业供给侧体制改革的重要方向，也是顺应农业发展规律和趋势的重大部署。

第一节 新型农业产业体系发展的内涵与现状

一、新型农业产业体系的内涵

（一）农业新产业体系概念

"新"不是一个刻板的概念，这是在比较中产生的。农业文化企业处在一个市场需求变化、竞争突出的发展背景下，采取了不断更新的产品创新和服务创新来应对这些挑战，使得农产品的形态、组织和管理都发生了一些动态变化，当数量变化达到质量变化时，就形成了一种新的农业形态。这是一种以智能经济、数字经济为主导，大健康产业为核心，现代农业为基础，通过各大产业融合实现产业升级和经济高质量发展的产业形态。现代产业体系是现代经济体系中的宏观产业结构，是发达国家可持续发展的工业形态，是智能经济时代发展中国家赶超战略的产业形态。其灵魂是高附加值，根本特征是创新、再生、生态、系统化，规模和精度是现代工业系统的。新型农业则是指多种生产要素与生产经营相结合，为适应市场需求变化而形成的差异化的农产品（服务）、农业经营和农业组织形式。由于农产品、管理和组织形式的多样性，通过不同的资源组合，可以创造出各种新的形式。在形式的逐步完善、改进、改造和升级的过程中，融入了新的思想和新的内容，于是不同于传统形式的农业新业态就被创造了出来。①

（二）新型农业产业体系概念的内涵

（1）农业新业态是一个不断改变的概念。随着时代的发展，随着高新技术的渗透和需求的变化，出现了一些新的形式，每隔一段时间的更新发展，新业态将被未来的更新的形式所取代，比如我们现在谈论"新时代"，可能有一个新的含义。再过十年，新时代可能又会是另一种意思。

（2）新型农业产业体系是区别于传统农业产业体系的。新的产业形式可以称之为新形式有一定的条件，和之前的产业形式不一样才能说是"新"，有一定的经济规模才能说是"产业"。这种产业形式需要已经形成稳定的发展趋势，具有一定的规模。

（3）新型农业产业体系的出现是必然的。传统农业需要向顺应新时代的新型农业发展，农业产业的结构需要进行优化改革，就必然会有新型农业产业体系的出现，是符合产业发展的内在规律的。

（4）新农业产业本质上是突破传统农业模式的产业创新②。这种产业创新主要表现在：原创新兴产业的诞生，如农业与旅游业的融合，形成了农村休闲农业的新产业，如生物技术向农业的渗透，成为新的生物农业产业，出现了不同于其他产业的新格局。推动产业内部创新，让原有业态的某个环节繁复完

---

① 陈慈，等. 当前农业新业态发展的阶段特征与对策建议 [J]. 农业现代化研究，2018（1）：48–56.

② 赵伯飞，孙乾. 现代都市人的发展困境及其选择 [J]. 经济师，2016（4）：18–20.

整、越来越强、有自己的特色，如通过对休闲农业和旅游新产品市场的细分，满足个性化消费市场的需求，形成了具有发展潜力的特色住宅产业。

（5）新农业产业的发展与该地区的科技经济水平密切相关。因此，新农业产业的发展如果不以不同地区的经济发展水平为基础，将难以达到预期的效果。同时，也不可超越研发水平，盲目追求高水平的产业形态。

（三）构建新型农业产业体系的意义

（1）加快新型农业产业体系建设，是现代农业发展到一定阶段的必然要求；是基于当前农业发展现状，根据自身自然禀赋，充分发挥自身优势，增强经济发展动力的战略选择。新型农业产业体系是衡量经济发展水平和综合实力的重要指标。

（2）加快新型农业产业体系建设，是转变农业发展方式、解决农业发展问题的迫切要求。我国的农业发展中存在着经济增长对资源和能源消费的过度依赖、工业水平不高、积累的结构性和体制性矛盾日益突出、质量和效益不高、环境污染严重、城乡发展不平衡等问题，使得经济发展难以保持稳定快速的增长。要解决这些问题，增强经济发展活力，就必须加快建设附加值高、科技含量高、资源消耗低、环境污染少的现代农业新产业体系。努力实现新兴产业、现代服务业和现代农业的融合协调发展，转变经济发展方式，走质量效益型、结构优化型、全面协调可持续发展的道路。

（3）加快构建新型农业产业体系，是顺应国际农业产业发展新趋势的现实需要。随着经济全球化的深入发展，国家、地区和城市竞相推动产业结构优化升级，提高产业水平，把产业发展的制高点作为提升核心竞争力的战略重点，而农业现代化的进程体现在农业科学产业化中的科技进步、农业产业结构的不断升级、农业产业水平的不断提高上。只有加快农业新产业建设，促进农业结构优化升级，才能在未来的竞争中赢得主动以及发展。

二、新型农业产业类型

（一）农业新产业是融合发展的产业

当前，农业正处于转型发展时期，农业发展观念不断完善，产生了多种农业新品种，表现形式多样。

一是通过产业链的横向拓展，出现了服务农业，这种农业的新形式是充分发挥农业的服务功能，促进农业由第一生产向第三生产的拓展。其新模式的形成主要是由市场消费需求驱动的，如休闲农业、景观农业、旅游农业、会展农业、创意农业等不同于以往的服务型农业。随着经济和社会发展水平的提高，人们对休闲、医疗、教育等休闲消费的需求不断增加，我们可以看到人们越来越愿意为了休闲买单，并且更追求多种多样的、具有个性的、高端的休闲服务。这也给新型服务型农业提供了广阔的市场平台。

二是高科技与农业相结合形成了新型农业，如现代生物技术和信息技术已经渗透到农业领域，形成了生物农业、智能农业、农业大数据应用等新的农业形态等，创新农业新形式的形成主要依靠技术创新，新技术与农业的融合，以及地方产业化，形成了新的工农业形式。

三是在政治管理方面，以城乡协调发展为背景，受社会分工精细化和新型社会组织模式转变的影响，社会组织转型催生了农业众筹、承包农业、农村养老服务、农业社会化服务、社区支农等新型社会化农业，农产品定制等新型社会化农业。

四是水产养殖业、畜牧业等农业产业一体化，形成了与现有农业生产方式不同的生态农业和循环农业等内部集成农业的新形式。

五是现代技术的融合和应用，形成了工厂化农业等新型综合农业，新的农业综合模式使农业生产呈现准工业化，促进了农业生产的高效集约化。

（二）创新型农业新业态

目前，由于第一、第二、第三产业的不断跨界整合，经济产业中出现了许多具有组织模式创新、运营模式创新、运营效率提升等的新业态。

（1）农村电商

近年来，农村网民人数不断增长，2015 年年底农村的网民人数达到了1.78 亿人，接近农村总人口的 19%。农村电子商务规模继续扩大，2014 年达到 1800 亿元，2016 年达到 4600 亿元，增长 256%。① 受 2016 年中央一号

---

① 李博. 电子商务下乡对我国农村经济发展的作用机制探讨［J］. 商业经济研究，2018（22）：121 - 123.

文件精神鼓舞，淘宝、京东、苏宁、惠农等大型电子商务平台相继推出"农村电子商务"，正成为推动农村经济发展最有力的组织手段之一。农村电商是互联网企业与农业农村跨境融合的一种新形式，它包括农产品进城、工业品下乡、农村要素集聚、县级电子商务等，对组织模式进行了优化改革，有利于强化分工的专业化、提高人才的组织水平、降低交易成本、优化资源配置方式和提高生产率。

（2）智能农业

智能农业是利用现代农业生产设备配置资源的一种新型管理方式，现代农业生产技术主要包括计算机覆盖分析和云检测、3S 技术、物联网技术、实时影音监控技术以及无线通信技术和远程专家咨询服务，实现了农业生产过程中的可视化远程诊断、监控、灾害预警等智能化管理目标，使农业生产全过程在以下方面更加科学：一是合理配置——农业生产要素配置更加合理，如劳动力、资金、土地的配置；二是科学管理——信息感知、智能决策、自动控制、精确管理；三是先进服务，为农业从业人员提供更有针对性的服务，这将是未来现代农业发展的一个重要趋势。目前，中国的智能农业技术已广泛应用于温室种植、畜牧养殖、质量安全检测和可追溯性检测三个领域。

前瞻产业研究院发布的《中国互联网＋智慧农业趋势前瞻与产业链投资战略分析报告》统计数据显示，2015 年中国智慧农业潜在市场规模已达137.42 亿元，到了 2017 年中国智慧农业潜在市场规模增长至 175.73 亿元，截至 2018 年中国智慧农业潜在市场规模突破 200 亿元，达到 203.06 亿元。根据前瞻产业研究院预测，到 2020 年中国智慧农业潜在市场规模将达到267.61 亿元，2015—2020 年复合增长率达 14.3％。[①]

（3）生物农业

生物农业是指先进的生物技术和生产工艺栽培各种农作物的农业生产方式。其中包括种植业、林业、微生物发酵工程产业、畜牧业等生产项目。近年来，生物农业规模不断扩大，产业得到优化升级，生物农业的市场份额也

---

① 前瞻产业研究院. 中国互联网＋智慧农业趋势前瞻与产业链投资战略分析报告［R/OL］. 前瞻产业研究院，2019 - 08 - 21.

在不断增加，如从 2005 年到 2015 年，生物疫苗市场规模从 58 亿元增加到 151 亿元人民币，年均增长 22%，预计到 2020 年，中国生物农业总产值将达到 1 万亿元。生物农业大体上已初步进入大规模工业化阶段，发展势头强劲。随着现代生物技术在农业领域的推广应用，生物农业已形成覆盖农田的生物育种、生物肥料、生物饲料、生物农药、生物疫苗及制剂等。

（三）新型社会化农业

（1）休闲农业。休闲农业是农业的一种新形式，是乡村农业与旅游业的跨界结合形成的，近两年来休闲农业发展迅速，休闲旅游农业综合发展指数居四川首位。2016 年山东、湖南、重庆的乡村旅游每年接待游客超过 1.3 亿人次，营业收入超过 320 亿元；江苏省休闲旅游和乡村旅游接待 1.2 亿人次，综合收入达 350 多亿元；陕西省休闲农业和乡村旅游综合经营收入更是达到了 1150 亿元，居全国第一位。但由于许多偏远农村采摘园基础设施薄弱，城郊农舍同质化和竞争化趋势，休闲农业应调整其结构和方向，并在未来几年内找到出路。

一是发展田园综合体，即发展农业生产和农村市场。例如，山西襄汾县，整合汾河湿地生态区、文化创意产业园、尧京酒村、温泉休闲度假、创意农业度假创造了"安梨 + 油用牡丹 + 二月蓝"共生模式，再如迁西—唐山—河北的"花乡果巷"农村度假旅游综合体，现已进一步发展建成牡丹油示范基地，并筹划接下来的发展。山东省燕埠县朱家林花园综合项目除创意和休闲外，还新增了加工、仓储、物流服务等功能。

二是发展农村民宿产业。农村民宿是将农村休闲观光产业、农村闲置住房资源和短租服务平台融合发展的新产业。一方面正是国家大力支持休闲农业，另一方面也是人们对家庭住宿的认可和接受。此外，还得益于芝麻信用和双层保险的保障功能、地图索引和导航功能的不断优化，甚至是长期租赁服务及短租平台的不断创新。有关数据显示，2018 年，该行业有企业 4 万多家，从业人员近 90 万人，市场规模超过 100 亿元，发展休闲农业的主要趋势是注重家庭住宿的短租，即导游观赏、租车、定制餐饮、农家乐体验、购物等服务。以家庭住宿为中心，创造更多的利润。

（2）农村大健康产业。大健康产业将成为农村潜力最大的产业。在土壤污染的频次、程度、范围不断扩大，情况逐渐复杂的情况下，需要一个复杂庞大的修复系统，需要创新和优化耕作方式和模式，保护和发展农村饮用水资源，种植和销售纯植物洗涤剂，生产和利用纯植物化妆品，发展植物油和生物能源，开发和种植新食品，回收有机肥料和其他新食品等，这些都将从真正意义上实现"绿水青山就是金山银山"的发展。

（3）市民菜园。消费者根据需求提前支付预订费和农资，是生产者和消费者共同承担风险和利益的新型城乡合作模式。社区支持农业建立了农民与消费者的直接联系，也为消费者提供了健康安全的农产品安全保障途径，经过进一步的探索和完善，这种形式将焕发出新的商机。

（4）农业生产服务，是指贯穿农业生产经营链条的社会化服务，直接完成或协助完成农业生产前、农业生产中、农业生产后的各个环节，引导农民通过农机服务、农业技术服务、土地托管、动植物疫病统一防控等方式实现"服务外包"，为解决"谁种地""种地农业"问题提供了途径。

（5）农业众筹、农产品私人定制等农业项目尚处于起步阶段，是农业多元化的新趋势，主要服务于特定的高回报消费群体。

（6）生物工业化是工农业发展的高级阶段，是一个高投入、高技术、精细化的生产体系，结合生物技术与系统管理，使农业生产摆脱生态束缚，每年按工厂化耕作制度计划生产植物产品。

三、农业新产业体系的发展现状及其存在的问题

（一）农业新产业体系发展现状

1. 农业新产业总体发展迅速

各地以实施乡村振兴战略为总体出发点，从 2018 年以来积极培育农村新型产业形式和模式，农产品加工业保持了稳定和高效，休闲农业、乡村旅游和农村电子商务继续快速发展，成为农村经济发展的新动力，2018 年 1—6 月，农产品加工业稳步发展，规模以上农产品加工业实现主营业务收入 7.8 万亿元，同比增长 6.1%，实现利润总额 5000 多亿元，同比增长 7.4%，新农村建设继续快速发展，休闲农业和乡村旅游持续繁荣。2018 年 1—6 月，休闲农业和乡村旅游共接待 16 亿人次，实现收入 4200 亿元，同比增长

15%。一年来，全国农村网商 980 多万户，带动就业 2800 多万人，① 新业态层出不穷，通过线上线下、虚拟实体等多种方式的有机结合，实现了共享农业、体验农业等一大批新业态，如创意农业、中央厨房、农商直供、个性化定制等。

2. 休闲农业发展进入黄金期

休闲农业在我国已经有了一定的发展，整体上已经走过萌芽期，进入了成长期，仍将处于发展的黄金期；同时，休闲农业的主体也加入进来，休闲农业的竞争将逐步加剧，尤其是在一些休闲农业得到较早发展的大中城市，其休闲农业的形态正面临优化升级。乡村文化和乡村旅游基本已为市场所熟知，休闲农产品种类仍需要逐步增加，规模需要扩大，组织化程度需要不断加深。随着城乡居民生活水平、休闲时间和消费需求的提高，休闲农业的需求依然旺盛，预计未来人均年休闲旅游规模将超过 5 倍，全国休闲旅游市场规模将超过 80 亿人，与 2015 年 22 亿人的年接待规模相比，休闲农业仍未饱和，未来还有很大的发展空间。与此同时，随着越来越多的主体参与到休闲农业中，休闲农业的竞争将逐渐加剧，特别是在一些起步较早、发展较快的大中城市，休闲农业发展面临转型升级。

3. 现代生物技术在农业新产业体系中的运用越发广泛

资料显示，生物疫苗市场规模由 2009 年的 58 亿元增加到 2015 年的 151 亿元，年均增长 22%，从 2007 年到 2014 年，全国种业市场规模从 300 亿元增加到 750 亿元，年均增长 14%；从 2008 年到 2012 年，生物农药销售收入从 86 亿元增加到 321 亿元，年均增长 38%，进入稳步发展阶段。现代生物技术在农业中得到了广泛应用，覆盖农药、育种、肥料、饲料、疫苗及制剂等领域。生物农业产业产额在不断扩大，产业快速稳定增长，产业结构优化升级趋势明显。但总体来看，我国生物农业仍处于大规模工业化初级阶段，未来仍有广阔的发展空间，根据《"十三五"生物产业发展规划》中的预测，我国生物农业总产值在 2020 年将达到 1 万亿元。

4. 农业大数据的挖掘与应用尚未形成普遍应用的局面

---

① 农业农村部. 前 7 个月农业农村经济运行平稳向好［R/OL］. 农业农村部，2018 - 08 - 24.

目前农产品大数据销售有两个典型案例。京东推出了"京东大脑"，给消费者带来个性化、区域性的农产品推荐效应，并能帮助不同地区、不同习惯的人们获得最适合的优质推荐农产品。淘宝农产品电子商务平台可进行消费分析，根据之前的销售信息和"淘宝指数"服务，商家也可以通过向用户展示排行榜、交易指数等可视化图表的形式进行销售。但总体来看，农业大数据销售在储备技术和应用模式上缺乏切合农业生产的相关创新，依托于大数据的开放交易还没有成为市场的主流形式，并且由于法律规定和数据交易机制的不完善，京东、淘宝等交易平台仍然存在开盘不合理和交易数据过于谨慎的现象。相关农业大数据的挖掘和应用还没有形成普遍的趋势，还处于起步阶段。

5. 智能农业大规模商业应用尚需时日

智能农业正处于从萌芽到成长的阶段，大多是试点示范，大规模的商业应用还需要时间，从生产、商业、盈利、组织等方面来看，智能农业还没有真正实现产业化，具体表现在以下几个方面：一是受技术装备成本相对较高的制约，农民在农业生产中积极应用智能的积极性不高；二是没有可以投放运营的成熟市场，大规模需求尚在萌芽阶段，目前智能农业主要处于项目支持的技术研发和示范应用阶段，尚未达到可以市场化的标准；三是生产主体规模化、标准化程度较低，目前国内智能农业装备制造企业大多规模较小，每个企业都有自己的产品体系，不同企业之间产品的兼容性和互换性差，行业标准化程度低。

6. 农业新业态发展开始在城市周边集聚发展

大中城市周边地区已成为推动各种新型农村网络发展的重点地区，新型农业本身就是以城乡一体化为主的一体化产物，具有城乡功能，属于新型农村合作医疗的发达地区，人口集中使其成为城市农业服务的主要领域，为新模式提供了市场支持。2015 年，天津休闲农业和乡村旅游总收入 50 亿元，相当于当年农业总产值的 10%；北京该项总收入 40 亿元，全年农业总产值占比 11%；上海 19 亿元，占该年农业总产值的 17%；成都超过 175 亿元，约为农业总产值的27%。① 城市化水平越高、人口规模越大、人口密度越高，消费者的服务成本越低，新的服务业态越容易达到生产规模起点，新的农业业态也越多样化，以满足众多消费者不同的服务需求。

（二）存在的问题

我国现在的农业体制改革还存在许多问题，有农业体制机制不完善、农业体制队伍建设相对滞后、农业推广重视不够、农业体制缺乏资金保障等几个重要问题。

1. 新型农业产业体系队伍建设相对落后

从实际情况看，新农业产业技术人员素质水平参差不齐，主要是中专及大专以上学历，新农业产业技术人才队伍建设滞后，不能发挥自身促进新农业产业发展的作用。从我国缺乏对新农业技术人才的培养来看，新农业技术人才的能力主要体现在掌握新的农业技术是不够的，在这种情况下，不能满足现代农业新产业的发展需要，对我国农业新产业的可持续发展产生了负面影响。

2. 新型农业产业体系缺乏资金保障

新农业产业振兴是一项公益性事业，其推广资金来源于财政专项资金，但由于资金缺乏，阻碍了新农业产业的振兴，新农业产业的发展十分困难，行业技术人员参加培训的机会较少，新农合行业技术人员整体素质有待提高。

3. 对发展农业新产业重视不够

目前，我国政府部门在促进农业发展方面发挥了重要作用，先后出台了一系列行之有效的文件，建立了农业技术推广站，但政府部门在引进技术人员方面还比较少，只有引进人才，没有从农民的角度开展推广工作，农民很难掌握先进的生产技术。此外，新技术的应用风险高，阻碍了新技术的推广，不利于农业事业的有效发展。

4. 农业新业态发展的要素制约突出

土地、资金和人才供给不足是农业新业态发展壮大的制约因素。首先，

---

① 陈慈，陈俊红，龚晶，等．当前农业新业态发展的阶段特征与对策建议［J］．农业现代化研究，2018，39（1）：48-56.

大多数新型农业的发展需要必要的土地、住房及配套设施，但由于土地红线的硬性约束，土地供给不足，使得许多新业态项目难以实施，新型农业业态呈现艰难复杂的发展状态，急需一批既懂种植养殖技术，又懂营销策划、品牌推广的综合型创新人才。在农业企业发展方面，新企业大多处于发展初期，规模小、抗风险能力弱、融资难、创新运作成本高的问题更加突出，也就使新企业的创新创业更加难以维系，形成一个恶性循环。此外，虽然近年来，随着农村创新创业氛围的兴起，一些"农业新业态"群体，包括大学生、返乡农民工、成功创业者和城市白领，都参与到了农业新业态中，但这一群体的比例还比较小。

第二节　发展新型农业产业体系的国际经验

美日等国家的企业利用物联网技术进行智能农业生产，使农业产业链发生了根本性的变化。新农业产业是现代农业发展的高级阶段，发达国家的新农业产业体系是互联网从消费互联网时代向工业互联网时代转化的直接产物，也是市场竞争和可持续高水平发展的现实要求，其实践值得借鉴。

一、美国大力发展"智能农业"

美国的"智能农业"是互联网从消费互联网向工业互联网时代过渡的直接产物，也是市场竞争和产业自身持续高水平发展的现实要求，美国率先提出"精准农业"的概念，连续多年以"精准农业"为最佳表现，为"智能农业"的发展奠定了良好的基础，现阶段美国是世界"智能农业"的主导生产国。利用物联网技术，推动农业产业链新转型。

（一）农业物联网与大数据分析

借助农业物联网和大数据分析，生产管理环节实现了农产品全生命周期和生产全过程的数据共享和智能决策，物联网技术广泛应用于美国中西部玉米、大豆、甜菜等农作物。物联网的应用使农产品生产，从播种插秧、浇水施肥、防病虫害直到收获的整个过程，始终处于数据共享、云端智能决策的状态。

采用物联网在农业生产中实时监测和了解作物生长过程中的土壤特性和生产力（如光强、温度和湿度、二氧化碳浓度等），利用红外成像系统与卫星、航空领域进行合作。查看和观察作物生长情况，配合生物肿瘤地图系统，及时判断作物是否缺乏养分，并将数据传输到肥料材料中，供应商可以直接获得最适合作物生长的肥料配方，并动态调整水分的输入、肥料等生产要素。①

2011年在硅谷成立的农场日志是一家基于云的生产管理平台公司，这个平台让农民通过桌面界面和移动应用程序管理农场。目前，农场原木覆盖了美国15%的农场，其市场份额在2014年上半年翻了3倍。Cropx是一家能够提供智能农业灌溉甚至智能生产解决方案的企业。Cropx开发了相关的土壤检测硬件用以检测地形、土壤结构和养分含量，并在农场土地上建立了一个"土壤物联网"，帮助农民了解土壤湿度分布以节约灌溉用水。与此同时，产量监测器，辅以全球定位系统、耕地面积图、栽培作物类型和植物数量信息也在大型农场得到了普遍应用。信息被实时传输到软件系统。经过系统分析、实时判断，收获前形成产量报告，有利于农作物的合理定价。与大型农场相比，美国小型农场的发展模式（销售额低于25万美元）倾向于"种植土壤植物"。由于美国中小型家庭农场的比例高达88%，随着物联网技术的进步，这种"植物土壤工厂"的发展空间将会更加广阔。②

为了弥补农村市场的信息不对称，美国农业部在全国雇用了数以万计的监测员，以形成农业状况监测网络。它每月定期公布各种农产品的交易情况和价格波动情况，并通过免费邮件和海报向大型农场发送信息。截至目前，美国已形成大型、标准化的农业信息发布体系。其每年定期发布的《农业中长期展望》《生物多样性公约》《世界农产品供求月度预测》和《作物生长

---

① 关金森. 外国"智慧农牧业"的做法与经验［J］. 农业工程技术，2018（15）：59 –75.

② 严东伟. 国内外发展数字农业情况及经验［J］. 云南农业，2019（5）：48 –50.

报告》已成为指导全球农产品市场变化的风向标。① 美国农民仅占美国人口的 2%，但 2% 的农民不仅养活了 3 亿多美国人，而且农产品出口也居世界首位。目前，美国政府仍然致力于数据的开放和共享，建立了一个 data. gov 网站，将 348 个农业数据集连接起来，提供政府收集的原始数据，供私人开发商分析数据、决策。

（二）农业电子商务助力产业链升级

农产品电子商务借力于 B2B 和 B2C 这两种模式的融合，将种植业、种植业主体和农业原料电子商务联系起来，企业对企业模式的电子商务将种植业、种植业主体和农业原料企业联系起来，极大地改变了固有的农产品销售流通网络。电子商务技术在美国农产品流通领域得到了较早采用，农业流通模式不断创新和升级。为了提高产品安全的可追溯性和定价能力，农产品电子商务和农产品材料电子商务建立了从生产者到需求者的在线直销渠道。其中，为了弥补种子、化肥和农药的短缺，孟山都公司（Monsanto Company）在 2013 年收购了气象保险公司，并进入农业大数据业务，努力构建大规模的农业资源综合服务体系。孟山都通过气象保险公司的数据信息平台为种子和肥料客户提供农业数据产品和其他信息服务。天气保险公司的信息优势预计将带来 200 亿美元。② 随着农民从"智能农业"的生产者向生产管理者的转变，对农业材料的需求正日益从简单的产品需求向综合服务需求转变。这种转变加快了大型农业原料的整合进程，进一步提高了产业集中度。

新兴的农产品在线营销平台在传统销售平台的基础上持续发展创新，坚持发展"个人定制"的社会电子商务新思维，创造性地打造了"食品社区"（连接附近消费者和当地中小农场的领导者）的概念。

美国在较早时期就得到了一定的数据科技的运用，也正因此美国农业经营者进一步将业务范围扩大到世界其他国家。2017 年，美国农业使用数字用户线路（DSL）的比例为 6.0%，信息技术水平达到 89.6%，从而推动农业

---

① 许世卫. 美国农产品信息分析预警工作调研与启示 [J]. 中国农业信息，2013 (11)：3 - 7.

② 关金森. 外国"智慧农牧业"的做法与经验 [J]. 农业工程技术，2018 (15)：59 - 75.

电子商务进入高级阶段。由此，农民们和农产品经销商们得以始终掌握动态的国内外农产品市场的相关分析数据，根据价格和市场状况的变化指导农业生产品种和数量，确保"智慧农业"生产导向的正确性。

（三）强大的技术政策支持

美国有100多个信息收集办公室，每天收集、分析和发布美国的各种农业信息。许多强大的数据库，如农业和预览，如物联网技术等创新成果，为美国"智能农业"及其产业链的发展提供了优越的科研资源和技术条件。全面完善的农业技术推广服务有利于各种新技术的实际运用。2018 年，美国政府释出了六项与农业科技运用相关的法律法规及发展规划，为"智能农业"及其产业链的发展提供了良好的环境和资金支持。大量农业基础数据开放，行业壁垒低，以及对技术服务的迫切需求，特别是基于大数据的决策支持，使得大数据公司层出不穷、蓬勃发展。

二、日本注重发展第六产业

（一）大力推进休闲农业

自20 世纪60 年代以来，日本乡村旅游和生态旅游的发展备受关注。大量的"山林"观光农业公园如雨后春笋般涌现，在城市郊区很受欢迎，包括果园、花园、茶园等。例如，日本北海道富里亚诺的达夫农场用旅游业代替薰衣草种植，大力发展薰衣草观光农业园，还有青森苹果实验农场、洪倩苹果观光园和生产园、樱桃生产园等，吸引了大量游客。休闲农业是一种新型的农业产业和消费形式，融合了农村第一、二、三产业，集生产和生态功能于一体，紧密联系农业、农产品加工业和服务业。

日本的农业公园大多很大，约占日本总面积的50%。这里的农业文化园是一个多功能的综合性旅游休闲场所。根据园区的管理理念，将农业生产、加工、农业实践和继续教育等休闲场所融入园区。这种模式在过去两年里也在中国得到推广。日本的农业公园主要集中在东京、大阪和名古屋。

最近，在中国推广的"森林保健"产业在日本已经成为一个成熟的产业。通过吸引投资，茨城县和村支部将 20 公顷国有森林出租给企业开发经营。在园区的开发建设中，为了深化企业与消费者的沟通，倡导"以树育人"的理念，企业每年在全国培育 3500 名新生儿，并为新生双胞胎举办植树纪念活动。这项活动的实施给梅河村带来了巨大的利润。日本有许多利用森林资源的"森林公园"农业创新。日本的森林覆盖了 2/3 的领土，是健康、文化和教育的重要场所。

（二）大力推进"第六产业"

在经济的发展和工业化的推进进程中，第二产业的食品加工业和第三产业的相关服务业越来越繁荣，附加值越来越高，农产品作为第一产业的价值比重不断下降。从事农业的人不再仅仅从事农业（第一产业），而是从事农产品加工（第二产业）。"第六产业"的起源是销售农副产品（深加工）或配套服务（第三产业），从而获得多环节增值："1 + 2 + 3 = 6" "1 × 2 × 3 = 6"。传统农业是第一产业，现代农业是第六产业，农业学者今村奈良臣在 20 世纪 90 年代提出了"第六产业"的概念，即完整彻底的农业产业化。

2010 年，日本颁布实施"六大工业用地处置法"，全面推进"六大工业"发展战略。其中的两个例子非常有说服力：一是富士镇加工食品有限公司，公司成立于 2011 年，位于左河县左河市，左河县农业协会总投资 2000 万日元，从事蔬菜加工农民协会与当地蔬菜种植者签订购买合同，通过提供原材料分享蔬菜加工的附加值。二是益都蔡一农产品直销超市，成立于 2007 年的福冈县农业协会，作为城市投资 7000 万日元在超市注册，支付 2000 日元作为会员费和 1000 日元作为年费，会员可以托运各种新鲜产品和加工食品，超市按销售额的一定比例收取佣金和管理费。"第六产业"将把农业转变为综合产业，整合产销，提高流通效率，实现产品增值，提高包括特色产品在内的农业经济效益，实质是第一、第二、第三产业的融合。为了给农民提供足够的收入，通过延长产业链，增加农民的比重，促进了农产品生产者与消费者之间的联系，提高了消费者的满意度。通过增加对新鲜农产品的需求，使农民能够分享农产品直销带来的附加值①。

（三）加强农业技术发展

近年来，信息和通信技术已成为保护园艺甚至土地使用农业的一种应

---

① 朱江梅. 发达国家现代农业的发展模式及对我国农业的启示 [J]. 对外经贸，2018（2）：89 - 92.

用。九州大学正在开展一项研究项目，采用 4 块 30～200 公顷的农田进行试验，旨在利用信息和通信技术提高大规模水稻种植的生产效率。此外，利用信息技术、遥感测量技术和智能物联网技术，自动记录各稻田农业机械的运行轨迹、产量、燃料成本等信息，为农民及时改进耕作方法、提高大面积水稻种植生产效率提供决策依据。日本非常重视农业科技的研究和发展，希望通过科技创新提高农业生产效率。早期，为了应对粮食短缺，重点是发展品种关系，以增加生产和提高种植技术，即生物技术和化学技术。进入 20 世纪70 年代后，为了应对劳动力短缺，水稻插秧机等真正实现省力化农业的机械技术得到了发展和推广，水稻品种和种植技术的研发重点也转向了提高品质。

第三节　发展农业新产业体系的路径选择

农业新产业体系的发展，是在农业产业化基础上对农业产业化的农业产业体系、生产体系和管理体制的调整和升级。这是中国特色农业现代化的新探索，是增加农民收入的关键。农业新产业体系发展强调新技术、新产业、新业态、新模式的"四新"融合发展。

一、建立绿色农业产业体系

绿色农业体系内涵丰富。重视资源节约就是依靠科技创新和劳动者素质的提高，提高土地产出率、资源利用率和劳动生产率，实现农业的成本节约、效率提高和收入增加。重视环境保护就是大力推广绿色生产技术，加快治理突出的农业环境问题，注重生态保护，培育可持续循环发展模式，关注产品质量，增加优质、安全、特色农产品的供给，促进农产品供给由以满足"数量"需求为主向以"质量"需求为主转变。

建设城市绿色农业。做好城市土地利用规划，在城市边缘或郊区储备一定数量的农用地，严格使用土地，通过招标、拍卖、挂牌等方式依法出让土地使用权，建设都市绿色农业产业园区，依托农业园区来建构都市绿色农业产业。绿色农业园区主要是以市场化建设为基础的招商引资。依托绿色农业园区，建设集农业研究、农业生产、有机农产品和无公害农产品配送、农业展示、文化体验、休闲娱乐于一体的绿色农业产业体系。此外，在城市规划用地上，设立农业主题公园，并在一些城市绿地上种植观赏作物。城市建筑和居住建筑可以由政府或者社区统一规划和安排，建立立体农业景观带。

加强农业主产区绿色农业建设。努力培育一批高产优质绿色商品粮、果蔬、鸡蛋生产基地。在自然湖泊密集、水资源丰富的地区，要努力建设大型绿色渔业生产基地。具体组织模式可以通过培育和吸引农业龙头企业、龙头企业引导和支持绿色农业生产基地、农民建设来促进优质绿色农业生产基地建设；指导农民通过农业技术部门、农业龙头企业和农民来发展集体组织或者基层政府、专业合作社。专业合作社、农民生产基地要引导采用统一规范的绿色农业生产模式。逐步统一标准化绿色农业生产体系建设，统一作物品种，统一化肥、高效农药和农业生产辅助产品投入，统一农业生产操作规程，通过类似生产确保产品质量。重视农产品深加工和废弃物回收产业的发展，形成并继续延伸绿色农业链。努力打造绿色农业产业化基地品牌，提高绿色农业产业化品牌效率。

加强生产条件差地区的绿色农业建设，如山区、丘陵、草原和沿海盐碱地的农业生产条件差，应该优先发展优质绿色有机特色农产品、保健食品，发展绿色优质特色农产品生产基地来培植绿色农业产业体系。林区大力发展山区和沿海盐碱地的绿色林果业，种植大量的用材林，同时发展经济林，如苹果、梨、桃、核桃、红花和板栗等。遵循绿色农业生产标准，建立无公害有机坚果生产基地。在城镇附近地区，观赏林苗木产业可以适度发展。依托林果产业，构建林果—散养禽蛋—野生食用菌农业产业体系，构建立体绿色农业生产体系。

进一步完善绿色农产品物流服务体系。农产品生产后，应在最有效的时间内形成有效的后生产过程、包装、储存、运输、配送和物流废弃物回收体系，以最小的生态环境影响为限，以低成本、减少农产品损失为目标。尽快推进物流系统技术创新，积极开发、改进和推广低霉菌储存保鲜技术、低碳环保包装技术和农产品物流信息传播技术等，构建与现代绿色农业产业体系相适应的现代绿色低碳、安全快速的农产品物流体系。做好农产品的回产回收工作。农产品的贮藏需要尽可能减少腐烂和变质，节约能源，降低消耗，特别是冷链贮藏。交通和配送的核心是节约能源、降低消耗、节约碳、保护环境。更要明确落实物流企业农产品物流废弃物回收责任。

二、构建"农业新产业"融合发展体系

新的农业产业体系着力点在于促进农村一、二、三产业一体化发展，促进产业链的增多、价值链的多元化和供应链沟通的"三链改造"，打造农业产业化升级版，全面提高农业产业化的质量和效益。"农业新产业"的融合发展，旨在增加农民收入，延伸产业链，促进农村三产业跨境整合，实现产业"1＋2＋3"。通过加工增值和服务增值，实现"1＋2＋3"的效益，产生倍增效应、效益"1＋2＋3"。

把农村集体产权制度改革作为发展"农业新产业"融合发展的坚实基础，产权制度是社会主义市场经济的基石，是发展"农业新产业"的基础。要广泛借鉴各地试点经验，促进资源向资产、资本向股份制、农户向股东转化，增加农民收入，发展壮大集体经济。完善农村产权转让交易市场，整合市场资源，丰富交易品种，拓宽交易范围，创新融资方式，促进农村产权转让交易公开规范运作。同时，综合运用财政补贴、税收优惠、融资担保、风险补偿等政策，加大对农村产权交易的政策支持力度。

以新型农业经营为龙头的"农业新产业"融合发展，需要适当的经营模式，需要培育家庭农场、大型专业户、农民专业合作社、农业产业化龙头企业等新型经营实体。要适当倾斜涉农政策、资金、促进力量，确保新型农业经营主体数量科学增加，通过鼓励土地流转等方式，打造新型农业经营主体。抓住领导班子的龙头，实施新型农业经营主体领导干部培训工程，鼓励有文化、有创新精神的青年投入"农业新产业"。优化发展环境，通过专项资金、抵押担保、科技委员等方式，提供真正的政策、资金、科技支持；完善社会服务体系，建立"1＋N"综合服务平台，大力发展社会服务组织，开展多元化社会服务。

构建利益联系的"农业新产业"融合发展共同体。"农业新产业"融合

发展涉及多种主体,利益联动机制的建立是核心和关键因素。要创新利益联动方式,通过发展订单农业"保证分红 + 分红"和"农超对接",形成订单合作、股份合作、产销联动等多种利益联系机制,使农民共享产业链的更多增值效益。加强利益链,注重产业链的不同环节,通过培育以企业为主导的农业产业技术创新战略联盟,建立纵向和横向产业联盟,建立共同营销基金,形成利益共同体。建立风险防范机制,建立农业风险咨询公司,建立农业风险链风险管理信息系统,运用农业风险基金、农业金融衍生工具、农业保险等规避农业风险。

要进一步建立健全"农业新产业"融合发展的监测指标体系和评价标准,加大科技指导、要素整合、动态活力、质量和效率提高的指标权重,引入第三方评价机制,提高典型品牌的科学性、针对性和有效性。大力实施品牌高端战略,构建农业品牌建设机制,实施标准化生产和全过程监管,积极打造一批区域性公共品牌、企业品牌、产品品牌和国际知名品牌。积极开展试点示范,引导各地建设一批"农业新产业"融合发展示范县、乡镇,创建一批农村产业一体化发展试验区,围绕产业一体化模式、主体培育、政策创新、投融资机制等大胆探索和创新,及时总结经验,推动农业新产业体系快速发展。

三、数字农业产业体系建设

农业智能设备的开发和应用,不仅是促进农业生产方式转变升级的关键,也是继将水利、机械、化学、育种、生物等先进科技产业引入传统农业之后的又一次技术革命。数字农业的目的是通过新的信息技术、数字存储、鉴别、捕获和汇总量数据的图表显示,在线收集农业产业中所有领域、所有生产链、所有流程的各种数据源,实现"数据分析、数据决策、数据对话",全方位促进农业经济稳定持续的健康发展。

(一)加强数字技术在农业生产领域的应用

大数据技术的发展使得可以全面和多维地感知农产品的流通。目前,在技术层面,物联网和射频识别技术广泛应用于整个产业链的生产环境、产品生产、采购、储存、运输、销售和消费,"信息技术 + 智能设备"是数字农业建设的基本特征。该领域的数据收集主要基于通过联合传感设备（红外扫描仪、3S 远程感化 g 系统、人工智能生物识别仪、环境感应仪、高光谱仪等）自动采集生产环境、育种对象和产前、产中和产后全过程的定制数据。例如，田间作物综合智能传感设备，畜禽饲养和饲养全过程智能传感设备，畜禽病虫害扫描和识别智能诊断设备，投入可追溯性智能表达设备（饲料、肥料和生长促进剂、农药和兽药、蜂药和蚕药），药物和蚕科农牧业机械和无人机操作等全过程数据的智能采集设备通过网络传输到系统平台，用于数字模型的采集、计算、抓取和图表显示。①

（二）利用数字技术提高农业管理效率

大数据应用与农业资源、环境管理息息相关。一是数字技术可在农田污染方面得到应用。农田污染过程的复杂性，造成土壤污染的原因很多，各种因素相互影响。要从根本上解决问题，需要利用大数据技术对农田污染的原因进行多元素融合处理，对各个污染源从不同污染路径产生的污染物的演变交杂进行分析，统筹规划治理方案，逐步推进，突破重点污染处理，确保我国农业生产清洁。二是大数据在改善农田退化中的应用。耕地质量的退化是一个复杂的动态过程，如何改善耕地质量退化对相关机构、机关来说是一个亟待解决却又无从下手的问题。而目前，大数据技术能在环保部门、农业部门和国土部门的数据支持下，有效提取隐藏在海量数据背后的有效信息和有用价值，预测生态环境的变化趋势，为提高耕地质量、防治耕地退化提供决策依据及相关初始方案。

大数据在精密农业中的应用。不同的土壤成分、空气湿度、照明条件、二氧化碳浓度和营养元素不同的地块会导致不同的种植结果。而大数据可以远程规划适宜的作物种植密度，预测气候、土壤水分含量、自然灾害、植物病虫害等环境因素，实时监测作物生长，准确灌溉和施肥，预测农产品产量，精细管理每块土地的投入和产出。同时，大数据技术的系统化、智能化等特征，可以帮助农民有效利用农业的上、中、下游信息，为农业精细化生产和精细化管理提供帮助。

---

① 宋伟，吴限. 大数据助推智慧农业发展［J］. 人民论坛，2019（12）：100－101.

大数据在农产品供求调节中的应用。目前，我国农业生产流通中存在严重的供求矛盾，主要表现在农产品安全品质信息不对称和农产品价格长时间大幅波动。为此，我们可以依托大数据采集平台和大数据技术的分析预测能力，利用先进的人工智能交互系统，根据产业动态、供求关系、市场经济数据、质量管理数据等信息预测预警农产品风险，及时发布农产品消费需求报告和价格信息，积极引导农产品价格市场健康发展，有效推进农产品供给方面改革。

大数据在农产品安全管理中的应用。随着农业生产中产业分工的不断细化，农产品产业链越来越庞杂，要通过人工手段做到农产品生产过程可追溯越来越难。大数据技术的发展为农业生产的可追溯性提供了条件。大数据技术可以在生产端进行监测以保证农产品的产地和来源，在运输环节进行监测以保证质量，而加工和零售环节的监测可以减少污染的发生，因而，大数据技术可以在各个生产阶段进行追踪记录，得到完整准确的商品信息。在消费者级别，应用和其他终端可以通过质量可追溯系统生成的二维码快速查找农产品育种信息，从而快速跟踪来源。

（三）捕捉市场变化信号，引导市场交易预期

在市场经济中，最重要的是信息。利用信息引导市场和贸易，有助于控制在国际市场上的话语权，掌握在市场交易中的主导权。与发达国家相比，中国在信息传播和数据利用方面仍有很大的改进空间。在中国成为世界农产品主要进口国的背景下，如何有效利用信息，必须把握市场和贸易话语权和定价权。

（四）加强农业管理领域数字技术的推广

农业管理不仅包括农业政府管理，还包括农业生产、管理和服务的综合管理。数字农业在农业管理中的应用还包括一些方面。首先，各级政府部门利用大数据/云计算技术，通过自下而上收集各类农业和农村数据，对数据进行捕获、分类、筛选和计算，利用授权方法对不同层次的管理人员进行数据调用、计算和智能图表分析，作为各级政府决策提高农业经济管理效率的重要依据。其次，养殖实体（园区、专业合作社和其他新的经营实体）收集生产、运营和服务流程以及内部标准化管理流程的数据，协议式上传政府主管部门和内部智能化应用。

四、科技创新促进农业新农产业体系

新型农业产业体系发展的主要动力来源于农业科技创新。要以工业繁荣为重点，依靠科技转变发展方式、转变增长动力，不断提高农业的发展创新、产业竞争力和全要素生产率。要针对农业现代化科技需求，把高质量的发展要求作为衡量农业产业现代化程度的尺度，全面提升农业创新能力、成果转化能力和延伸服务能力，促进农业产业整体升级。

（一）加强农业基础科技创新

加强农业重点和基础技术创新。农业关键技术和基础技术是实现农业由增产向提高质量转变的重要科技支撑。以保障有效供给和高质量发展为发展目标，加强现代农业基础关键技术的突破性创新，与农业科研院所、农业大学、龙头企业研发中心等科技力量合作，开展联合研究，着力加快现代种子产业、生物工程、绿色生产等技术研究，增加、结合农业机械和农艺等，破解制约现代农业发展的重大技术瓶颈。通过培育新兴产业、新形式、新载体、新模式，努力构建农业与第二、第三产业相互融合、相互渗透的现代工业技术体系。重点发展种植、养殖、加工一体化的技术模式，发展农村产业。经济、生态、文化等农业的内涵和外延功能将不断深入探索和拓展，实现农业增值效益和农民持续增收。

（二）加强农业科技平台创新

完善高新技术平台，培育农业高新技术产业。一方面，扩建和建设一批特色农业产业园区，引导各类园区加快人才、技术、资金、项目、信息创新要素集聚，完善园区科技示范、成果转化、孵化带动、高端服务、产业一体化示范等功能，打造农业高新技术产业示范园区。另一方面，要完善基层创新创业平台，激发基层创新创业的积极性。推进科技转化平台和创新创业平台向县、镇、村延伸，加快建设创新型示范县和创新型村镇。充分发挥农业科技园区、涉农高校科研院所、农业科技企业、农民专业合作社、科技通讯员服务站等载体功能，建立和完善村镇科技创新链。

（三）加强农业科技成果转化和服务

积极创造科研成果向现实生产转化的机会渠道，使更多的农业科技成果

应用于农业生产一线，从而让农业科技成果真正成为支持新型农业产业体系发展的中坚力量。一是大力建设涵盖展示、交易、共享、服务、交流等关键环节的全链条农业科技成果转化服务体系。建设业务特色化、服务专业化和手段标准化的农业科技中介服务组织，积极培育农业技术成果转化和交易专业市场。二是鼓励涉农高校、农业科研院所建立和做强农业科技成果转化推广机构，探索建立区域农业科教、科研、产学研一体化农业技术推广联盟和具有独特优势的种子产业区域创新平台，促进农业科技成果转化和为农村服务。①

（四）进一步优化农业科技创新人才的培养

实现农业科技创新需要完整的技术人才体系支撑。推进农业科研机构改革，是农业科技创新人才队伍建设的基础。根据农业科技区域化、公益性、周期性的特点，加快我国现有农业科研机构的体制建设和体制改革。科研机构的改革包括将产品开发机构发展成企业，实现自主经营和管理。盈利的技术服务和咨询机构实现企业管理；研发一项基于政府财政支持的公益性产品实现内部运行机制改革，重点突出人才的引进和培养。在农业科研机构，要积极实施学术带头人培养、科技创新团队培训、优秀技术人才工程、外籍专业人才就业等人才培养计划。加强科研骨干的培养选拔。同时，要引进和吸引国际一流人才，建设一支高素质的农业科技创新人才队伍。要不断完善科技创新人才管理制度，建立高效科学的运行机制，营造公平公正的用人环境，完善技术人员聘用制度和人员收入分配制度，坚持按业绩计酬、按岗位计酬的原则，建立动态激励机制，为培养农业科技人才创造良好条件。

（五）完善农业科技创新管理运行机制

要加快实施农业科技创新启动机制改革，建立公开讨论和宣传项目启动制度，提高农业科研课题的科学性和有效性，认真听取各方面的意见和建议，紧密结合生产需要和顶层设计，实现课题满足群众生产需要的目标。不断完善项目管理制度和工程招投标制度。要完善农业科技管理部门的协调机

---

① 郭涛，刘亭，李博文. 新农村建设背景下我国农业科技成果转化体系建设研究[J]. 安徽农业科学，2012，40（4）：2456－2457，2460

制，落实国家农业发展规划的要求，坚持科技主管部门的领导，解决财政、科技、农业、水利、环境等部门共同面对的重大科技创新问题。完善科技创新成果评价体系，运用学术影响力和行业认可度对基础研究成果进行评价，利用市场占有率和生产应用效应对应用研究成果进行评价。同时，要对具有自主知识产权的农业科技成果实行后补贴，对在科技进步中做出突出贡献的人员和单位给予奖励。

第四节　发展农业新产业体系政策建议

扩大新兴产业、新形式，不仅可以缓解农产品供求结构的失衡，而且可以优化农业要素的错位，同时对生态环境和农民增收有显著影响，在农业供给侧结构改革中具有重要作用。今后，应积极推进产业链升级，引进现代元素，强化政府服务，加快新兴产业、新形式发展。

一、加强顶层设计创新管理

现代产业的组织和理念将促进农业多形式发展，进一步推进产业链、价值链和供应链的"三链"改造，促进农村第一、二、三产业的深度整合和发展。进一步探索和拓展新型农业模式的内涵和外延，提高新型农业的附加值。同时，通过对涉农企业和专业组织的财政补贴，为新农合经营者提供养殖、信息咨询、科技推广、营销等优惠服务。对新型农业实行税收优惠政策，严格执行企业所得税减半、企业所得税暂免等政策。对于从事农业的微型企业，可以进一步减税，加快固定资产的折旧。通过校企合作、政府政策鼓励等方式，吸引农业技术人员支持发展新型农技模式。

要统筹考虑发展新型农业，搞好点、线、面布局。第一，要做好"点"。重点发展优势项目，支持特色农业，形成符合各地特点的新型农业。第二，要连好"线"。依托地方重点工程，提升农产品价值链，完善农村第一、二、三产业服务体系。政府应主要提供规划、指导、协调、信息技术等服务，充分发挥其主导作用。第三，要形成一个"面"。要在已经形成一条或多条

"线"的基础上，鼓励它们产生交叉利益，通过点与点、区结合，不断加强联系，形成新型农业发展网络。

在概念和内涵上，要明确新农村形式的基本概念和典型特征、主要范畴和识别基础，明确新农村建设模式与传统农村形式之间的联系和区别，以及"新产业"的"新"。在发展道路上，新农村建设模式是固定的，但也要坚持结合实际情况，综合考虑我国全国各地在地理位置、文化背景、经济基础和资源方面的特色，科学把握农村差异和发展趋势差异特征，分类实施政策，强化"硬约束"，进一步增强"灵活性"。同时，为突出"典型导向"，选择一些条件成熟、基础好、探索实践好的地区作为全国新格局的示范区。努力总结和完善经验和实践，以突出"典型指南"。在发展目标和任务方面，要遵循农村新格局的发展规律，要进一步完善新农村格式的核算范围和统计标准，加快新农村数据库建设，构建市场监测指标体系和新格式预警、预测和分析体系，加大对大数据发展新格式的支持力度。

二、丰富形式类型，增强创新意识

以"互联网＋"和"生态＋"为切入点，以拓展农业新形式、新功能为方向，以延伸产业链、发散价值面为目标，加快农村新格局转型升级及优质发展。在休闲农业和农村旅游中，要立足于地方和民族历史地理、传统文化、优美的环境和民俗情感，深入挖掘地方文化、节日文化、饮食文化、农耕文化。促进农业与旅游、文化、教育、卫生、体育等方面的深层次融合，因地制宜调整措施，打造特色鲜明、功能齐全、配套设施完备的休闲农村。在农产品加工业中，鼓励新型农业企业与涉农高校科研院所合作，围绕增产培育，品质提升、深加工、精加工等关键领域开展基础探索、前沿研究和系统性优化研究。加强品牌建设，培育一批代表"中国制造"优质形象的世界级品牌。在农村电子商务中，要发挥完善对农村电子商务示范效果的评价，促进农村电子商务和第一、二、三产业的深层次融合发展，拓宽农产品、食品、乡村旅游等的目标市场。支持各种农业生产的新形式和电子商务平台的运营商合作，鼓励农业企业建立自己的电子商务平台。

积极激发农民创新意识，引进创新人才，吸引社会资本，为农业发展创造条件。现有格式应在深度和广度上进一步发展。同时，要积极探索其他新型农业形态。大力发展体验型、定制型、生态型、服务型农业。发展以青山绿水为经济的健康农业。发展农业与超市挂钩的超市农业。要依托交通枢纽优势发展会展农业。将连锁经营模式引入新型农业模式，提高新型农业的经营成本，提高新形式的经营效率，为现代农业发展注入新的动力。

三、区域均衡发展，加强政策支持

实现区域均衡发展，扩大新农产业圈的辐射范围。在延伸产业链的基础上，将产业链的不同环节分散到不同地区，促进各地区的共同发展。各地区结合自身资源条件，因地制宜调整措施，积极引进或培育适宜的新型农业品种，提高地区综合收入，缩小农业差距。地方政府要加强沟通协调，避免重复建设同质化新形式，扩大和加强地方农业新形式优质项目和特色项目，着力发展具有自身优势的新格局。

四、推进产业整合，关注市场消费需求

一是为农村电子商务的发展提供技术平台支撑。在农村基础设施建设上推广现代信息技术，改善农村用户网络环境，鼓励阿里巴巴、京东、乐购、苏宁等电子商务企业以及邮政储蓄、供销合作系统企业进驻农村电子商务领域。二是完善农村仓储、物流配送服务体系。借助农村乡镇客运站，因地制宜建设配送仓储中转站，加强农村电子商务物流配送系统中的设备资源共享，以降低风险、增加资源的利用率。三是拓展服务功能，延伸农村电子商务产业链。借助农村电商推动传统产业向"微笑曲线"两端延伸，实现从单一销售网络向综合性销售服务的转变，基于对线上和线下电子商务平台的优势结合，促进实体经济与网络经济的共同发展。四是建立电子商务产业园。鼓励地方政府在农村电商节点建立县级电子商务产业园，通过完善人才、资金、技术、政策的配套服务，更好地把农村电子商务与各行各业联系起来共同发展。

重点发展新型乡村休闲旅游产业。现代乡村休闲旅游产业是一种新的产业形态和消费形式。加快发展现代乡村休闲旅游产业，必须加快休闲农业的

升级，使农村成为"山在眼前，水在眼前，幸福在眼前"的美丽家园。全面加强农村公共文化服务体系建设，继续实施惠民文化工程，充分发挥基层文化公共设施的整体作用。坚持建立"三产品一品、一品一品三品"和"一品三产结合"的生态环境和产业体系。依托山清水秀的乡村风光、淳朴自然的农村文化等资源，大力发展休闲度假、旅游观光、农业体验、医疗卫生养老、创意农业、农村手工业等，使其成为繁荣农村、繁荣农民的新支柱产业。

借助"互联网＋"开创农业生产管理新方法。一是尽快扩大信息技术在农业生产中的应用范围。扩大物联网技术试点的范围、规模和内容，推进重要农产品产业链大数据建设，围绕良种繁育、病虫害防治、田间管理、收购、贮藏等环节，利用大数据和物联网，提高农业资料生产效率。二是实施农村农产品出口"互联网＋"工程，加强小农户、家庭农场、农民合作社等产销电子商务企业的平台建设，完善农村网络宽带、冷链物流等基础设施建设，促进解决农产品销售难问题，实现优质优价。增加农民收入。加强网上销售农产品质量安全监管。三是鼓励社会力量利用"三农"发展各种有利于农业、有利于农民的新模式，满足发展多样化需求，促进群众性创业和创新在农村发展，带动更多农民就近就业。

五、完善基础设施，完善安全体系

加强现代农业科技支撑。第一，生物技术应发挥多功能作用，从单位面积增产转向增产，定向优化特性，提高质量。要不断推进科技、农业、工业一体化，加快培育一批具有国际竞争力的现代化种子企业，培育和推广一批高产优质、高效、低粒度、耐多能、适应性强的机械化生产育种新品种。第二，设备技术的重点是升级换代。核心是发展大、中、小型农业机械设备配套，多功能、全工业配套，通过机械作业降低生产成本，提高经济效益，增加农民收入。第三，信息技术应用于农业生产的多个环节。农村乡镇要加强信息基础设施建设，加快物联网、大数据、移动互联网的应用，建设智能农业和大农场。研究开发和推广农产品营销和流通的信息技术，完善农产品电子商务平台、标准体系、服务体系和冷链物流体系，以产品和产业为纽带，实现城市消费者与农村生产者的互联互通、一体化。

农业新业态需要比以往更加严格的农业生产设施。它不仅要求一个完善的基础设施系统，而且对信息高速公路等信息技术提出了更高的要求。然而，完善的基础设施建设不能靠一个村镇的财力来完成。国家、省、市三级要下拨资金，努力建设发展新型农业的必要配套设施。要完善信息流通机制，构建互联网和大平台，通过官方平台收集农业数据，发布发展新型农业所需的各种信息，可以模拟股票交易系统，实现新型产品实时匹配。

开设网上虚拟课堂讲座，使农民不用离开家乡就可以学会如何选择和经营新的农业形式，从而形成了发展新型农业模式的保障体系。引导远房业主、休闲农业企业、电子商务企业等主体将农业与加工、流通、销售、旅游、文化等产业有机地结合起来，稳步推进休闲农业、品牌农业、乡村旅游、创意农业等新格局建设。加大对山区、半山区特别是贫困地区基础设施和信息服务设施建设的支持力度，加大流通人员的参与力度。

六、培育新农民，提供智力保护

"小康不小康，关键看老乡"，发展新型农村产业体系，在促进产业发展、加强基础设施建设的同时，要注重提高农民素质，充分发挥农民的主体作用。加快发展农村教育特别是职业教育，加强农村实用人才和新型专业农民的培养。适应现代农业发展大势和城乡一体化，把培养和提升农民作为发展农村特色产业和扶贫的基础工程。通过农民教育和技能培训，积极培养一批有能力的农民、技术带头人和大企业经营者，不断提高农民素质，提高农民增收致富能力，改善农村农民就业结构和农业产业结构。通过生产、教学、科研等手段，培养适应农业现代化背景的农业从业人员，培养新型农民、专业农民和农业职业经营者，培养新型农村产业体系发展所需的复合型人才，为新型农村产业体系建设提供智力保障。培育新农民收购股份或参与经营的新型合作组织形式，密切经营主体关系，加大援助力度，降低交易成本，提高农民跨市场的谈判能力和地位，使农民在农业现代化进程中拥有更多的发言权和独立决策权。鼓励高新技术和先进技术在农业中的实际应用，实施科技兴农，发展优质农业，更好地促进城乡协调发展。

加强人力资本投资，弥补农村人力资源短缺。将专业农民培训纳入职业学校教育培训发展规划，支持职业学校办好涉农专业。继续完善国家助学培训补助政策，鼓励农民通过"半农半读"等方式，在当地和附近接受职业教育培训。积极建立农业、科技、教育、科研相结合的农业技术推广联盟。支持基层科技带头人和农业科技专员与农户、农民合作社、龙头企业开展技术合作，向农民渗透和传授农业科技，有效解决生产技术两层、两股之间的长期矛盾，疏通农业技术推广的"最后一公里"。

第四章

促进农业提质增效的政策研究

当前，我国正处在传统农业向现代农业加快转变的关键阶段，加快发展现代农业、促进农业提质增效是转变农业发展方式的必然选择，是提高农业综合生产能力的重要举措，也是推进农业结构调整、增加农民收入的现实需要。积极推进我国农业的提质增效旨在坚持质量兴农、绿色助农、品牌强农战略，推动多元化主体参与高质高效创建示范活动，实现"产业结构调优、生产方式调绿、产品品牌调大、产出效益调高"等"四调"目标，增强农产品市场竞争力，提高农业生产综合效益，确保农业增产增效、农民持续增收、农村繁荣稳定。研究农业提质增效的政策，让政策推进绿色生态化的高效现代农业发展，加强农产品质量安全监管，强化品牌培育，推进农业绿色化、优质化、特色化、品牌化，从而促进农业绿色高质高效发展。因此，全面实施农业提质增效政策，对于保障粮食安全和食品安全、壮大特色农业产业、提升农业质量品牌效益、推动农业由片面的增产向提质增效导向转变、加快农业供给侧结构性改革、全面实施乡村振兴战略和实现高质量发展的要求等均具有十分重要的意义。

第一节　提质增效已成为当前农业政策的重要导向

农业政策的导向对于农业发展至关重要，农业政策引导着农业发展的方向。在当前"中国速度"向"中国质量"转变的大背景下，增强农业政策提质增效的导向，有利于提高农业政策的精准性、指向性和实效性。

一、高质量发展把农业的提质增效作为重要的目标导向之一

2017 年党的十九大首次明确提出了高质量发展的要求。习近平总书记在报告中指出：我国经济已由高速增长阶段转向高质量发展阶段，必须坚持质量第一、效益优先，以供给侧结构性改革为主线，推动经济发展质量变革、效率变革、动力变革，提高全要素生产率。① 2017 年年底中央经济工作会议上习近平总书记又强调，"推动高质量发展，是我们当前和今后一个时期确定发展思路、制定经济政策、实施宏观调控的根本要求"，同时指出"要推进农业供给侧结构性改革，坚持质量兴农、绿色兴农，农业政策从增产导向转向提质导向""我国农业正处在转变发展方式、优化经济结构、转换增长动力的攻关期，要坚持以农业供给侧结构性改革为主线，走质量兴农之路，实施质量兴农战略，不断提高农业创新力、竞争力和全要素生产率，加快实现由农业大国向农业强国的转变"。总书记的重要论述，深刻揭示了推进我国高质量发展的重要意义，我国经济的高质量发展，是当前发展的大形势、大逻辑。同时还指明了高质量发展引领下我国农业农村经济发展的方向，明确了推进农业供给侧结构性改革要走质量兴农之路，从而使得农业的提质增效是高质量发展的重要目标导向之一。

二、我国农业经济已经到了推进高质量发展的新阶段

改革开放以来，我国农业发展取得了巨大的成就，我国农业的综合生产能力得到显著提高，主要表现为农产品产量大幅度增长，不仅实现了供求的基本平衡，还实现了丰年有余，这标志着我国的农业经济发展到了由"高速增长阶段"转为"高质量发展阶段"。近年来，我国农业综合生产能力不断提高的一个突出标志是粮食总产量连续 5 年超过 1.2 万亿斤，肉蛋菜果鱼等农产品产量稳居世界第一。早在 2016 年，全国粮食总产量达到 4.62 亿吨，比 1978 年增长 51.6%，年均增长 2.3%，相当于同期人口增长速度的 2 倍，

---

① 张国，刘世昕. 习近平：中国经济已由高速增长阶段转向高质量发展阶段 ［EB/OL］. 中国青年网，2017 - 10 - 18.

而近年来中国人均占有粮食已达400公斤；在粮食储备达到历史最高水平、粮食安全保障能力大为提高的情况下，其他农产品产量也均有较大幅度增长，扭转了主要农产品长期短缺的局面，实现了主要农产品的供求基本平衡，甚至部分农产品相对过剩，出现了买方市场。真正实现了"过去是8亿人'吃不饱'到现在是14亿人'吃不完'的转变"。我们还应该看到，近年来的农业快速发展取得的成就是在我国快速推进城市化的进程中实现的，在城市不断扩大，耕地特别是高质量耕地不断减少，农村青壮年劳动力不断向城市迁移的过程中取得的。这些说明了我国农业综合生产能力的提升，农业发展具有了新的基础，为我国农业发展由增产导向转向提质导向提供了物质基础和社会条件，从而使得我国农业的发展站在新的起点上，我们有能力、有基础促进农业的转型升级，使我国农业朝着高质量发展的方向迈进。[1]

三、农业的可持续发展也需要推进农业的提质增效

长期以来，我国农业的发展要解决的最主要的问题是农产品供给不足与发展不平衡，但随着我国经济的快速发展，对高质量与可持续提出更高的要求，因此，在农业生产加工领域，也需要更多地注重提升农业的质量与效益，使得农业的提质增效成为当前农业发展最为根本的要求。当前，我国农产品生产面临的主要矛盾，已由总量不足转变为资源环境压力、人民群众需求提升、农产品质量效益提升等多重矛盾，而矛盾的主要方面却在农产品的供给侧，且主要是结构性、体制性问题。全国粮食连续多年增产，主要农产品供应较为充足，同时我们还能看到，优质农产品的供给与城乡居民"对美好生活的需要"相比还存在着诸多不适应、不协调。我国农产品供给虽总量足，但普通品种居多，优质、品牌、有机、绿色农产品存在着严重的不足，所以，推进农业高质量发展，加快农业转型升级是当前形势所迫、发展所需。从本质上讲，我国农业的快速发展，还是依靠拼资源、拼消耗来实现数量增长。表现为耕地资源超强开发、农业土壤板结与盐渍化加重、水资源使用粗放、过度养殖与过度捕捞和过度放牧随处可见，这些都倒逼我们必须加

---

① 陈锡文. 牢牢把握当前农业政策改革的主要方向：关于加快推进农业供给侧结构性改革 [J]. 中国粮食经济, 2017 (1): 22 – 24.

快转变农业生产方式，把高质高效发展摆到突出位置，加快发展资源节约型、环境友好型农业，走高质量绿色发展道路。与此同时，随着改革开放后人民收入水平的快速提升，城乡居民消费结构日益升级，对农业发展提出了更高期待和更多要求，为了满足人民群众不断升级的消费需求，必须加快推进农业高质量发展，为居民提供多样化、多层次、优质化的生态安全农产品和清新美丽的田园风光、洁净良好的生态环境。另外，由于我国农产品的品质不高，一直以来，我国农产品的国际竞争力不强，国外优质农产品严重挤压我国农产品产出的效益空间，提升我国农产品的国际竞争力、促进国内产业健康发展已迫在眉睫，这就要求我们加快推进农业高质量发展。

四、我国农业政策也在积极推进农业的提质增效

为确保我国粮食安全与稳定提升农民收入，2016 年年底，财政部、农业部联合印发了《建立以绿色生态为导向的农业补贴制度改革方案》。建立以绿色生态为导向的农业补贴制度，主要从制约农业可持续发展的重要领域和关键环节入手，突出绿色生态导向，将政策目标由以数量增长为主转到数量质量效益并重上来。2017 年 1 月中央一号文件指出，农业农村的发展战略和思路要由过度依赖资源消耗、主要满足"量"的需求，向追求绿色生态化的可持续、更加注重满足"质"的需求转变。2017 年 10 月召开的十九大会议在"五大"发展理念指引下提出我国进入"高质量发展阶段"，要全面实施乡村振兴战略，坚持农业农村优先发展，加快推进农业农村现代化。2017 年年底，中央经济工作会议进一步按照高质量发展的要求，以实施乡村振兴战略为总抓手，以推进农业供给侧结构性改革为主线，要求着力推进质量兴农、绿色兴农、效益优先，加快转变农业生产方式，加快农业转型升级，加快推进农业农村现代化。2018 年 1 月，中央一号文件《关于实施乡村振兴战略的意见》，从提升农业发展质量和培育乡村发展新动能的角度提出实施质量兴农战略，制定和实施国家质量兴农战略规划，建立健全质量兴农评价体系和政策体系，深入推进农业绿色化、优质化、特色化、品牌化，调整优化农业生产力布局，推动农业由增产导向转向提质导向。2018 年 2 月原农业部召开专题会议，按照高质量发展要求，将 2018 年确定为"农业质量年"，组

织开展八大行动，具有针对性、可操作性和全局性地大力推进农业绿色化、优质化、特色化、品牌化，推动农业由增产导向转向提质导向，唱响质量兴农、绿色兴农、品牌强农主旋律，不断提高农产品质量安全水平，不断提升农业质量效益竞争力，加快推进农业转型升级。党的十九大以来，为实现我国农业的高质量发展，大力推进质量兴农、绿色兴农，中共中央、国务院出台了多项农业政策，积极推进农业的供给侧结构性改革、提高农业品质和效益。为更好地推进农业的提质增效，我国财政补贴政策已经做出了相应调整。2018 年农业农村部和财政部联合发布的财政重点强农惠农政策中，包含了支持农业结构调整、支持绿色高效技术推广服务、支持农业资源生态保护和面源污染防治等多方面的内容。并要求在实际工作中，各省要尽快对原来各级政府出台的"三农"扶持政策进行全面清理排查，凡是不符合绿色发展的政策都要尽快调整或取消。

第二节　我国农业提质增效政策的内容与改进

一、我国农业政策的发展历程

中华人民共和国成立 70 年来，我国农业政策经历了多次调整，按照不同时期的重点和内容，具体可分为四次重大调整，分别是：土地改革（1950—1952 年）、农业合作化（三大改造）（1953—1957 年）、人民公社化运动（1958—1978 年）和家庭联产承包责任制（1978 年至今）。其中前两阶段是社会改革与调整，奠定了我国农业集体所有制的基础；第三阶段的人民公社化运动，是社会主义道路探索过程中的重大失误，严重脱离当时农村生产力水平，挫伤了农民的生产积极性，破坏了农业生产，致使农村生产停滞不前；第四阶段的家庭联产承包责任制改革，极大地提高了农民的生产积极性，使得农业生产连年丰收，农村开始走向富裕。

正是第四次的改革调整，真正开启了我国农业政策指导并推动我国农村社会经济全面发展的新征程。1978 年党的十一届三中全会吹响了我国改革开放的号角。40 多年来，我国社会的主要矛盾已发生了根本性变化，体现出了国家农业政策的变化。1981 年党的十一届六中全会通过的《关于建国以来党的若干历史问题的决议》指出，"在社会主义改造基本完成以后，我国所要解决的主要矛盾，是人民日益增长的物质文化需要同落后的社会生产之间的矛盾"。2017 年党的十九大指出，"中国特色社会主义进入新时代，我国社会的主要矛盾是人民日益增长的美好生活需要和不平衡不充分的发展之间的矛盾"。我国社会主要矛盾的变化关系国家经济社会发展的全局，主要矛盾充分地表明了转变的过程，即从满足"人民日益增长的物质文化需要"转变为满足"人民日益增长的美好生活需要"，从"落后的社会生产"转变为发展"不平衡不充分"。要求在继续推进发展的基础上，着力解决好发展"不平衡不充分"问题，满足人民在经济、政治、文化、社会、生态等方面日益增长的美好生活需要，需大力提升发展的质量和效益，更好推动人的全面发展、社会的全面进步。

1982 年至 2019 年间，我国连续出台了 21 个关于"三农"的中央一号文件。这些"三农"文件从政策的角度，全面提出了我国"三农"发展的指引，有效地推动了我国农业产能的提升、农村面貌的改变、农民收入的增加。可以说，这些文件是党和国家推行重农强农惠农富农的重要农业政策的核心，体现了我国改革开放后 40 多年来农村改革发展之路上农业政策的发展变迁。

二、改革开放以来我国农业政策体系中提质增效政策的内容与演进

实践表明，我国农业政策 40 年来的演变过程，就是我国"三农"理论不断发展和创新的过程，农业政策成为引领我国农业农村和经济社会发展的根本保障。其中，我国改革开放后出台的 21 个有关"三农"的"中央一号文件"，全面阐述了我国"三农"政策的核心内容，有效见证了我国"三农"政策的变迁。因此，我们就从 21 个"中央一号文件"入手，全面分析我国农业政策体系中提质增效政策的内容与变迁，见表 4 – 1。

表4-1　历年中央一号文件关于农业提质增效相关论述

年份	文件名称	主要内容	提质增效相关内容
1982 年	1982 年 1 月 1 日，中共中央批转 1981 年 12 月的《全国农村工作会议纪要》，这是改革开放后第一个中央一号文件	正式承认包产到户的合法性，肯定多种形式的责任制，特别是包干到户、包产到户的合法性，明确了"它不同于合作化以前的小私有的个体经济，而是社会主义农业经济的组成部分"，第一次以中央的名义取消了包产到户的禁区，且宣布长期不变。同时还提出疏通流通领域，把统购统销纳入改革的议程，有步骤地进行价格体系的改革。	着力解决农业的微观经营主体问题，从农业的经营体制上解除了农业提质增效（特别是增效）的体制障碍。
1983 年	1983 年 1 月 2 日，中共中央、国务院印发《当前农村经济政策的若干问题》	明确了家庭联产承包责任制是马克思主义中国化实践的新发展。并提出促进农业从自给半自给经济向较大规模的商品生产转化，从传统农业向现代农业转化的"两个转化"；文件还提出了放活农村工商业，指出我国农村应走农林牧副渔全面发展、农工商综合经营的道路。	着力解决农村工商业微观经营主体问题，从政策的角度对农业增效进行了探索。
1984 年	1984 年 1 月 1 日中共中央、国务院颁发《关于 1984 年农村工作的通知》	文件指出，1984 年农村工作的重点是：在稳定和完善生产责任制的基础上，提高生产水平，疏通流通渠道，发展商品生产。延长土地承包期一般应在 15 年以上。允许有偿转让土地使用权，鼓励农民向各种企业投资入股，继续减少统派购的品种和数量，允许务工、经商、办服务业的农民自理口粮到集镇落户。	此前 20 多年，农村实行统购派购制度，文件着力解决农村发育市场机制的问题，农村商品生产助推了市场经济制度的确立，有效地提高了农业的生产效率。

续表

年份	文件名称	主要内容	提质增效相关内容
1985 年	1985 年 1 月 1 日中共中央、国务院颁发《关于进一步活跃农村经济的十项政策》	打破"农产品统购统销"的集体经济"大锅饭",需要改革农村经济管理体制,明确提出了从当年起,"除个别品种外,国家不再向农民下达农产品统购派购任务,按照不同情况,分别实行合同定购和市场收购"。	在国家计划指导下,扩大市场调节,调整了产业结构,进一步搞活了农村经济,提高了农业的生产效率。
1986 年	1986 年 1 月 1 日中共中央、国务院发出《关于 1986 年农村工作的部署》	文件指出我国农村已开始走上有计划商品经济的轨道。农业和农村工业必须协调发展,把"无工不富"和"无农不稳"有机地结合起来。1986 年农村工作总的要求是:落实政策,深入改革,改善农业生产条件,组织产前产后服务,推动农村经济持续稳定协调发展。	进一步调整了工农、城乡的利益分配关系,从改善农业生产条件来提升农业的生产能力。
2004 年	中共中央国务院印发《关于促进农民增加收入若干政策的意见》	为着力解决农民增收困难、城乡居民收入差距加大问题,文件提出"坚持'多予、少取、放活'的方针,调整农业结构,扩大农民就业,加快科技进步,深化农村改革,增加农业投入,强化对农业支持保护,力争实现农民收入较快增长,尽快扭转城乡居民收入差距不断扩大的趋势"。	文件要求全面提高农产品质量安全水平。在保护和提高粮食综合生产能力的前提下,按高产、优质、高效、生态、安全要求,走精细化、集约化、产业化道路,开拓农业增效增收空间。
2005 年	2005 年 2 月,中共中央国务院下发《关于进一步加强农村工作提高农业综合生产能力若干政策的意见》	由于农业依旧是国民经济发展的薄弱环节,投入不足、基础脆弱的状况并没有改变,因此,文件指出当前和今后一个时期,要把加强农业基础设施建设,加快农业科技进步,提高农业综合生产能力,作为一项重大而紧迫的战略任务。	提出了"坚决实行最严格的耕地保护制度,切实提高耕地质量""加强农田水利和生态建设""加快农业科技创新,改善农业发展环境""加强农村基础设施建设""继续推进农业和农村经济结构调整"等一系列提质增效政策。

续表

年份	文件名称	主要内容	提质增效相关内容
2006 年	2006 年 2 月 21 日，中共中央国务院发布《关于推进社会主义新农村建设的若干意见》	文件指出，建设社会主义新农村是中国现代化进程中的重大历史任务。我国总体上已进入以工促农、以城带乡的发展阶段，初步具备了加大力度扶持"三农"的能力和条件。"十一五"时期，必须抓住机遇，加快改变农村经济社会发展滞后的局面，扎实稳步推进社会主义新农村建设。	按照高产、优质、高效、生态、安全的要求，调整优化农业结构。加快建设优势农产品产业带，积极发展特色农业、绿色食品和生态农业，保护农产品知名品牌，培育壮大主导产业。
2007 年	2007 年 1 月 29 日，中共中央国务院公布《关于积极发展现代农业扎实推进社会主义新农村建设的若干意见》	文件明确指出，社会主义新农村建设要把建设现代农业放在首位。要用现代物质条件装备农业，用现代科学技术改造农业，用现代产业体系提升农业，用现代经营形式推进农业，用现代发展理念引领农业，用培养新型农民发展农业，提高农业水利化、机械化和信息化水平。	提高土地产出率、资源利用率和农业劳动生产率，直接提升农业的素质、效益和竞争力。这是农业提质增效的具体体现。
2008 年	2008 年 1 月 30 日中共中央国务院公布《关于切实加强农业基础建设进一步促进农业发展农民增收的若干意见》	文件从加快构建强化农业基础的长效机制、切实保障主要农产品基本供给、突出抓好农业基础设施建设、着力强化农业科技和服务体系基本支撑、逐步提高农村基本公共服务水平等角度，加强农业基础建设，加大"三农"投入。重点是加强农业基础地位，走中国特色农业现代化道路，建立以工促农、以城带乡长效机制，形成城乡经济社会发展一体化新格局。	文件从加强农业基础设施的角度，提出稳定发展农业生产，切实保障主要农产品基本供给，有效提升农产品质量安全水平，同时深化农业结构调整，促进农民持续增收，加强耕地质量建设，提高农业物质装备水平。

续表

年份	文件名称	主要内容	提质增效相关内容
2009 年	中共中央国务院发布《关于2009 年促进农业稳定发展农民持续增收的若干意见》	呈现四大新亮点：一是农民种粮支持力度再度加大；二是加大力度解决农民工就业问题；三是农村民生建设重点投向农村电网建设，乡村道路建设，农村饮水安全工程建设，农村沼气建设，农村危房改造5个领域；四是农地流转强调进一步规范。	要求加大对农业的基础设施和科技服务方面的投入。同时落实和保障农民的土地权益，为提质增效打下了基础。
2010 年	中共中央国务院发布《关于加大统筹城乡发展力度进一步夯实农业农村发展基础的若干意见》	在保持政策连续性、稳定性的基础上，进一步完善、强化"三农"工作的好政策，提出了一系列新的重大原则和措施，包括健全强农惠农政策体系，推动资源要素向农村配置；提高现代农业装备水平，促进农业发展方式转变；加快改善农村民生；协调推进城乡改革，增强农业农村发展活力等。	文件提出提高现代农业装备水平，促进农业发展方式转变：在稳定发展粮食等大宗农产品生产的基础上，突出抓好水利基础设施建设，大力建设高标准农田，提高农业科技创新能力。
2011 年	中共中央国务院发布《关于加快水利改革发展的决定》	农业水利设施明显不能适应农业稳定发展、经济平稳较快发展的需要，为此文件提出把水利工作摆到党和国家事业发展更加突出的位置，着力加快农田水利建设，推动水利实现跨越式发展。提出力争通过5年到10年努力，从根本上扭转水利建设明显滞后的局面。	文件从水利基础设施的角度为我国农业提质增效发展打下了基础。
2012 年	2012 年2月中共中央国务院发布《关于加快推进农业科技创新持续增强农产品供给保障能力的若干意见》	以中央一号文件的形式统一全党意志大力推进农业科技改革创新发展，突出强调部署农业科技创新，把推进农业科技创新作为"三农"工作的重点。	文件从推进农业科技发展的角度为我国农业提质增效发展打下了基础。

年份	文件名称	主要内容	提质增效相关内容
2013 年	2013 年 1 月中共中央国务院发布《关于加快发展现代农业进一步增强农村发展活力的若干意见》	此期我国农业农村发展正在进入新阶段，呈现出农业综合生产成本上升、农产品供求结构性矛盾突出、农村社会结构加速转型、城乡发展加快融合的态势，因此，文件对"加快发展现代农业、进一步增强农村发展活力"做出全面部署，要求顺应阶段变化，遵循发展规律，增强忧患意识，举全党全国之力持之以恒强化农业、惠及农村、富裕农民。	按照保供增收惠民生、改革创新添活力的工作目标，加大农村改革力度、政策扶持力度、科技驱动力度，从而有效地推动了农业的提质增效。
2014 年	2014 年 1 月，中共中央国务院发布《关于全面深化农村改革加快推进农业现代化的若干意见》	指出全面深化农村改革，要坚持社会主义市场经济改革方向，处理好政府和市场的关系，激发农村经济社会活力；要鼓励探索创新，在明确底线的前提下，支持地方先行先试，尊重农民群众实践创造；要因地制宜、循序渐进，允许采取差异性、过渡性的制度和政策安排；要城乡统筹联动，赋予农民更多财产权利，推进城乡要素平等交换和公共资源均衡配置，让农民平等参与现代化进程、共同分享现代化成果。	指出在抓紧构建新形势下国家粮食安全战略的基础上，强化农产品质量和食品安全监管。支持标准化生产、重点产品风险监测预警、食品追溯体系建设。加快推进县乡食品、农产品质量安全检测体系和监管能力建设。完善农产品质量和食品安全工作考核评价制度。

续表

年份	文件名称	主要内容	提质增效相关内容
2015 年	中共中央国务院发布《关于加大改革创新力度加快农业现代化建设的若干意见》	我国经济发展进入新常态，正从高速增长转向中高速增长，如何在经济增速放缓背景下继续强化农业基础地位、促进农民持续增收，是必须破解的一个重大课题。文件指明依靠拼资源、拼消耗的传统农业发展方式已难以为继，要主动适应经济发展新常态，按照稳粮增收、提质增效、创新驱动的总要求，继续全面深化农村改革，推动新型工业化、信息化、城镇化和农业现代化同步发展，努力在提高粮食生产能力上挖掘新潜力，在优化农业结构上开辟新途径，在转变农业发展方式上寻求新突破，在促进农民增收上获得新成效。	文件指出我国要做强农业，必须尽快从主要追求产量和依赖资源消耗的粗放经营转到数量质量效益并重、注重提高竞争力、注重农业科技创新、注重可持续的集约发展上来，走产出高效、产品安全、资源节约、环境友好的现代农业发展道路。要求在不断增强粮食生产能力的同时深入推进农业结构调整、提升农产品质量和食品安全水平、强化农业科技创新驱动、加强农业生态治理等，以及推进农村一、二、三产业融合发展。
2016 年	2016 年 1 月，中共中央国务院发布《关于落实发展新理念加快农业现代化实现全面小康目标的若干意见》	文件要求各地区各部门要牢固树立和深入贯彻落实创新、协调、绿色、开放、共享的发展理念，用发展新理念破解"三农"新难题，厚植农业农村发展优势，加大创新驱动力度，大力推进农业现代化，推进农业供给侧结构性改革，加快转变农业发展方式，保持农业稳定发展和农民持续增收，确保亿万农民与全国人民一道迈入全面小康社会。	加强资源保护和生态修复，加快形成资源利用高效、生态系统稳定、产地环境良好、产品质量安全的农业绿色发展新格局。深度挖掘农业的多种功能，推进农村产业融合，壮大农村新产业新业态，促进农民收入持续较快增长。

年份	文件名称	主要内容	提质增效相关内容
2017 年	2017 年 2 月，中共中央国务院发布《关于深入推进农业供给侧结构性改革加快培育农业农村发展新动能的若干意见》	文件明确指出，我国农业的主要矛盾由总量不足转变为结构性矛盾，突出表现为阶段性供过于求和供给不足并存，矛盾的主要方面在供给侧。要把深入推进农业供给侧结构性改革作为当前和今后一个时期"三农"工作的主线。推进农业供给侧结构性改革，要在确保国家粮食安全的基础上，紧紧围绕市场需求变化，以增加农民收入、保障有效供给为主要目标，以提高农业供给质量为主攻方向，以体制改革和机制创新为根本途径。	明确提出了优化产品产业结构，着力推进农业提质增效。具体表现为统筹调整粮经饲种植结构、发展规模高效养殖业、做大做强优势特色产业、进一步优化农业区域布局、全面提升农产品质量和食品安全水平、积极发展适度规模经营、建设现代农业产业园、创造良好农产品国际贸易环境等。
2018 年	2018 年 2 月，中共中央国务院发布《关于实施乡村振兴战略的意见》	该文件是实施乡村振兴战略而制定的法规。从提升农业发展质量、推进乡村绿色发展、繁荣兴盛农村文化、构建乡村治理新体系、提高农村民生保障水平、打好精准脱贫攻坚战、强化乡村振兴制度性供给、强化乡村振兴人才支撑、强化乡村振兴投入保障、坚持和完善党对"三农"工作的领导等方面对实施乡村振兴战略进行了全面部署，从而确立起乡村振兴战略的"四梁八柱"，是实施乡村振兴战略的顶层设计。	明确提出了提升农业发展质量，培育乡村发展新动能。具体表现为：夯实农业生产能力基础，实施质量兴农战略，构建农村一、二、三产业融合发展体系，构建农业对外开放新格局，促进小农户和现代农业发展有机衔接等。

年份	文件名称	主要内容	提质增效相关内容
2019 年	2019 年 1 月，中共中央国务院发布《关于坚持农业农村优先发展做好"三农"工作的若干意见》	围绕统筹推进"五位一体"总体布局和协调推进"四个全面"战略布局，牢牢把握稳中求进工作总基调，落实高质量发展要求，坚持农业农村优先发展总方针，以实施乡村振兴战略为总抓手，对标全面建成小康社会"三农"工作必须完成的硬任务，适应国内外复杂形势变化对农村改革发展提出的新要求，抓重点、补短板、强基础，围绕"巩固、增强、提升、畅通"深化农业供给侧结构性改革，坚决打赢脱贫攻坚战，充分发挥农村基层党组织战斗堡垒作用，全面推进乡村振兴，确保顺利完成到 2020 年承诺的农村改革发展目标任务。	文件指出巩固和提高粮食生产能力，到 2020 年确保建成 8 亿亩高标准农田。调整优化农业结构，大力发展紧缺和绿色优质农产品生产，推进农业由增产导向转向提质导向。深入推进优质粮食工程。

资料来源：根据 1982—1986、2004—2019 等年份中央一号文件相关内容整理。

从表 4 - 1 所示的中央一号文件可以看出，我国农业农村政策是紧紧围绕着国家经济社会发展的不同阶段而提出来的不同政策。在这个过程中，我国农业农村政策先是处于围绕生产不足、市场化不足等问题来稳定粮食生产等粗放型发展阶段。再到增加农民收入、产出高效、产品安全、资源节约、环境友好等高效发展阶段。可以看到，在党的十九大以前，虽然中共中央、国务院始终把解决好"三农"问题作为全党工作的重中之重，出台了包括农村经济、文化、治理、民生、生态等"三农"发展的系列政策措施，先后调整了农业补贴政策，转变了农业投入机制与方式，构建了新形势下的国家粮食安全战略，建立了以市场为导向的农产品价格形成机制，探索了农村产权制度改革，实行农村承包地"三权分置"，提高了"三农"政策的精准性、有效性、持续性，推动诸多"三农"问题得到有效破解，开创了农业生产连年丰收、农民生活显著改善、农村社会和谐稳定的新局面，为全面推进农业农村现代化和新农村建设奠定了基础，但是之前一系列政策的重点从本质上来说还是停留在稳定粮食生产与农业农村高速发展的导向上。

直到 2017 年党的十九大前夕，中央一号文件发布，明确提出了优化产品产业结构，着力推进农业提质增效。同年 10 月党的十九大首次明确提出"中国经济由高速增长阶段转向高质量发展阶段"，农业的高质量发展才切实地贯彻到"三农"政策的核心之中，为此，2018 年的《关于实施乡村振兴战略的意见》中明确提出了提升农业发展质量，推进乡村绿色发展，培育乡村发展新动能。2019 年的《关于坚持农业农村优先发展做好"三农"工作的若干意见》中明确地指出调整优化农业结构，大力发展紧缺和绿色优质农产品生产，推进农业由增产导向转向提质导向。

三、当前我国农业提质增效政策存在的不足与改进措施

可以看出，在我国农业政策的演进过程中，虽然对推进农业的提质增效均比较重视，但在党的十九大以前农业政策的价值导向还是以稳粮增产导向为主导的，提质增效的政策效果表现不明显。而党的十九大后虽然明确地提出了农业的提质增效导向，但是政策支持的目标与方式却没有得到相应的调整，政策目标大多还是扶持增产，支持领域大多还是生产环节，支持方式大多还是给钱给物，这对于推动农业增产增收发挥的作用大，而对提质增效发挥的作用不明显。具体表现为以下几点。

一是粮食生产人均成本高、效益低，缺乏国际竞争力。经济高速增长也带来了要素价格的直线上涨，直接导致农业生产成本的不断攀高，为弥补农民生产成本的不断上涨，自 2008 年起，政府不得不每年提高粮食最低收购价。粮价大幅度上涨又导致我国粮食价格在国际市场失去竞争优势，从而造成我国在粮食产量大幅度增长、供求缺口不断缩小的背景下，出现了近年我国粮食的产量、进口量、库存量"三量齐增"的反常现象。二是农业的生产与消费的矛盾仍十分突出。片面追求产量的导向下，一方面，农业生产能力大幅提升的同时，农药、化肥的使用却在不断地加大，从而导致农业面源污染和耕地质量退化严重，早在 2006 年，农业污染量已占到全国总污染量（指工业污染、生活污染及农业污染的总和）的 1/3～1/2，从而影响了农产

品的安全，制约了农业生产的可持续性；另一方面我国农业生产普遍存在"小生产、大市场"的结构性矛盾，无法形成高效运转的供应链，使得整个流通环节的成本居高不下，根据调查，很多农产品在从田间到餐桌的过程中，物流成本占到终端销售价格的一半甚至更多。三是财政支农政策分散、效率不高。中央财政涉农投入虽逐年增加，但是存在着资金结构不合理，直接投入农业生产的资金占比较低，如在具体补贴农户方面，资金的发放主要是以农户承包的土地面积为标准，而非实际种植农作物，这就导致部分地区农户承包土地搁置抛荒也依旧可以拿到财政补贴现象的产生；另外，涉农资金投入实行财政、水利、扶贫、发改委等各部门分块管理，因缺少有效的沟通协调机制，导致资金使用效率低。参照 WTO 相关准则，当前我国对部分农产品的补贴已然没有太多空间，国内农产品难以参与国际竞争。四是农业补贴方式较为单一，财政负担日益加重。在粮食增产导向下，我国农业支持粮食生产和保障农民种粮收益的政策补贴多是以价格补贴、面积与数量补贴、良种与化肥补贴等为内容的"黄箱政策"，而农业保险也因规模小，非生产相关的农民补贴运用不足，农业支持政策方面，我国普遍是对农产品生产、农产品流通和农产品加工等各个环节进行政策扶持，农业支持政策的手段仍比较单一。另外，农业生产与农产品流通的补贴增速较快，致使中央财政和省财政负担日益加重，补贴效能也不高。五是长期来的数量与规模的导向，使得我国农业政策评估标准也明显出现重短期的数量和规模、轻长期的质量和效益。事实上在农业工作绩效评估和政策评估中，"短期指标不能反映关乎质量和效益的最终结果和目标"，需要评估政策对质量与效益的影响，适宜于采用长期性、效果性指标。现行的考评指标主要是短期性的数量类、规模类指标，如土地经营的规模或面积、土地流转的数量、高标准农田的面积、新型主体的数量、"三品一标"的个数、农业项目的个数、农业信贷的规模等，这些短期性、规模化、数量型的衡量标准导致涉农工作部门的涉农业务工作往往过分单一地、盲目地追求规模和数量，从而忽视现代农业发展的核心内容——质量和效益。

当前最为重要的农业政策变革，就是要以高质量发展为要求，把"农业农村优先发展"的基本原则落到实处，按照"在要素配置上优先满足、在资金投入上优先保障、在农业人才上优先考虑、在公共服务上优先安排"的要求，全面推进农业的供给侧结构性改革，落实农业提质增效的具体政策，补齐农业高质量发展不足的短板。在高质量发展的国家政策驱动下，要求当前农业发展的价值导向从数量规模向质量效益转变，进一步地要求政策目标也要进行相应的调整，相应的政策体系也要进行调整，具体调整的方向应该是推动科技研发、绿箱农业补贴、提质增效的项目投资等，以促进绿色发展、质量提升、效益提高，最终形成绿色化、高质量、高效益的农业政策体系。

我国农业的提质增效，其核心是农业的高质量发展，我国农业政策须加快推进农业产业的全面转型升级。在高质量发展的政策导向下，推进农业的供给侧改革，坚持质量兴农、绿色兴农、品牌强农，在推动农业结构调整过程中，优化生产力布局，突出农业绿色化、优质化、特色化、品牌化，不断提升我国农业综合效益和竞争力，实现既"产得出、产得优"，又"卖得出、卖得好"，从而实现我国农业产业的全面转型升级。

第三节　高质量发展下的我国农业提质增效政策体系构建

农业的高质量发展，需要在乡村振兴的战略推动下，把"农业农村优先发展"的基本原则落到实处，按照"在要素配置上优先满足、在资金投入上优先保障、在农业人才上优先考虑、在公共服务上优先安排"的要求，转变当前农业的发展方式，推进农业的供给侧改革，加快农业结构调整，着力推动农业由增产导向转向提质导向，深入推进政策在强产业、转方式、升装备、育主体、建体系、提效率、增效益等方面提质增效，全面构建高质量发展下我国农业提质增效的政策体系，推进我国农业发展的整体质量和效益提升。

一、强产业：政策引领优势绿色农业产业做精做强

强产业，需在优势绿色农业产业做精做强上下功夫，大幅提升绿色优质农产品供给，不断丰富优质农产品的种类、花样，更好满足个性化、多样

化、高品质的消费需求，实现农业供需在高水平上的均衡，让优质农产品不仅有产量，更有品质，营养均衡、特色鲜明。提升生产过程的合规率、质量安全追溯和质量安全监管的覆盖率、农业标准的应用率，推进农业品牌培育和大品牌孵化，进一步扩大绿色优质产品、品牌农产品供给。

一是政策支持优质稻米、小麦生产。在生态与基础条件好、产业化程度较高和规模相对集中连片的地区，坚持绿色化、质量高、效益好的原则，政策引导粮食基地、家庭农场所群、农业专业合作社群等水稻小麦生产主体，加强优质产品的基地建设和技术标准化、服务专业化发展，形成规模化的优质稻米、小麦产业化示范基地，积极培育区域特色优势的稻米麦面品牌。二是政策支持绿色蔬果、茶、花养等产业做精做优。按绿色、优质、品牌化发展的要求，有序开发优势特色资源，以区域整片推进显方向，因地制宜培育壮大特色农业产业，政策支持加快特色蔬果、茶、花等产业集约化、规模化的绿色高质高效示范基地建设，全国推广全过程质量控制的绿色产业示范强县。三是政策引导非优势区低效粮食等经济作物的改良与转型。对稻、麦、果蔬等种养不适宜区域或作物病常发重发地区以及部分非优势区，实现轮作换茬或改种高效经济作物或生态休耕等方式，逐步调整种养布局。四是政策支持农产品追溯体系建设。政策支持农产品生产、流通、消费等全过程质量安全管理与风险控制体系及追溯协作机制建设，推动追溯管理与市场准入的衔接，实现主要农产品"从田头到餐桌"全程可追溯。建立农药、肥料、种子等主要农业投入品追溯体系，实施登记、生产、经营、使用等环节全程可追溯管理。推广应用信息化追溯手段，推动生产、流通、经营各环节追溯信息互联互通，构建产地准出和市场准入机制。

二、转方式：政策加快农业绿色化生产方式转变

转方式，需要使农业的粗放型生产方式转变为绿色化、生态化的现代集约型生产方式。以绿色化投入与产出、生态循环发展模式、节能增效技术、绿色标准体系等方式来加快构建安全、高效、低碳、循环的农业绿色化发展体系，全面改善农业生产方式。

一是政策推进化肥减量增效。政策支持新的耕作方式，推广化肥减量增效技术，创建化肥减量增效示范县（区）。推进测土配方施肥。以控氮减磷、科学施肥和对配方施肥设备进行奖补等为手段，建立完善科学施肥技术体系，引领农业生产主体进行测土配方施肥和新技术运用。推进有机肥替代化肥。引导规模畜禽养殖场与种植基地对接，积极推进种养循环、农牧结合，奖补农业有机废弃物"化肥化"利用，积极创建有机肥替代化肥试点县（区）。推进施肥方式转变，实行农机农艺融合、有机无机结合、速效缓效配合，推广机械深施、种肥同播、侧深施肥、变量施肥等技术。在有条件的地区，完善喷滴灌系统和施肥系统，推广水肥一体化技术。二是政策引导农药使用减量，推进绿色植保与科学植保技术体系建设。以"绿色植保、科学植保"为中心，全面推动农药减量、生态控害，推进绿色防控示范县（区）建设，并将绿色防控示范县（区）列入地方政府工作考核内容。加大植保统防统治服务力度，在县（区）建设专业化的统防统治队伍，对相关设备进行奖补，引导社会资金参与病虫害专业化防治服务。推动统防统治与绿色防控融合发展，提高绿色防控技术水平，提升统防统治的能力和覆盖面。三是政策激励农业废弃物回收利用。积极推进植物有机废弃物的集中腐熟还田和加工成农副产品进行资源化利用，积极推广不可还田废弃物回收利用和加大力度推广可降解农膜产品。四是政策推进耕地质量建设，提升耕地地力。开展县域耕地质量等级变更调查，掌握耕地质量等级现状，采用工程、生物、农艺等综合措施，进行地力培肥、土壤改良、质量修复，积极推动用地养地结合，建立耕地质量提升示范县（区）。积极支持轮作休耕试点，在有条件的区域推行季节性轮作休耕，坚持轮作换茬为主、休耕培肥为辅，鼓励以村为单位集中连片、轮换推进。①

三、升装备：政策推进农业物质技术装备水平提升

提升农业的物质技术装备水平，可以直接地推进农业的提质增效。

一是政策支持优质种苗培育。政策支持区域特色的种苗中心建设，支持种业企业及各类经营主体进行种苗的科学研发，政策支持区域优势涉农企业

---

① 章力建，朱立志. 农业立体污染防治是当前环境保护工作的战略需求［J］. 环境保护，2007（3）：36–43.

围绕区域特色产业发展，建设工厂化育供秧与机插施肥一体化服务实体和园艺作物规模化种子种苗繁育供应中心，加强农业技术研发和集成，重点支持生物技术、良种培育，研发区域特色优质种苗，尽快获得一批具有重要应用价值的优良品种，打造一批以种子种苗为特色，集成生产全程服务的种业产业园区、种业特色村镇。二是政策进一步支持优质良种推广。继续实施"种子工程""畜禽水产良种工程"，全面做好大宗农作物、畜禽良种繁育基地建设和扩大繁殖推广。三是政策推进设施装备提升。政策支持设施农业发展，不断提升设施农业发展水平。围绕设施构型标准化，实施新一轮设施农业提升工程，逐步推动老旧设施更新换代，促进产业效益较好的现代化农业设施的应用。加快设施农业基础配套建设，加强设施农业的喷滴灌、水肥一体化、通风换气设备及机械设备的运用。大力发展数字农业，推进农业智能装备的应用，扩大自动化生产设施、精准化监测控制设备等的应用范围，积极发展现代农业物联网技术。四是集成推广绿色高质高效技术。加强优质稻米小麦粮油等产业相关技术攻关，集成创新绿色高效生态生产技术，加快绿色高效技术推广应用。开展轮作培肥技术研发攻关，因地制宜组装集成一批可复制、易推广的用地养地技术模式。积极集成发展化肥农药减量与替代技术和农膜减量覆盖及回收加工利用技术的研究，强化资源的深度利用。

四、育主体：政策促进农业新型经营主体培育

推进农业的高质量发展，要积极培育以家庭经营为基础的新型农业经营主体，完善各项扶持政策，为新型经营主体创造良好的发展环境，增强农业经营主体的发展活力。

一是进一步支持农业生产大户与家庭农场的发展。在农业扶持政策上向农业生产大户和家庭农场倾斜，加大培育力度，积极培育农业生产大户与家庭农场发展，支持他们改善生产条件、提高经营能力，有效引导农业生产大户与家庭农场的健康发展。二是加大龙头企业培育力度。针对地区特色农业龙头企业，要在资金、信贷、用地、税收等方面给予政策的支持，加大农业产业化资金扶持力度，将中小型龙头企业纳入中小企业发展专项资金支持的范围。加大对龙头企业固定资产投资、农产品收购支持力度，提高龙头企业

对农户的辐射带动能力，重点支持"公司＋合作社＋农户＋基地""公司＋养殖户＋合作化养殖小区"等农业产业化经营。三是引导和规范农民专业合作社发展。政策支持农民专业合作社成为农业产业链整合的主体，引导和鼓励农民、龙头企业、农业生产大户以及各种经济组织，依托生产、运输、销售、加工、服务等环节，积极兴办各种类型的生产、加工、销售相关的专业合作社，围绕地区特色产业和主导产品，广泛开展合作，把分散的农户与大市场有机地联系在一起，提高农民组织化程度。四是积极培育新型农民。农业的高质量发展，重点要提升农业经营者的素质。现代农业的发展，需要一批爱农业、懂技术、善经营的新型职业农民，要推进务农成为一个有吸引力的职业，因此，要有相应的政策来支持年轻人务农、培育职业农民，为农业的高质量发展提升人力支撑。五是发展新型农民培训服务机构。加快培育农业的新型经营主体，还需要壮大农业的社会化服务组织。要让传统农民向现代新型农民转变，需重视对农民的教育和培训，实施新型职业农民培育工程，增强农民的现代经营管理理念和市场经济意识。创新培训机制，支持农民专业合作社、专业技术协会、龙头企业等主体兴办农业技能培训班。支持生产性服务业发展，切实解决小农户生产经营面临的困难，实现小农户与农业现代化有机衔接。①

五、建体系：政策助力现代农业产业体系构建

农业的高质量发展，离不开农业现代产业体系的支撑。构建我国农业的现代产业体系，可以有效地解决传统家庭农业小生产与农产品大市场之间的不对等，增强新型农业经营主体的生产的市场化导向，引进优质生产要素，优化农业生产要素有效配置、农产品有效供给，促进农民增加收入，提高农业的生产效率和比较效益，提升农业的创新力、竞争力。

一是加快推进农村体制机制与产权制度的改革与实施。以体制与机制和产权制度的改革与实施，来推动农业的提质增效。加快实施并落实承包地和宅基地的"三权分置"政策和农村集体产权制度改革相关政策，盘活农村土

---

① 樊蓉．经济新常态下我国农业政策转型研究［J］．农业经济，2019（6）：6–8.

地资源，推进农业生产用地、农民宅基地、集体建设用地和各类荒山荒坡的利用效率，为社会资本、农业创新技术和专业特色人才等要素顺利进入农村和农业领域创造有利条件，推动各类产业要素的优化配置与融合发展。同时，以市场机制来引导农业产业结构的优化升级，提升农产品的市场化程度。二是完善土地流转机制。以放活经营权为导向，以提质增效为目标，在落实土地承包关系稳定并长久不变政策的基础上，依法保护集体土地的所有权、农户的承包权和承包土地的经营权。在保护好土地经营权流转中的农民利益和保障好农民土地承包权的同时，引导土地经营权向新型农业经营主体规范流转和适度集中。探索建立农村集体土地流转风险保障金制度。三是建立优质高效便捷的社会化服务体系。我国农业土地经营，无论是流转后的大户或企业，还是未流转的土地承包户，均需要优质高效便捷的社会化服务。只有同农业生产过程供、产、销相衔接的农业社会化服务，才能实现农业的现代化。同时，政策鼓励土地托管、土地流转监测、农产品市场化平台和土地交易市场等创新服务探索。四是做好农业的标准化体系建设。按质量兴农方略，加快制订、修订覆盖农业投入品使用、生产技术规程、产品分等分级、包装、贮存、运输及质量追溯等生产经营全过程的农业标准，推进农业标准化生产。加强标准的宣传推广和使用指导，将标准转化为明白纸、标准挂图、视频短片等形式，推动实现有标可依、按标生产，提高标准应用覆盖率。五是政策引领农产品品牌体系培育。依托一县一业、一镇一特、一村一品等优势特色产业，大力发展绿色食品、有机农产品和地理标志农产品，争创知名产品品牌、企业品牌。将品牌培育与粮食生产功能区、重要农产品生产保护区、特色农产品优势区等建设相结合，整合创建区域公用品牌，培育优质稻米、绿色蔬菜、应时鲜果、名优茶叶等一批具有地域特征、文化底蕴的区域公用品牌。①

六、提效率：政策带动农业生产效率提升

提高农业的生产效率，要在生产更加绿色低碳、资源更加节约循环、环

---

① 张晶．新常态下完善农业支持政策的总体思考——以美国农业政策新动向为借鉴[J]．世界农业，2018（6）：63 – 70.

境更加优美友好的基础上，因地制宜实施差别化发展，大宗农产品要在增规模、降成本上下功夫，特色农产品要在增品种、提品质上下功夫，做到"人无我有、人有我优、人优我特"，不断提高农业的劳动生产率、土地的产出率、资源的利用率。

一是提高农业劳动生产率。建立农业经济主体之间的利益共享机制，通过省工节本和集约高效、链式推进等方式，加强合作，全面提高农业劳动生产率。政策促进新型农业经营主体与农户之间的利益共享，在土地流转户、专业大户以及家庭农场、农民专业合作社和龙头企业之间形成紧密的利益联结机制，鼓励组建农业产业联盟，推进生产、流通、科研、推广等部门信息共享、标准统一和产销衔接，加强合作，达到省工节本、提高劳动生产率的目的。政策促进农业发展多种形式的适度规模经营，实现集约高效，示范引领农业高质量发展。引导和规范工商资本下乡，创新农业适度规模经营模式，发展多种形式适度规模经营。同时加大对内生性适度规模经营的政策支持力度，通过对农业生产经营者给予一定的政策支持，来提升农业发展的内生动力，提高农业的劳动生产率。政策支持有实力的经营主体进行"全链式发展"，同时支持农民专业合作社、龙头企业以品种研发、加工包装和流通销售为重点延伸产业链，加大政策对薄弱环节的扶持力度，发挥不同主体在生产经营不同环节、不同领域的比较优势，打造更具竞争力的产业链，提高农业劳动生产率。二是提高农业土地产出率。通过优化升级农业产业结构、提高农业生产技术的应用、提升农业机械化装备水平等方式，提高农业土地的产出率。加快发展粮经饲统筹、种养加一体、农牧渔结合的现代农业，促进农业结构不断优化升级，提升农业土地的产业效率。如大力发展稻虾、稻鸭、稻鱼、稻蟹共作等稻田综合种养业，打造一批稻田种养结合典型示范县（区），继续扶持建设一批稻田综合种养试点县。在有市场需求的地区，积极推广"水稻＋N"种植模式，提高稻田综合种养收益。加强农业生产主体与科研院所、高校开展多途径技术合作，促进农业产业化科技创新和成果转化，开展多渠道、多手段、多形式的农业科技推广，扩大重大农业技术推广项目专项补贴规模，优先扶持优质高产、节本增效的组装集成与配套技术开发，政策安排农业科技成果转化资金和国外先进农业技术引进资金，完善农业科技服务体系，推进现代农业技术在农业生产中的应用，提高土地的产出效率。提升农业机械化装备水平，提升农业的产出率。积极推动粮食生产全程机械化装备向高性能、大马力、复合式等方向发展，强化设施农业和绿色环保的机械化生产路线、机具配置、作业质量等规范建设，提高农业生产效率。三是提高各种资源的利用率。加快推进农业资源利用方式由粗放向节约集约转变，增强科技创新的驱动作用，推动农业资源利用率提升，释放农业农村改革发展活力。着力改善耕地质量和产地生态环境，强化绿色高质高效发展，推进全产业链开发，大力发展绿色有机食品，强化农产品质量管控，提高绿色优质农产品比重，培育具有区域特色的优秀农产品品牌，全面提升各种资源的利用效率，提高农业全要素生产率和农业生产力水平。①

七、增效益：政策驱动产业延伸与多产融合带动产业效益增长

推进农业的效益增长，不仅要做优做强农业本身，还要不断创新发展新产业新业态，延伸农业的产业链，挖掘农业多功能，深度推进一、二、三产业交叉融合，全面提升农业的产业价值链，探索产业融合发展新机制、新模式，提高农业综合经营效益，增强农业产业增收富民。

一是推进农业产业的链式延伸，大力发展农产品加工业和现代物流业。紧紧围绕产业兴旺下功夫，向农业的前端和后端延伸产业链条，大力发展农产品产地初加工，政策支持规模基地建设完善农产品清洗、分拣、分级、包装、保鲜等商品化处理设施设备，提高农产品商品价值。积极发展农产品精深加工，开展农产品加工关键技术与产业示范、农产品加工综合利用试点示范，积极开发功能产品、健康保健食品等高附加值产品。引导提升农产品加工集中区建设，推动加工产业集群整合发展。创造条件，积极打造集标准化原料基地、集约化加工、体系化物流配送和营销网络为一体的产业集聚区。积极构建大宗农产品现代物流体系，大力发展农产品配送、运输、销售等全程冷链物流，打造加工品集散中心、物流配送中心、展销中心和价格形成中心。二是挖掘农业多功能，大力发展休闲农业和乡村旅游服务业。拓展农业

---

① 刘红岩. 农业政策过程检视——基本逻辑、运行偏差与优化策略（下）［J］. 中国发展观察，2018（22）：31－34.

功能，做大做强休闲农业、乡村旅游服务业，培育农业农村发展新动能。实施休闲农业与乡村旅游服务业精品行动，大力推进休闲农业与乡村旅游服务业的主体多元化、业态多样化、设施现代化、发展集聚化、服务规范化，积极推动其服务设施升级、业态产品丰富、服务水平提升、文化内涵彰显，打造一批生态优、环境美、产业强、农民富、机制好的休闲农业与乡村旅游服务业精品。三是深度推进一、二、三产业的交叉融合，积极打造融合发展载体。立足推进农业高质量发展，促进产业富民，打造提升一批三产整合发展载体平台，强化示范带动引领。建设一批国家级或省级现代农业产业示范园，要以培育壮大新型经营主体、推进一、二、三产业融合和促进农民增收致富为重点，加快推进省级现代农业产业示范园建设。积极推进农业与文化、科技、教育、旅游、康养等产业深度融合的田园综合体建设。引导各地加强农业公共服务平台和服务能力建设，强化生产要素集聚，做大做强主导产业，建立辐射带动机制和利益联结机制，着力构建现代农业建设的样板区。培育一批特色鲜明村镇，建立协同推进机制，引导各地立足特色产业、特色文化、特色生态，加快培育一批规模适度、特色鲜明、产品质优、产业融合的农业特色小镇、特色田园乡村和农业产业强镇，加强示范引领，促进特色产业集群集聚发展。①

---

① 韩长赋. 大力推进质量兴农绿色兴农 加快实现农业高质量发展 [J]. 甘肃农业，2018（5）：6 – 10.

第五章

农村新型经营主体发展的支持政策体系

第一节　农村新型经营主体发展的主要支持政策

一、改革开放以来农业支持政策体系的形成与发展

（一）财政支农政策体系形成和完善

1. 国家财政支农政策的战略性转变

1978 年，发端于安徽的农村家庭联产承包责任制得到了中央高层的重视，全国各地多种形式的责任制不断涌现。1980 年以来，中共中央连续出台 5 个一号文件，肯定了这一农村生产经营体制变革的作用，对"走社会主义道路还是走资本主义道路"的议论和纷争，给予了权威解释。

1983 年国家取消了主要农产品统派购制度，标志着全国范围内人民公社管理体制的瓦解。随着农村联产承包责任制的推行，大量体制红利和政策红利产生，激发了农业农村发展活力，消解了农村劳动力等生产要素流动禁锢，强化了对土地流转、发展农村工商业的政策扶持，刺激了农村商品经济的发展，农业生产效率显著提高、农民收入大幅提高、农村分工分业快速推进，粮食连年丰收，短期内解决了主要农产品数量短缺问题。

但是，1985 年又一个粮食大丰收以后，出现了卖粮难问题，并逐步波及其他农产品。农产品市场的波动，带来农民收入增长缓慢，农村经济发展也

进入低潮。而此时，工业化、城镇化发展加速，财政支出的重心持续向大城市、大工业倾斜，农民增收困难，农村发展迟缓，城乡差距逐步拉大。1978年—2002年，国家财政支农支出占财政总支出份额逐年下降，城乡矛盾冲突旋起。2003年，党的第十六届全国人民代表大会公布新的施政纲领，将"三农"问题放在全党工作重中之重的位置。从"取"到"予"，财政支农政策实施战略性转变。主要包括以下几个方面。（1）实施国家与农民分配关系的根本性变革，全面取消农业税。经过三年多的试点，2006年国家取消农业税、牧业税等所有农业税收共1400多亿元，农民人均减负91元。2009年开始，逐步取消了主产区粮食风险基金的地方配套，每年为主产区减轻负担近300亿元。（2）显著加大财政支农力度。2003年—2007年，中央财政"三农"支出达1.6万亿元，主要用于农业生产发展、农村基础设施建设、社会事业发展、防灾减灾等方面。① （3）对农民实行直接补贴。2002年中央财政出台了良种补贴制度，2004年设立了农机购置补贴专项资金，2006年实施农民农资综合直补，2006年"四项补贴"支出达145亿元。

2. 初步建立起符合国际惯例的农业补贴政策体系

农业补贴是一国政府对本国农业支持与保护政策体系中最主要、最常用的政策工具，是政府对农业生产、流通和贸易进行的转移支付。2004年以来，财政支农结构不断改善，逐步形成从农业生产到农村消费、从基础设施建设到生态环境保护、从农产品价格支持到农村社会事业发展等方面，宽领域、多方面、广覆盖。

3. 财政支农政策体系不断完善

党的十八大以来，农业政策支持重点由促进农业生产、扩大社会供给，转向以农业农村农民全面发展为目标，以统筹城乡发展为着力点，以现代农业发展为重要标的，对农村生产生活全方位支持的新兴财政支农政策体系。②

2019年《中共中央、国务院关于坚持农业农村优先发展做好"三农"工作的若干意见》的文件，提出进一步完善农业支持保护制度的意见。按照增加总量、优化存量、提高效能的原则，强化高质量绿色发展导向，加快构

①　360百科. 财政支农［EB/OL］.
②　财政部农业司. 财政支农的政策和成效［EB/OL］. 2008－11－05.

建新型农业补贴政策体系。

（1）将农村事业发展纳入公共财政保障范围，形成宽领域的支持政策框架。最早在2004年，以支持粮食生产、促进农民增收、加强生态建设、推进农村改革、加快农村教育卫生文化发展等为主要内容的财政支农政策框架体系已经显现。①

（2）引导现代农业生产发展，促进发展质量提升。2004年起，对农业生产领域投入占比下降，强化对农业基础设施、生产科技水平和农民组织化程度方面的投入。2016年以来，进一步突出发展质量提升，强化绿色发展、生态建设等支持政策。2019年起，扩大土地轮作休耕试点，在9个省584万亩农地投入近26亿元补贴资金，亩最高补贴接近千元。

（3）深入开展财政扶贫工作。2002年—2011年实施的第一轮农村扶贫攻坚工作，中央财政投入专项资金1600多亿元，年均增长11%。2011年，将农民人均纯收入2300元（2010年不变价）作为新的国家扶贫标准，较2009年的标准提高了92%。② 2012年以来的5年内，在中央政府2800多亿元财政专项资金及地方及部门数万亿配套资金支持下，近1亿贫困人口减少到3046万人，农村贫困发生率由10.2%下降到3.1%。③

（二）新型经营主体的支持政策体系建设

2003年，中央财政设立了农民专业合作组织发展资金。此后，对新型经营主体的扶持成为农业支持政策的重要组成部分，并由财政补贴向人才培养、信息技术推广等纵深领域推进。2017年5月，中央政府《关于加快构建政策体系培育新型农业经营主体的意见》出台，初步形成支持新型农业经营主体发展的政策体系。这个政策体系包括完善财政税收政策、加强基础设施建设、改善金融信贷服务、扩大保险支持范围、鼓励拓展营销市场、支持人才培养引进六个方面。

---

① 罗晶. 30年财政支农政策大事记［EB/OL］. 中国财经新闻网，2008-12-23.
② 颜世龙. 中央财政五年投入专项扶贫资金2800亿［N］. 中国经营报，2018-03-10（2）.
③ 农业部. 五个方面加强对新型经营主体的政策支持［EB/OL］. 搜狐网，2018-01-02.

1. 新型农业经营主体支持政策的目标和方式

（1）支持政策目标：两个带动。即带动农民增收、带动农民发展现代化农业。带动的主体是农业产业化龙头企业和农民专业合作组织，主要采取龙头企业＋专业合作组织（社）＋种植大户（家庭农场）＋农民的发展模式，通过产前产中产后社会服务，产加销一体化等产业链关联，来推进利益分享和合作共赢。

（2）支持政策方式，无偿的财政补贴，有偿的担保贷款。财政补贴主要有产业化建设资金、农业综合开发建设资金、各涉农部门生产发展资金等。为解决农民融资难的问题，由政府性担保公司提供政策性担保贷款支持，并对符合条件的经营主体提供贷款贴息。

2. 新型农业经营主体发展政策体系的主要内容

支持政策包括五个方面①：（1）实施新型农业经营主体培育工程，发展一批示范家庭农场、示范合作社和示范农业产业化联合体。同时加大对新型经营主体开展农业生产托管等社会化服务的财政支持力度，加大对新型经营主体带头人轮训的支持。（2）支持新型经营主体参与现代农业园、科技园、创业园建设，发展农产品加工流通、电子商务、农机装备租赁等新产业新业态。（3）支持农产品初加工和农业生产性服务业发展，支持新型经营主体带动农户应用农业物联网和电子商务等。（4）开展信贷支农行动。综合运用税收、奖补政策，鼓励金融机构加大对新型经营主体、农村产业融合发展的信贷支持。完善农业信贷担保体系，推动省级农业信贷担保公司加快向市、县延伸，要求对新型经营主体的农业信贷担保余额占总担保规模比重达到70%以上。（5）实施农业大灾保险试点。着力构建农业再保险体系和大灾风险分散机制，降低农户和新型经营主体的生产风险。

二、对小规模农业发展的支持政策

2004年起，中共中央连续发布了多个指导"三农"工作的"一号文件"，从实施工业反哺农业、城市支持农村的战略，到促进"农业现代化"

---

① 五个方面解决新型农业经营主体面临的问题［EB/OL］. 中国政府网，2017 - 12 - 15.

发展，再到农业农村优先发展的乡村振兴战略的推进，逐步形成了系统的强农、惠农和富农政策框架，带动亿万农民共同分享现代化成果。

（一）取消农业税，增加直接补贴

1. 农业税全面取消

2004 年，中共十六届四中全会提出"工业反哺农业、城市支持农村"的方针，做出推进社会主义新农村建设的部署，推动城乡二元经济向城乡一元经济转换。2006 年，全面取消所有农业税。

2. 增加农民生产生活补贴

2002 年—2006 年，启动面向农民的种粮直补、农资综合直补、良种补贴和农机具购置补贴。之后，"四项补贴"覆盖品种及地区不断扩大。2013 年以后新增农业补贴适当向种粮大户、农民专业合作社倾斜。同时，"四项补贴"数额逐年提高，从 2006 年的 145 亿元增加到 2012 年的 1600 多亿元。

随着财政信贷保险等支农手段的综合运用，农民受惠程度不断提升。2014 年"四项补贴"、价格支持和农业保险补贴为 3170 亿元，农民人均获得 500 元左右[6]①。而随着财政支农范围由生产向生活领域拓展，教育医疗扶贫等改善性补贴大幅度增加，财政转移性支付成为农民一项长期稳定的收入来源。2017 年，各项财政转移支付收入占全国农民平均可支配收入的近 20%。

（二）规范农村土地承包经营权流转，保障农民利益

1. 确立农村家庭联产承包责任制的法律地位

1993 年 3 月 29 日通过的《中华人民共和国宪法修正案》，确立了农村家庭联产承包责任制的法律地位。1998 年出台的《农村土地承包法》和 1999 年颁布的《中华人民共和国宪法修正案》，均将"家庭承包经营为基础、统分结合的双层经营体制"确定为我国农村的基本经营制度。2005 年颁布实施的《农村土地承包经营权流转管理办法》，就稳定和完善农村土地承包关系、规范农村土地承包经营权流转行为、维护流转双方当事人合法权益、促进农业农村经济发展，进一步做出具体规定。

---

① 一针见血看懂万亿农业补贴流向哪里［EB/OL］. 搜狐网，2017 - 01 - 21.

2018 年，全国范围内农村承包土地确权登记颁证工作基本完成。经过确权的承包地全部颁证到户，为土地承包权流动及农民申权维权提供便利。2019 年，中央明确第二轮土地承包到期后再延长 30 年，则土地承包期已达 75 年，保障农民的土地经营权长期不变。

2. 稳妥推进土地流转，保障农民利益

2008 年 10 月，党的十七届三次会议《关于推进农村改革发展若干重大问题的决定》强调，完善土地承包经营权权能，依法保障农民对承包土地的占有、使用、收益等权利。允许农民以转包、出租、互换、转让、股份合作等形式流转土地承包经营权，发展多种形式的适度规模经营，并就大幅度提高政府土地出让收益、耕地占用税新增收入用于农业的比例问题，做出具体要求。

2014 年 11 月，中共中央两办印发的《关于引导农村土地经营权有序流转发展农业适度规模经营的意见》提出，在坚持农村土地集体所有、家庭经营的基础性地位前提下，实现所有权、承包权、经营权三权分置，发展多种形式的适度规模经营。2019 年中央一号文件提出，允许土地承包经营权担保融资。同时强调，坚持农地农用，加强对工商资本租赁农地的监管和风险防范。

（三）促进小农户融入现代农业产业体系的扶持政策

2019 年中央一号文件《关于实施乡村振兴战略的意见》提出，促进小农户和现代农业发展有机衔接。分别从组织、服务、生产条件、市场环境、发展模式等方面，提出政策意见。财政部、农业部等部委联合出台相关配套政策，要点如下。

1. 引导促进小农户发展为家庭农场

（1）政策主题是：按照世贸组织规则，稳定和完善普惠性的、直接对农民的补贴政策。新型经营主体的支持政策侧重于带动农民增收致富的方面与环节。（2）政策立足点是：培育引导小农户，实施新型职业农民培育工程，将家庭农场作为小农户的升级版，使其成为发展现代农业的重要力量。

2. 促进小农户和现代农业发展有机衔接

（1）强化财政支持政策，支持集体经济组织、专业化服务组织、供销合作社等组织，为小农户提供以生产托管和保姆式服务为主的社会化服务。

（2）强化信贷支持，提升小农户融资能力。健全农户信用信息征集和评价体系，完善无抵押、无担保的农户小额信用信贷；发展产业链金融强化利益联结机制，依托核心企业提高小农户融资可贷性，全面推行农村承包土地经营权抵押贷款。

（3）完善保险支持政策，试点农业大灾保险。采取扩面、提标、增品的办法，推动现有保险从覆盖直接物化成本转向覆盖完全成本的目标。支持与小农户关系密切的农作物保险，主要是畜禽产品保险、重要菜篮子产品保险。农业大灾保险试点，包括三大粮食作物完全成本和收入保险的实施对象要覆盖所有小农户。鼓励地方建立特色优势农产品保险制度。中央财政将采取以奖代补的方式，重点支持地方发展特色农产品。

三、对家庭农场、农民合作社发展的主要支持政策

（一）家庭农场支持政策由来

1. 家庭农场的由来和成立条件

家庭农场是农村中以家庭成员为主要劳动力、以农业收入为主要来源，从事规模化、集约化、商品化生产经营的新型农业经营主体。家庭农场是农村商品经济发展的产物，源自农村专业户。在相关政策引导扶持下，形成了从种养专业户到专业种养大户再到家庭农场的演进路径。

20 世纪 80 年代初农业生产责任制推进过程中，出现了专业户现象。一些有技术专长和经营管理能力的生产者通过代耕率先扩大生产规模，或者从事规模养殖业，或者通过承包社队工副业发展为某一专门方向的商品提供者，而率先发家致富，他们具有主业突出、劳动生产率高、商品化程度高、收入高等特点。2000 年以来，上海松江、湖北武汉、吉林延边、浙江宁波、安徽郎溪等地，选择农村种养大户，开展家庭农场培育试点，取得积极成效。

为了实现家庭农场规范发展，地方政府对家庭农场成立条件进行界定，主要有：（1）农场经营者是农村户籍居民；（2）以家庭成员为主要劳动力；（3）以农业为农场收入的主要来源；（4）经营规模达到一定标准并相对稳定；（5）经营者接受过农业技能培训；（6）经营活动有比较完整的财务收支记录；（7）具有生产技术与经营管理等方面的示范带动作用。

（二）家庭农场支持政策主要方面

2008年，十七届三中全会报告肯定了家庭农场的作用。2013年，中央一号文件首次提出，鼓励和支持承包土地向专业大户、家庭农场、农民合作社流转。2014年农业部发布《关于促进家庭农场发展的指导意见》，之后逐步形成引导支持家庭农场等新兴经营主体适度规模经营、强化管理、规范发展的系列政策。

1. 引导承包土地向家庭农场流转

健全土地流转服务体系，为流转双方提供信息发布、政策咨询、价格评估、合同签订指导等便捷服务。引导和鼓励家庭农场经营者通过实物计租货币结算、租金动态调整、土地经营权入股保底分红等利益分配方式，稳定土地流转关系，形成适度的土地经营规模。

2. 扶持家庭农场的相关政策

将家庭农场纳入现有支农政策扶持范围，推动落实涉农建设项目、财政补贴、税收优惠、信贷支持、抵押担保、农业保险、设施用地等相关政策。

3. 强化面向家庭农场的社会化服务

引导和鼓励面向家庭农场的农业技术推广、优良品种引进、动植物疫病防控、质量检测检验、农资供应和市场营销等基层农业技术推广服务，以及代耕代种代收、病虫害统防统治、肥料统配统施、集中育苗育秧、灌溉排水、贮藏保鲜等经营性社会化服务。支持有条件的家庭农场建设试验示范基地，担任农业科技示范户，参与实施农业技术推广项目。

4. 完善家庭农场人才支撑政策

鼓励中高等学校毕业生、新型农民和农村实用人才、务工经商返乡人员等兴办家庭农场。将家庭农场经营者纳入新型职业农民、农村实用人才、"阳光工程"等培育计划。鼓励家庭农场经营者参加中高等职业教育，提高学历层次，取得职业资格证书或农民技术职称。

5. 引导家庭农场加强联合与合作

引导从事同类农产品生产的家庭农场通过组建协会等方式，加强交流与联合。鼓励家庭农场牵头或参与组建合作社，带动其他农户共同发展。鼓励工商企业通过订单农业、示范基地等方式，与家庭农场建立稳定的利益联结机制，提高农业组织化程度。

（二）对农民合作社发展的主要支持政策

农民合作社是指家庭承包经营基础上，按照自愿联合、民主管理的原则组织起来的农民互助性生产经营组织。现阶段，农民专业合作社是以其成员为主要服务对象，主要提供农业生产资料购买，农产品加工、销售、运输、贮藏及与农业生产经营有关的技术、信息等服务。

1. 引导农民专业合作社法规范发展

2007 年出台的《农民专业合作社法》，对合作社的规范发展做出导引。2014 年，农业部等九部门联合印发的《关于引导和促进农民合作社规范发展的意见》提出 5 年建设任务，到 2020 年，70% 以上的农民合作社应建账、社务公开、依法分配盈余，县级以上示范社超过 20 万家。2016 年，国务院关于《全国农业现代化规划（2016—2020 年）》的文件，对创建农民合作社示范社，报送和公示生产经营、资产状况年度报告等做出要求。此间，农业部及地方政府通力合作，强化对不规范和涉嫌违法合作社的清理整顿，取消了一批"空壳"社、"睡眠"社、虚假社。截至 2019 年 5 月底，国家示范社近8000 家，县级以上各级示范社超过 18 万家。①

2. 农民合作社发展的主要支持政策

（1）国家专项基金。2003 年，中央财政设立了农民专业合作组织发展资金。此后出台的《农民专业合作社法》就财政、项目、金融、税收等方面支持政策做出原则规定。2016 年，中央财政安排 14 亿元，采取切块下达的方式，支持粮食、农机、畜牧等农民合作社从事相关生产经营活动及提供培训和服务项目。②

（2）支持农民合作社参与农业综合开发。2014 年，财政部印发《关于开展新型农业经营主体申报实施农业综合开发高标准农田建设项目试点的意见》。

---

① 罗浩轩. 当代中国农业转型"四大争论"的梳理与评述［J］. 农业经济问题，2018（5）：42 – 52.

② 董小迪. 我国家庭农场达 60 万家 年销售农产品总值 1946 亿元［EB/OL］. 新浪网，2019 – 09 – 18.

3. 支持农民合作社发展的财政金融政策创新

通过创新财政支农机制和支持方式,从给项目、给资金的"输血式"投入转化为搭平台、建机制的"造血式"扶持,引导金融和社会资本支持合作社发展。

(1) 允许开展内部信用合作。2009 年以来,先后有 5 个中央一号文件就引导农民专业合作社规范开展信用合作提出要求。目前已有 14 个省(区、市)的地方性法规,对农民专业合作社开展资金互助或信用合作做了规定,其中山东、浙江出台了地方性信用合作试点方案和监管办法,① 提出坚持社员制封闭性,按照对内不对外、吸股不吸储、分红不分息的原则,开展合作社内部信用合作试点。

(2) 鼓励股权联合。对外,鼓励合作社兴办农产品加工流通业务或入股加工流通企业,提高产品附加值;对内,引导农民以土地经营权、资金、技术等要素入股合作社。

(3) 金融扶持方式创新。2017 年 5 月,中办、国办《关于加快构建政策体系培育新型农业经营主体的意见》提出,鼓励稳妥开展内部信用合作,发展生产、供销、信用"三位一体"综合合作。此外,相关文件鼓励有条件的地方设立合作社贷款担保基金,开展银社对接,扩大金融服务合作社覆盖面;鼓励金融机构开展土地抵押贷款、农机抵押贷款、创业担保贷款等新业务。

(4) 开展政银合作,建立合作社贷款风险补偿机制。2014 年—2016 年,农业部在 8 省市开展了合作社贷款担保保费补助试点,试点地区担保费率普遍下降约两个百分点。其中广东为贷款合作社全额补贴保费、补贴 50% 的贷款利息及设立超赔资金。②

---

① 魏后凯,杜志熊. 中国农村发展报告——聚焦农业农村优先发展 [M]. 北京:中国社会科学出版社,2019:252 - 274.

② 杜静元. 农业合作社的困境与出路 [J]. 社会治理,2019 (2):45 - 51.

四、农村社会化服务的主要支持政策

（一）农村社会化服务组织产生和发展

1. 农村社会化服务组织的产生

20世纪80年代农村商品经济发展伊始，农户产生机械作业、栽培技术、市场供需信息的服务需求，村集体经济组织具有服务农户的职能，但是受人才、资金、技术等条件限制而难以胜任，于是官办、半官办的农机农技等服务机构，成为提供产前、产中和产后服务的先行军。而后，农业专业户、种养大户的发展，更是扩大了农村社会化服务市场的容量，增强了服务市场发展动力。

2. 农村社会化服务组织的类型

当前，农村社会化服务领域政策引导与市场自组织双管齐下，形成政府性服务、农民专业合作组织服务、商业性服务机构并存的格局。（1）从服务内容看，有供应服务、销售服务、加工服务、信息服务等。（2）从服务类型看，有农民合作组织自我服务型、政府政策服务支持型、龙头企业带动型等。（3）从服务组织所依托的机构看，主要有7类：依托政府涉农部门、依托半官方机构、依托村集体、依托农民专业合作社、依托龙头企业组建的服务组织，以及其他民间机构组建的服务组织、农村金融机构提供专门性服务的服务组织等。（4）从服务组织运行机制看，政府性服务机构提供政策、管理、信息、技术推广、法律服务，一般免费或只收少量成本费。农民专业合作组织，是通过生产设施共建共用，生产资料共同采购，农产品共同加工、贮运和销售，以及某些金融和保险领域的合作等，以成员协作和自我服务而实现增值和发展的。龙头企业带动型服务组织，是从事经营生产资料、农产品加工和销售、农业工程公司等产业化龙头企业，通过技术、资金、信息、产销等产业关联方式，为农业和农民提供产前产中产后社会化服务。此外，农业院校、科研院所，银行保险、会计师和律师事务所等机构是广谱的服务组织，通过为农业提供科研支撑及相关的商业性服务而收取一定的服务费。

（二）农村社会化服务的主要支持政策

2006年中央一号文件提出，增强农村集体经济组织的服务功能，鼓励、

引导和支持农村发展新型社会化服务组织，包括农业生产服务、农村生活服务、农民维权服务等。2017 年，农业部、财政部办公厅《关于支持农业生产社会化服务工作的通知》（农办财〔2017〕41 号），就培育多元化服务主体、规范服务市场、开展多样化服务业务等，做出具体规定。

1. 推广农业生产托管等农业社会化服务

农办财〔2017〕41 号文件提出，支持村两委、集体经济组织、农民专业合作社通过组织和经营模式创新，组织农户耕地集中连片，统一开展农业生产托管、接受耕种防收等农业生产性服务。同时，支持家庭农场、合作社等新型经营主体，通过"流转 + 托管"等方式，广泛接受农业生产性服务。2017 年—2019 年，中央财政安排农业生产发展专项资金 110 亿元，用于支持以农业生产托管为主的农业社会化服务。①

2. 加快培育规范化服务市场

农办财〔2017〕41 号文件还提出培育规范化服务市场的要求，包括加快推进行业标准体系建设，加强服务组织动态监测，推动服务组织信用记录纳入全国信用信息共享平台，加强价格引导和监督等要求。

3. 税费优惠支持

2019 年 1 月，以"互联网 + 农业"等方式进行农业社会化服务创新的主体，以及开展农业社会化服务的涉农企业，符合小微企业条件的，可按规定享受普惠性减税政策。

4. 农业信贷支持

2015 年，财政部、农业部和银监会联合印发《关于财政支持建立农业信贷担保体系的指导意见》，涉及农业社会化服务组织在内的适度规模经营主体。2017 年，三部门联合印发的《关于做好全国农业信贷担保工作的通知》，明确提出农资、农机、农技等农业社会化服务属于信贷担保支持的服务范围。

五、扶持农业企业发展的主要支持政策

农业产业化龙头企业，是通过订单合同、合作等方式带动农户进入市

---

① 关于政协十三届全国委员会第二次会议第 0294 号（农业水利类 046 号）提案答复的函［EB/OL］．中华人民共和国农业农村部网站，2019 - 09 - 12.

场，实行产加销、贸工农一体化的农产品加工或流通企业。龙头企业是先进生产要素的集成者，具有资金、技术、人才、设备等方面的比较优势，主要承担农产品加工和市场营销职能，为产业链农户提供产前、产中、产后的各类生产性服务。

（一）支持农业企业发展的政策措施

1. 引导土地集中流转，鼓励规模经营的支持政策

2009 年，引导土地集中流转，鼓励规模经营的政策发力，工商企业投资农业的热情高涨。据农业部统计，2007 年全国家庭承包耕地流转率为 7.3%，其中流入工商企业的占比不足 1%。2012 年全国耕地流转率上升为 21.5%，其中流入工商企业的耕地为 2800 万亩，占流转份额的 10.3%。①

2013 年中央一号文件提出，鼓励和引导城市工商资本到农村发展适合企业化经营的种养业，加速传统农业改造和现代农业建设。此后，随着土地流转规模提升，工商企业承接的流转面积同步上升，但是所占份额维持不变或有所下降。2015 年，全国耕地流转率为 33.3%，其中工商企业流入 4600 万亩，占流转份额的 10.4%。2018 年，全国耕地流转率为 39.3%，其中工商企业流入 5100 万亩，占流转份额的 9.4%。②

2. 突出产业化经营，强化农村土地承包租赁制度的规范管理

针对工商企业非粮化、非农化经营趋向，以及由此引起与民争利的社会反响问题，相关政策引导城市工商资本带动农户发展产业化经营，采取公司＋农户、公司＋农民专业合作社和订单农业等方式，与农户建立紧密型利益联结机制；采取保底收购、股份分红和利润返还等方式，让农民更多地分享加工销售收益。

农业部通过试点实践经验总结，从租地资格准入、经营风险控制、土地用途监管等环节，加强对企业租赁经营农户承包地的制度规范。

---

① 刘冬文.农民专业合作社融资困境——理论解释与案例分析［J］.农业经济问题，2018（3）：78－86.

② 苗海民，朱俊峰.新常态下的工商资本下乡［J］.中国发展观察，2017（15）：27－33.

3. 推行产业化龙头企业评定管理制度，实施扶持政策倾斜

2012 年起，推行国家产业化龙头企业评定制度，实行动态管理，两年监测评估一次，有出有进、等额递补。之后，各省、市、县也分别实施本级产业化龙头企业制度。各级政府对于在册的重点龙头企业，强化财税、金融、用地等政策扶持。

（二）支持产业化龙头企业发展的主要政策

国家支持产业化龙头企业发展的主要政策是，对于重点龙头企业进行基地建设、原材料采购、设备引进和产品出口方面经营活动，给予重点扶持。

1. 财政金融政策

支持农村基础设施和生态环境建设，为农业产业化发展创造条件。对于重点龙头企业带动的生产基地建设和技术改造项目贷款等，金融机构给予信贷支持，中央给予财政补贴支持，地方财政也有相关配套措施。

2. 税收优惠政策

（1）企业所得税减免。对于重点龙头企业从事种植、养殖和农林产品初加工的所得，比照国有龙头企事业单位征收企业所得税等。（2）技术开发费等，从当年的管理费用中扣除，包括产学研合作研发等方面。（3）购买国产设备抵免企业所得税。（4）引进农产品加工设备环节的税收优惠。

3. 出口鼓励政策

对开拓国外市场、扩大农产品出口的重点龙头企业予以积极支持，包括流动资金贷款优先安排，农产品及其加工品出口项目融资的贴息等。参照国际通行做法，加大对重点龙头企业出口创汇支持。

4. 投融资支持政策

符合条件的重点龙头企业，可申请发行股票和上市。上市的重点龙头企业，享受农业类上市公司配股倾斜政策。建立以重点龙头企业为主体的农业产业化发展投资基金。①

---

① 邓国营，贾理君. 立足农村实际 满足农民需要 发挥工商资本下乡的积极作用 [N] . 人民日报，2017 - 12 - 20（7）.

第二节 农村新型经营主体主要支持政策的绩效及评价

一、小规模农业转型发展的成效及存在的主要问题

（一）小规模农业是中国农业长期存在的一种经营模式

稳定和完善家庭联产承包责任制，是改革开放以来中国农村发展的基本政策方针。由于利益自洽的内在机制作用，家庭承包经营不仅适应以手工劳动为主的传统农业，也能适应采用先进科学技术和生产手段的现代农业，从而有利于推进农业现代化发展，党的十五届三中全会对此做出肯定性论断。党的十九大报告进一步提出，"实现小农户和现代农业发展有机衔接"，是今后一个时期我国实施乡村振兴战略的重要组成部分。

第三次农业普查数据显示，2016 年全国现有农户 2.3 亿户，户均经营规模 7.8 亩；其中小农户数量占到农业经营主体总数的 98% 以上，从业人员占总数的 90%，耕地面积占总耕地面积的 70%。这种超小规模的经营格局将长期存在。以近十年农村土地流转面积年均增速 3% 来计算，预计到 2020 年小规模经营户达到 2.2 亿户左右，2030 年约有 1.7 亿户，2050 年约有 1 亿户；其耕地面积占全国耕地总面积的比例，分别为 80%、70% 和 50% 左右。可见，未来 30 年内小规模农业仍将是中国农业生产经营的主要组织形式。

（二）小规模农业转型发展的成效

改革开放以来，在国家政策引导和鼓励下，拥有择业自由的农民，以脱贫致富为目标，从粮食生产到多种经营再到城市打工，不断拓展生产及就业领域。在传统农业社会向现代工业社会转型、计划经济向市场经济转型的变革过程中，多数农户以家庭内亦工亦农的职业安排，在顺应社会变革中平稳着陆；部分农民实现了专业化生产、产业化服务的升级转型；少数农民进城落户，实现了职业和身份双转换。

1. 农村工商业快速发展，带动了农村分工分业发展

（1）乡镇企业异军突起，开启了农村经济结构多样化和高级化的进程。

1978 年，农村社队企业产值仅占全国比重的 5% 多。随着注册地及经营范围限制的解除，乡镇企业向城市乃至国外扩张，超常规发展，带动农村产业结构和经济结构由单一的粮食生产为主转向多样化和高级化。1985 年—1990 年间，全国农民家庭人均净收入的一半以上来自乡镇企业，农民工资性收入占比由 10% 增加到 20.2%。1995 年之后，随着城市市场经济快速发展，进城打工成为农民就业的首选。打工收入在农民收入中所占比例从 1995 年的 33% 增加到 2005 年的 48%。①

（2）私人工商业迅猛发展，改善了农村所有制结构，高级化了农村发展要素。1970 年，全国城乡个体工商户从业人数仅有 14 万人。1988 年，农民个体工商户从业人数达 1840 多万，是 1981 年的 10 倍，约占全国总数的 80%。1990 年，由农民合伙经营或个体经营的乡村企业，占到农村企业数的 90%，从业人数的 46%，产值的 30% 以上。② 此时，农村所有制结构已由单一的集体性质转向集体所有、农民私营、城乡国营、集体企业、混合经营等多样化结构。

2. 商品性生产专业户蓬勃发展，促进了农业专业化生产、规模化经营

专业户是我国农业从自然经济向商品经济，生产组织从小而全向专业化、社会化过渡的标志。20 世纪 90 年代的农村专业户，在提高劳动生产率、增加就业机会、充分利用资源、提高农产品商品率等方面，发挥着积极作用。

虽然专业户本质上仍然是个体经济，尚处于分散经营、盲目经营、传统经营的非组织状态下，但是作为一种新的生产组织形态和新的专业经济萌芽形态，具有良好的延展性。一些地方以专业户为基础，形成地域性的专业村、专业片、专业带，或发展起专业市场、新兴城镇，形成地方经济特色隆起带。此外，专业户还是家庭农场发展的起点，成为农业协会、农民合作社发展的支撑力量。

---

① 王晶晶. 供销社——创新服务供给 助力乡村振兴成效显著 [N]. 中国经济时报，2019 – 01 – 16（5）.

② 芦千文. 现代农业产业化联合体：组织创新逻辑与融合机制设计 [J]. 当代经济管理，2017（7）：53 – 59.

（三）小规模农业转型发展中存在的突出问题

1. 兼业户现象的产生及其原因

（1）兼业户产生的原因。家庭联产承包责任制改革以后，解决了温饱问题的小农，多数没有在有限耕地上精耕细作，而是以增加收入为目标，在非正规领域灵活就业，形成兼业户现象。其中以农业收入为主的是农业兼业户（I 兼户），以非农业收入为主的称为非农兼业户（II 兼户）。

I 兼户现象自 1985 年粮价的下跌开始。1995 年后，II 兼户现象越来越明显。据全国第二次农业普查资料显示，2006 年底农业生产经营户中，纯农户和 I 兼户占比 58.4%，II 兼户占比接近 36%。①

（2）兼业化引起的主要问题。农户兼业化是农业生产力提高和比较效益下降双重因素作用的结果，也是全社会商品经济发展的必然结果。2013 年以来，在农业产业化发展和强化农业支持政策力度的双重作用下，农业经营的吸引力再次提升，部分小规模兼业农户转而演化为种养大户或家庭农场，大部分I兼户仍将转化为II兼户，进而成为农村产业工人或完全的非农就业者。

但是兼业化发展动力依然，在城市化完成、农业劳动生产率达到全社会平均劳动生产率以前，农村青壮年劳动力大量转移导致的农户家庭空巢化、农村空心化、农业劳动力低质化和土地撂荒等，在较长时间内将是需要持续关注和解决的重大问题。

2. 小规模农业发展的困难及问题

（1）生产经营分散化，农民市场地位低。缺乏市场化、标准化、专业化的生产性服务，亿万小农盲目生产、跟风销售，是 1985 以来三次全国性农产品卖难问题产生的症结；而土地经营分散化是农民市场地位低、农业生产周期性波动、农民收入增长缓慢的根本原因。

（2）地块细碎化，拉高耕作成本。随着家庭人口增加及分户，农户土地更趋细碎化。20 世纪 80 年代中期户均承包土地 8.35 亩，90 年代中期下降到6 亩，且分散为 9~10 块。家庭户土地有限，且田块分割细小，既缺乏依靠

---

① 蒋文龙，朱海洋. 农业社会化服务的创新实践——浙江"产业农合联"发展调查 [EB/OL]. 余姚市人民政府网站，2019 - 10 - 11.

科技及资金投入的动力,也阻碍了机械化技术的推广。

(3) 小农户扩大再生产意愿弱,技术进步慢。以兼业化经营为策略、以老年劳动力为主的多数家庭户,对良种良法等现代科技持保守态度,生产者缺少专业化知识,农产品化肥农药残留高,品质下降,农产品缺乏竞争力,农业收入增长缓慢,扩大再生产意愿低。粗放经营代替精耕细作的传统,逐步将农业做成保自家口粮的副业,这样的小规模农业缺乏可持续发展能力。

二、农业规模化经营的成效及存在的主要问题

中国农业规模化经营问题,是在工业化、城镇化进程中的农户分化及农村分工分业演进中提出的。面对城镇化进程中出现的农业劳动力老年化、农村空心化问题,以家庭农场为核心的农业规模化经营、工商资本下乡为主力的资本化、劳动节约型为主导的机械化、三权改革为方向的市场化,成为传统农业向现代农业的转型方向。①

(一) 家庭农场发展成效及不足

1. 家庭农场发展成效

2013 年中央一号文件发布以来,家庭农场有了较快发展。截至 2018 年底,进入农业农村部门家庭农场名录的有 60 万家,是 2013 年的 5 倍多,其中从事种植业的占比 62.7%;总经营面积 1.6 亿亩,其中 71.7% 来自租赁;平均年销售收入 30 多万元。②

据中国社科院对 2014 年—2017 年近 2000 户种植业家庭农场监测样本的分析,家庭农场主中具有初中、高中毕业文凭的最多,占比分别为 49%、37%;平均经营耕地 403 亩、常年雇佣劳动力 2.5 人、拥有农机具价值 256 万元,亩均化肥农药施用量比周边农户低的分别占比 36%、48%;有比较完整日常开支记录的占比 72%、参加合作社的占比 36%、与龙头企业有合作的占比 21%,与小规模农户在生产资料拥有与投入、经营行为、管理水平等方

---

① 浙江省农合联,浙江省供销社. 关于推进产业农合联建设的指导意见 [EB/OL].
丽水市人民政府网站,2019 - 01 - 25.

② 张晓远. 浙江嘉善县社——以产业农合联为抓手 提高农业组织化程度 [EB/OL].
中国供销合作网,2019 - 08 - 15.

面差异显著，体现出经营规模化、要素投入集约化等特征，并有明显的绿色生产行为及组织化需求。① 农业农村部对全国 3000 户左右家庭农场的监测分析表明，家庭农场是农民合作社建设的基础，在发展订单农业，带动小规模农户改进生产技术、降低成本等方面发挥了核心作用。

2. 家庭农场发展面临的困境

当前，家庭农场发展的主要制约因素是要素支持不足、缺乏系统配套政策等。

（1）土地资源约束紧，租地成本高。以河南省为例，经营面积 100 亩的家庭农场，需要流转 16 个农户土地，约 40 多个地块，土地连片集中流转困难。② 由于基本农田比例大，耕地保护严格，晒场、仓库或养殖等设施用地难以申请指标。

（2）劳动力和农资等要素价格上涨较快，盈利困难。多数家庭农场从事粮食生产经营，土地、劳力、肥药、灌溉和服务等投入成本高。2015 年以来粮价下跌，而雇工、农资、土地租金等生产成本上涨较快，种粮家庭农场倒闭不是个别现象。

（3）融资难问题突出。发达省份家庭农场的发展存在基础设施等长期投资难以筹措，欠发达地区存在流动资金周转困难。据浙江省对 233 户家庭农场的问卷调查显示，基础设施建设投入在 2 万～3500 万元，其中 100 万～300 万元之间的最多，占 36.6%。90.2% 的家庭农场主"遇到过资金困难"，通过信用社、亲友解决的，分别占 63.5%、35.4%。③ 国家统计局河南调查总队对全省家庭农场的调查显示，截至 2013 年底，河南省仅 58% 的家庭农场存在民间借款或银行贷款行为，且民间借款比重远高于银行贷款。全省获得财政扶持的家庭农场占总数的 1.37%，得到扶持的家庭农场获支持额为8.26 万元。资金短缺直接影响家庭农场做大做强。

---

① 于海龙，张振. 土地托管的形成机制、适用条件与风险规避——山东例证 [J]. 改革，2018（4）：57-65.

② 韩庆龄. 小农户经营与农业社会化服务的衔接困境——以山东省 M 县土地托管为例 [J]. 南京农业大学学报（社会科学版），2019（3）：43-51.

③ 江苏省财政厅. 推进"大专项+任务清单"管理模式，我省农机行业专项资金先行一步 [EB/OL]. 江苏省财政厅网站，2018-04-12.

（4）社会化服务体系尚显薄弱。据浙江省的问卷调查，50%的家庭农场希望加大气象、病虫测报、产品供销信息等公共服务力度，此外还有水利配套设施，以及晾晒、存储等其他生产性辅助设施的服务力度。

（5）家庭农场经营者管理水平和素质有待提高。据河南省的专项调查，大部分家庭农场负责人缺乏现代经营管理理念，表现在财务管理方面，没有账务记录和核算。2016年河南省接受过经济管理知识培训的家庭农场所占比例仅为36.59%，低于全国平均水平8.3个百分点。①

（三）农民合作社发展成效及偏差

1. 农民合作社发展成效

2007年底，全国注册登记的农民合作社超过26万家。2018年底，在工商部门登记的农民专业合作社超过220万家，形成生产合作社、购销合作社和金融合作社三类；实有入社农户1.32亿户，约占全国农户总数的58.8%。②

2007年之前，很多合作社依托村集体，退休的村支书或村主任是天然的领办人，合作社议事程序由几个人或一个人说了算。《中华人民共和国农民专业合作社法》实施之后，规范运行是合作社发展的重要议题。为构建专职经营管理人员队伍，新成立的合作社将回乡能人作为理事长的重要人选，标志着合作社开始走向经营正常化、管理现代化、发展规范化进程。2018年，修改实施的《中华人民共和国农民专业合作社法》，新增了鼓励农民兴办合作社联社的要求，合作社将迈向更高的发展台阶。

2. 农民合作社发展中存在的主要问题

农民合作社数量大幅增长，同时也存在融资难、人才不足、市场竞争力弱的困难。而空壳合作社、挂牌合作社等发展异化现象，成为合作社规范发展和治理能力提升的突出问题。

（1）合作社建设先天不足。中国人均耕地只有世界平均水平的1/3，农

---

① 张波. 加大金融支持新型农业经营主体的力度［EB/OL］. 中国金融新闻网，2019 －01－21.

② 经济日报课题组. 加大新型农业经营主体的金融创新支持力度［N］. 经济日报，2019－06－17（3）.

户经营规模小，农产品分散交易，多数以初级产品的形式出售，交易成本高，投资能力弱。合作社成员来源复杂，存在工商企业、农民企业，核心成员、一般成员等划分，成员异质性使得内部协调困难，内在投资激励机制不足，组织成本高。

（2）运行机制绩效低。"一人一票"和"盈余返还"原则下，社员缺乏持续投资，以及进行内部信用合作的积极性。合作社经营权和所有权没有分离，管理效率低，可分配红利少，影响投资者持续进入。缺乏相关原则规定，核心会员权利监督机制、信用保障制度、科学管理体系等建设滞后，"大农吃小农""精英俘获""农户被参与"等成为普遍现象。合作社不是公司，而是一个社会组织，在银行贷款、评选著名商标、电商销售、经济事务处理等方面认可度较低，通常需要注册一个公司，造成发展中的双重身份难题。合作社设立门槛低，获得财政补贴和税收优惠的机会多、数额大，一段时间内虚假合作社风行，合作社"名实不符""有名无实""假合作社""翻牌合作社"层出不穷。

（3）合作社成员待遇差异大。从农民专业合作社领办人看，龙头企业运作型的合作社，是以优惠供应生产资料和保护价收购社员农产品为主，少数企业提供从种到收的技术、资金、信息等专业化服务，生产者会员不能分享产业化环节的增值利润。能人大户运作型合作社，"核心成员"按股份分红，"一般成员"以购销合同结算。"一般成员"享受了进入市场、改进价格和技术服务的好处，但也没有参与分享增值利润。

（4）合作社发展的资金瓶颈难突破。合作社的资本主要由成员入社费、直接投资、惠顾返还保留、盈余公积等构成。自有资金少，农民合作意识普遍较差，使得资本控制型合作社大量产生。一些地区大户领办和控制的合作社占据主导地位，少数核心社员（大股东）拥有决策权和收益权，多数普通社员（使用者或惠顾者）缺少表决权，"公司加农户"的产业化经营内部化于合作社之中。合作社资金互助功能难以释放出来，资金缺乏、融资困难限制了农民专业合作社的发展。农村金融机构对合作社贷款不积极，多数仅向部分具有资金实力的"农村精英"放贷。政府支持力度足够大，强化了"公司加农户"的形式内化于合作社之中。

三、农业企业化经营的成效及存在的主要问题

（一）农业企业化经营的成效

1995 年以后，粮价下跌，乡镇企业经营困难，农民增收缓慢，农村内部投资乏力，而城市工商资本下乡，逐步成为农业资本深化的主导力量。中国农、林、牧、渔业固定资产投资结构的对比，可以反映农村投资力量的变化。农户投资所占比重在 2003 年达到 66.81% 的高位后持续下降，2014 年跌到 10% 以下；而民营资本投资在 2017 年农业固定资产总额中所占比重为 56%。工商资本充沛的江苏省，2017 年民营资本投资 309 亿元，占全部农业固定资产投资比重 66%，再加上国有企业、集体企业和外商资本投资，社会资本在农业固定资产投入中占比超过 80%。

涉农工商企业通过各种形式参与农业产前、产中和产后各个环节生产经营活动，通过与农户建立稳定的利益联结机制，将农产品生产、加工、销售有机结合，实行一体化经营。农业企业化经营的成效主要表现在以下方面：

1. 推进农业市场化进程，提高农产品国际竞争力

工商企业利用自身资金、管理、信息优势，引入城市现代科技管理要素，整合提升农村土地和劳动力等要素生产力，实施传统农业的现代化改造；采取"公司＋农户""中介组织＋农户""农产品交易所＋农户"等组织方式，打通从田间地头到商超餐桌的通道，解决小生产与大市场的对接难题。

为了实现降本增效多盈利的目标，注重新品种、新装备、新技术的研发、购置和应用，注重标准化生产、精细化管理，推进测土配方、病虫害定点治理、播种收综合机械化、产品全生命周期溯源等技术应用，从而减轻农业污染，提高农产品质量和档次，并显著增强产品竞争力。

2. 推进技术进步，减缓农产品成本上涨速度

长期以来，我国以土地集约经营为技术进步方向，在主要农产品单产迅速提高的同时，也产生农药、化肥等投入过量带来的环境污染加剧、农产品质量下降、粮食等大宗农产品成本价高于国际市场销价等严峻问题。从事规

模化种养殖活动的工商企业，以劳动节约型的大型成套设备和智能技术应用为手段，实施传统农业现代化改造，缓解了劳动力成本推动型的农业成本快速上涨困境。

3. 改善农村面貌，推动农民增收

工商企业对农业农村的投资，提高了农村资源利用深度和广度，增加了农业生产性服务供给，创造了更多的服务业就业机会，促进了农村三次产业融合，改善了农村农业发展环境。同时，企业也为农民转化为产业工人，提供培训服务及一定的社会保障条件。除土地承包经营权转让收入、订单农业增收外，部分农民还享受了地方基础设施改善、乡村旅游服务等可观的非农收入。

（二）农业企业化经营存在的问题

1. 工商资本参与乡村建设绩效不突出，受益面不广泛

2013 年中央一号文件首次提出"建设美丽乡村"要求，各地方政府纷纷以 BOT、PPP 等合作模式，吸引民间资本参与乡村基础设施建设，形成工商资本下乡的新一轮投资热点。比如四川省，2011 年起在美丽新村建设过程中，通过统一的土地规划、流转、整治，吸引工商资本参与新居建设、旅游开发等项目，对于快速改变农村面貌起到积极的促进作用，但是也存在一些问题。一是促进农民生活水平提高效果不够明显。超过一半的农户认为，工商资本下乡并没有使其家庭经济状况得到明显改善。二是投入后发展不好，部分产业发展未能反哺农民。比如乡村旅游项目落地慢，一些特色餐饮项目多由专业合作社成员经营，一般农民就业机会没有明显增加。

2. 农业企业化经营存在不适应性，盲目投资带来损失

农业劳动对象是生命体，自然风险大；农业劳动计量难、监督成本高；农村熟人社会区别于城市的特异性；简单地用工业思维运营农业，将城市大工业的生产管理手段运用到农业生产中，失败的案例很多。工商资本种植业环节营利难，早期进入者多数折翎而去。

近年来，工商资本以介入加工销售环节，或从事综合性农业开发项目为主，仍然存在大量圈地、盲目投资现象。比如农业综合体、农业生产基地、现代农庄等项目，有的缺少扎实的市场调研、科学的一揽子规划，动辄圈地

上千亩、投资几十亿甚至上百亿，因政策变动、遇市场寒流、因合作失败而成为半拉子工程，或投资回收期过长、或运营能力不敌而亏损。

3. 工商资本具有逐利性，易造成农民利益受损

一是基于优越的市场地位，有的工商企业压价收购，或操纵价格，向生产环节转移市场波动风险；同时在局部地区、某些种养项目上对小农挤出效应明显，影响社会稳定。有的地方调查显示，工商企业直接经营农地，原承包农户的劳动力只有20%左右能够进入企业工作。二是产生过度的"非粮化""非农化"现象。在利润驱使下，大部分工商资本从事"非粮化"甚至是"非农化"经营，宏观方面影响国家粮食安全；地方层面看，大量占有农村土地，一旦投资失败，耕地复耕成本高，农民生计难保障。三是少数企业动机不纯，钻政策的空子、吃补贴；还有的企业实力不足，投资不到位，或经营不善，缺乏持续经营能力，给地方政府和农民带来难以弥补的损失。

四、农业组织化经营模式创新及前景分析

我国农业兼业化、农民老龄化、农村空心化问题突出，加快培育各类社会化服务组织，解决小农户和现代农业发展有机衔接势在必行。与以往"龙头企业＋家庭农场＋农户""合作社＋龙头企业＋家庭农场＋农户""合作联社＋家庭农场＋农户"等松散型的合作经营不同，近年来一些地方涌现出一些资源整合程度高、参与主体众多、组织体系优化、市场运作能力强、全国影响力大的新型组织化经营模式，形成了中国农业现代化的路径创新。

（一）土地托管服务模式的路径创新

1. 土地托管的产生和主要的服务模式

土地托管是在以家庭经营为基础的统分结合双层经营体制下，农业适度规模经营模式的新探索，是以服务规模化推动农业现代化的重要路径创新。土地托管服务，是在不改变农民的土地承包权、收益权和国家惠农政策享有权的条件下，通过农业规模化、集约化、机械化生产，实现农民和托管服务组织的双赢。

从覆盖面看，截至2017年底，全国22.7万家农业生产托管服务组织，服务3600多万农户、服务土地面积2.32亿亩，分别占全国总数的19%、

15.7%；从服务地域看，主要集中在山东、河南、河北等地，其中山东托管面积最多为1.29亿亩、河南托管面积为2500万亩。据山东、河南等省调研，土地集中连片托管后，可增加有效种植面积13%～15%，亩年均增产粮食约100斤～150斤左右，亩节支增收200元左右，增产增收效果十分明显。相对于其他土地经营模式，土地托管在保护农民权益、保障国家粮食安全、促进农村发展方面具有特殊优势。从服务主体及份额看，供销合作社所占份额最大，远超过专业合作社、农业服务企业和农机大户等其他新型农业主体。2018年供销合作社系统的土地托管服务规模达1.78亿亩，占全国份额的70%左右。

"土地托管"主要服务模式特点及盈利点。（1）全程托管模式。农户将土地委托给服务主体，实现从种到收的全程托管经营管理。包括货币返还型、实物返还型两种。前者指托管主体提供从种到销全程服务，扣除农资成本和服务费后的货币返还型；后者指托管主体提供从种到收全程服务，扣除农资成本和服务费后的农产品收获物返还型。全托管模式盈利点在于，托管主体发挥技术和管理优势，获取规模化超额产量收益；借助资源优势进行大宗商品议价，赚取购销差价等实现收益。（2）劳务托管模式。又称菜单式半托管，服务主体承包播种到收割主要种植作业，农户支付劳动服务费并获得农产品。托管组织主要赚取服务费用，此外还可享受高产创建等农业项目财政补贴等。（3）订单托管模式。托管方承担农业生产某个时段的劳务项目，而获得报酬。此模式的盈利点在于托管方获得规模化收益，对订单生产者提供生产标准化技术服务和管理，以及农资集中采购，农产品统一销售，降低生产及购销成本；通过品牌化营销，实现产品附加值提升。而农户可以分享现代化农业效率提高、产量提高、品质提高带来的价值增值。

2. 山东供销合作社系统为农服务模式建构

山东省供销合作社以市场需求为方向和动力，以组织资源、产业资源、人才资源整合为手段，通过基层社领办创办农民合作社、乡镇农民合作社联社、县（市）级综合性农民合作社联社与同级供销合作社共建为农服务体系，在推进土地托管、促进县域电商多样化发展、提升农村合作金融服务能力方面成效显著，开辟了适合中国国情的政府与市场有机结合的现代农业发展道路。

（1）整合和导入社会资源，构建为农服务组织体系。2014 年 5 月山东省在 6 市 18 个县展开综合改革试点，通过组建服务型经济实体，将农村组织资源、城乡产业资源、社会人才资源不断整合纳入村、镇、县、市、省五级供销管理系统，形成服务"三农"的强大实力。主要内容有以下几点。一是村级层面，"党建带社建村社共建"。与村"两委"共建农民合作社、农村综合服务社、农业生产发展项目和干部队伍，促进基层供销合作社向农业生产经营和农村生活服务"双覆盖"。二是乡镇层面，打造实体性合作经济组织。依托基层社，以领办创办的农民合作社为核心成员社，联合区域新型农业经营主体，组建实体性乡镇农民合作社联合社；乡镇合作社联社与县级农业服务公司联建为农服务中心，打造"3 公里土地托管服务圈"。三是县级层面，乡镇合作社联社、其他产业型农民合作社及县级供销社再联合，打造综合性农民合作社联社，登记为事业法人，与县级供销社"一套机构、两块牌子"。综合性联合社再与企业联合，组建农业服务公司，建设电子商务平台。县级农业服务公司统筹推进县域农业社会化服务，具有承担承接政府惠农政策和购买服务，农资仓储服务，大型农机具服务，对接二、三产业融合发展，关键技术培训，分享创新成果 6 项功能。截至 2016 年 10 月，注册成立 146 家县级农业服务公司。四是省（市）级层面，建立"3 控 3×6＋1"H 型运行架构。省社成立社有资产管理委员会，组建山东供销资本投资（集团）公司，推动社有企业跨区域横向联合和跨层级纵向整合。在此基础上，实施"3 控"，即省市供销社控股社有龙头企业，县级社控股农业服务公司，乡镇农民合作社联社控股为农服务中心，以实现"为农、务农、姓农"宗旨；通过"3×6＋1"，即省市龙头企业及县农业服务公司、为农服务中心分别承担 6 项服务职能，并为涉农部门搭建服务平台；通过"社有资产管理委员会＋资本投资公司"，实现政事分开、社企分开和行业指导体系与经营服务体系的有效连接。在省（市）级层面，重点提升农资统采分销、日用品统采分销、农产品流通、融资担保、统防统治、96621 服务热线 6 项工作的服务能力。

（2）以合理的股本结构，保障农民社员利益。每处为农服务中心投资约

500万元左右，山东各级财政扶持30%～50%，其余由县农业服务公司和镇农民合作社联社自筹。股本结构中，县级农业服务公司不超过30%、镇级农民合作社联合社不低于70%。其中镇级合作社联社中农民合作社出资比例不低于80%，保证农民社员最低56%的持股比例。①

（3）重点开展以土地托管为核心内容的社会化服务。土地托管经营，从平原地区到丘陵、山区，从粮食等大田作物到经济作物、果树乃至畜禽饲养。在此基础上，进一步推进"两个延伸""两个提升"，服务对象由龙头企业、农民合作社、家庭农场、专业大户等适度规模经营主体向分散经营农户延伸，服务领域由大田粮食作物向山区、丘陵经济作物延伸；服务手段由机械化服务向全产业链科技进步提升，服务方式由提高农业生产水平向促进一、二、三产业融合发展提升。

（4）不断提升综合服务功能。一是构建农村现代流通服务体系，建立省级综合性电商平台。省级社出资2000万元成立综合服务平台公司，并与京东集团合作成立农贸发展有限公司，与县级联社共同搭建山东"供销e家"一张网。截至2016年10月底，全系统连锁经营网点10万余个，建成农村综合服务社62633处、城乡社区服务中心2832处、农产品批发市场158处，新建和改建区域及县域综合仓储配送中心14个。二是构建农村合作金融服务体系，破解农业经营主体融资难题。省级社按照"社员制、封闭性"和民主管理原则，依托1家托管银行，引导县级社、基层社在其领办的农民合作社内部规范开展信用互助业务。截至2016年10月底，210家开展业务的农民合作社，互助资金总额达5.2亿元。同时省级社在13个县（市、区）开展农业补充商业保险业务试点，险种6个，投保面积超过2万亩。

（二）现代农业产业化联合体发展模式

1. 现代农业产业化联合体的产生与发展

现代农业产业联合体是龙头企业、合作社、家庭农场为主体，通过制定合同、协议、章程，确立各方责权及利益分配关系，形成分工协作紧密、制

---

① 王晶晶. 供销合作社改革、土地托管与服务规模化——山东省供销合作社综合改革调查与思考［EB/OL］. 搜狐网，2017－12－25.

约与促进有机结合的组织体系。作为全国现代农业示范区、全国农村改革试验区，2012 年安徽宿州提出以现代农业产业联合体为建设重点，强化农业规模化、标准化和生态化发展导向，推动了中国特色农业现代化发展进程。

（1）构建现代农业产业联合体培育和扶持政策体系。2012 年以来，宿州市出台《促进现代农业产业联合体建设试点方案》等 10 多个配套文件，形成涉及财政、金融、保险、设施条件、农机装备等方面的扶持政策体系。建立农业科技、农机装备、农村金融、教育培训 4 大服务体系，每个服务体系形成市、县两级服务中心，追踪联合体服务需求，落实相关政策。

（2）强化项目安排、财政支持、金融创新等政策扶持。2012 年起，开始了产业联合体等相关试点，市财政年安排现代农业专项资金 2000 万元进行重点支持。淮河粮食、意利达种植等 16 个联合体相继被列入国家农业全程社会化服务试点，项目资金 1200 万元。24 个农民专业合作社承担了创新发展试点，项目资金 1332 万元。2013 年以来，市、县（区）财政兑现产业联合体成员土地流转、基础设施建设奖补、贷款贴息等财政扶持资金 7200 多万元，市、县政府担保公司年安排 2 亿元联合体担保额度。

2016 年，市政府与省农业信贷担保公司合作开展"劝耕贷"试点，累计发放贷款 9521 万元；开展农业政策性保险提标试点，小麦、玉米保额分别提高到 500 元、400 元，新增保费由市、县两级财政给予 70% 的补贴。

（3）现代产业联合体平稳发展。5 年来，宿州市现代农业产业联合体涉及粮食生产、畜牧养殖、蔬菜水果、林木等各类主导产业，联合体内农民人均可支配收入高于全国和全省平均水平。宿州全市现代农业产业联合体新增农民专业合作社、家庭农场、农业企业分别为 4697、3635、933 家，培训认证职业农民 2279 人，占全市总数的 30% 以上。

安徽省对宿州市进行跟踪指导，并及时总结和推广，2015 年在全省开展现代农业产业化联合体培育工作。2017 年安徽产业化联合体发展到 1031 家，2019 年上半年达到 1972 家。

2. 现代农业产业化联合体的主要作用及类型

现代农业产业化联合体是农业产业化经营组织形式创新的有益探索。龙头企业作为组织者，通过资源整合、要素集成、拓展市场等活动，推动农业产业链延伸和升级。农民合作社发挥桥梁纽带作用，组织农户进行标准化、规范化种养，与龙头企业一起提供全程生产性服务。家庭农场、专业大户等生产经营主体，依靠龙头企业资金、技术、市场支持和风险保障，以及合作社等提供的全程服务支持，降本增效明显，具有扩大经营规模意愿和可能。科研、商业服务等其他利益相关者，均可根据自身比较优势进入相应环节，参与打造完整高效的农业产业链，并分享增殖收益。

现代农业产业化联合体具有广泛适宜性，主要存在以下类型。

（1）从经营项目看，可分为粮油类、畜牧类、果蔬类。龙头企业与数量不等的合作社、家庭农场（种养大户）签订生产管理合同，各主体发挥专业化优势，遵循龙头企业拟定的精细化生产管理和标准化控制方案。各方遵循组织章程，责任义务明晰，形成相互依存、互相制约的生产和利益共同体。

（2）从核心带动作用看，已形成科技、品牌等新要素带动型。还以安徽省为例，强英集团鸭产业联合体龙头企业团是全球最大的鸭苗单体孵化场，2015 年营业收入达 22 亿元。近年来该企业为 5000 余养殖大户担保贷款资金超过 3 亿元，无不良还款户，形成了公司和养殖户良性发展。

（3）从产业链主要关联环节看，可分为三种形式。一是销售牵引型。由具有终端市场或品牌优势的企业牵头，以强大的销售能力带动产业化联合体发展。二是加工联结型。以强势加工企业为核心的现代农业产业化联合体，数量较多。三是三产业融合发展型。以肥西老母鸡农业产业化联合体为例，龙头企业安徽老乡鸡快餐公司从事鸡禽养殖、加工、快餐连锁、鸡主题农家庄园式旅游，联结食品加工厂、农牧企业、合作社、家庭农场、种养专业户 800 余家（户），实现联合体内社会化分工，养鸡专业户年收入 10 万～50 万元，实现多方降本增效、抗风险能力总体提升。

3. 现代农业产业化联合体发展的主要成效与问题

现代农业产业化联合体是供给侧结构性改革的一种有效实践，是新型经营服务体系的一种有效形态，是产业化发展的一种有效路径，从组织形式、运行方式、体制机制方面看，具有以下优势。

（1）产业联结较为紧密。联合体串联了科研、种子购买、农资购买、农机服务、加工、销售等环节。同时，可以覆盖从原料基地到农产品加工、流通、乡村旅游等各产业，从而形成相对完整的产业链条。（2）生产服务功能增强。联合体合同中明确相关主体按照一定标准和质量规定，提供全程社会化服务，解决了生产性服务短缺问题。（3）农产品质量显著提高。龙头企业通常把制定标准和规划作为合作的首要条件，以约束家庭农场（种养大户）生产行为，并通过一条龙的生产性服务，显著提高农产品质量。（4）经营绩效显著上升。联合体模式下，农资大批量集中采购比分散采购成本下降15%~30%，农机服务规模化导致成本大幅度下降。规模化、集约化、标准化生产促进农产品产量品质双提高，实现降本增效目标。（5）农民收入显著增加。以安徽省为例，2015年安徽省联合体内农民人均纯收入12335元，相当于全省平均数的114%；宿州市联合体内农民人均纯收入35160元，相当于全市平均数的384%；埇桥区联合体内农民人均纯收入36420元，相当于全区平均数的390%。①

但是，农业产业化联合体发展也存在着运营效率有待提升、扶持资金落实困难、运营管理不够规范、利益联结不够紧密等问题。

4. 农业产业化联合体模式的核心价值及推广

（1）发展农业产业化联合体，有利于提高农业产业竞争力。截至2016年底，全国各类农业产业化经营组织达41.7万个（其中龙头企业13万家），辐射带动农户1.27亿户，农户参与产业化经营年户均增收达3493元。但由于土地流转成本持续上升、生产环节监督成本较高，新兴经营主体可持续发展受阻。在遭遇天灾及市场波动风险时，龙头企业、家庭农场等新兴经营者缩减经营规模甚至亏本歇业已不是个别现象。发展农业产业化联合体，构建以利益联结为纽带的一体化农业经营组织联盟，既可取得分工协作的规模效益，也可通过延伸和完善产业链条，在加工销售、品牌营销、旅游服务等环节中获得更大收益，从而提高抗风险能力。同时，面对国际市场农产品产业链竞争的态势变化，采取农业产业化联合体发展模式，各类生产经营者抱团闯市场、降本增效、提高竞争力具有广阔的发展空间。

安徽宿州等相关案例研究也表明，联合体配置了组织顺利成长的管理要

---

① 韩庆龄. 小农户经营与农业社会化服务的衔接困境——以山东省M县土地托管为例 [J]. 南京农业大学学报（社会科学版），2019（3）：43-51

素，构建了增强互信互利的内生机制，构建了降低交易成本的合作机制，联合体构建了完整高效的农业产业链，有助于塑造产业链竞争优势。

（2）农业产业化联合体进入国家决策层面，将迎来新一轮高速发展。党的十八大文件中，首次提出构建集约化、专业化、组织化、社会化相结合的新型农业经营体系。2017年10月，《关于促进农业产业化联合体发展的指导意见》发布，农业产业化联合体上升为国家战略层面。

截至2018年10月，河北、内蒙古、安徽、山东、江苏等十多个试点省（自治区）均发布农业产业化联合体政策规划，合计近两万家左右，未来几年全国范围内农业产业化联合体建设将非常活跃。安徽2015年开始培育，2018年达到1000个，计划2021年达到4000个，其中省级示范联合体为1000个。河北省在其现代农业发展"十三五"规划中，明确提出到2020年，重点培育和支持100家领军企业，重点培育100个销售额超10亿元的现代农业产业化联合体，支持龙头企业与上下游中小微企业形成联盟，实现全产业链发展。

（三）浙江省"产业农合联"发展模式

产业农合联通过叠加和整合会员的专业服务资源及功能，聚合和联结外部相关服务资源及功能，为会员提供高质量、高效率的专业性服务，是特色农业产业农民合作经济组织自我服务的有效平台，是农业社会化服务和农民合作经济向全产业链纵向拓展的重要形式。

1. "产业农合联"的兴起及特点

（1）产业农合联发起缘由。浙江是农民专业合作社的发祥地。2016年起，在原区域农民合作经济组织联合会（简称区域农合联）的基础上，建立产业农民合作经济组织联合会（简称产业农合联），即围绕特定产业，将相关生产、加工、营销主体联合起来，采取市场化、企业化运行的组织方式，产合联的专业性服务与区合联的通用性服务协同，造就经纬相交的地方现代农业服务格局。2017年，全省构建起省、市、县、乡四级"农合联"网络，会员单位达66000多个。

为解决共同服务的规模效益问题，2018年底浙江省农合联发出指导意见，要求各县区按照特色农业"一业一联"的要求，制定本地产业农合联培育计划（2019 年—2022 年）。计划到 2022 年，全省建成产业农合联 300 家以上，覆盖所有区域特色农业主导产业。

（2）产业农合联的职能和服务。产业农合联是区域农合联专业性服务体系的重要载体，属于非营利性社会团体。通常，产业农合联依托专业合作社联合社、产业协会、农业龙头企业组建，其办事办公场所一般设在产业集中区或区域性现代农业综合服务中心。省、市、县三级农合联负责指导区域内产合联的组织建设、运行管理，协同产合联专业性服务与区域农合联通用性服务。产业农合联承担区域内专业性服务资源的叠加与整合、服务功能的生成与培育、服务事项的组织与实施。

多数产合联以合作制方式组建，以服务会员及会员联合体为主，打造服务供给者和服务接受者的利益共同体。通过"层层向上参股"的利益共享机制、"层层向下参股"的经营指导机制和"按交易额返利"的二次分配机制，打造全服务链各主体的利益共同体。

产合联从特色产业特点及新型经营主体需要出发，主要提供专用农资、生产技术、生产作业、产品加工、产业信息、产业标准、质量安全、公共品牌、技能培训等服务。

（3）区域农合联给予政策支持，进行考核督导。地方政府引导各级农合联、供销社制定出台配套扶持政策，发挥好政策引导和扶持作用。鼓励产合联通过承接公共服务事项、收取会费等多种形式，实现正常运转。市、县农合联发挥农民合作基金、资产经营公司作用，支持和投资产合联和特色产业发展，鼓励产合联参与农产品交易市场建设，打造区域特色农产品销售平台。农合联授信贷款、担保融资等服务优先与产合联对接，并鼓励农信机构提供针对性的金融服务。

地方政府把产合联建设作为农合联、供销社为农服务体系建设考核的重要内容，建立产合联建设领导联系制度、产合联服务质量和绩效评价机制、特色农业产业专业性服务信用记录，引导其规范发展。

2. 产业农合联的主要成效

浙江省区域农合联、供销社、产业农合联"三位一体"式改革，把"低、小、散、弱"的"三农"经济主体联合起来，把分散在各级各部门、政府企业团体、市内市外的各类服务主体整合起来，放大和对接服务需求，提升服务功能，实现服务市场提质提效，同时也破解了政府不好办、农民办不了、单个部门办不好的社会化服务难题。

（1）农业社会化服务载体丰富。比如湖州市农合联、供销社把握地方农业产业特点，创新合作组织形式、组织架构和治理机制。一是拓展领域抓组建。利用各级供销社资源优势，以农业经营主体共同的服务诉求为出发点，整合生产、供销、信用等综合服务主体，吸引生产经营主体集聚，形成以服务为特色的产业农合联。比如德清莫干黄芽产业农合联，统一制定、执行和使用省级地方标准和"莫干黄芽"地理标志认证商标，快速提升了全县茶叶品质和影响力。二是夯实基础抓组建。支持基层社主任担任产合联会长、秘书长等管理职位，基层供销社的人员、业务资源等迅速融入，实现了服务载体多样化、服务功能提升。三是统一标准抓组建。出台《湖州市特色产业农合联标准化建设指导意见》，按照有规模、有场所、有人员、有活动、有机制、有特色的"六有"标准，抓组建，促规范，重实效，同时把标准化建设列入农合联年度综合业绩考核。

（2）打造全产业服务链。以嘉善县首家水产产合联为例，通过整合生产、供销、信用服务，建立"一站式产业服务平台"，开发引领市场需求的新产品，提升了产业链价值。一是帮助会员单位调整产品结构。2018年，产合联与省淡水水产研究所签订合作协议，普及罗氏沼虾绿色生态养殖技术，提高水产品质量，促进渔民增收致富。二是建立合作经营的经济实体。利用区域公共品牌平台，建立品牌价值、结构、管理、制度、质控、供应链、传播等战略体系，提升"嘉善水产"中高档优质水产的影响力，并通过农资供应、贮运包装、品牌营销等社会化服务，使经营实体获得可持续发展。三是扩大信用服务，降低产业融资成本和风险。整合利用涉农银行、保险、担保公司、专业合作社和农村资金互助会资源，打造信用评定、担保、贷款一条龙服务体系。2018年嘉善县明联水产资金互助会为会员提供贷款担保1619万元，降低融资成本30%以上。2018年嘉善县农联担保公司降低手续费至年担保额的1.5%，政府补贴50%，会员年费率仅0.75%。

（3）实体化经营方式最具活力。2017年浙南山区龙泉成立了粮食产业综合服务中心，11 位会员筹资 500 万，成立祥禾粮食产业综合服务公司，提供农资供应、育秧机插、粮食烘干、农机维修出租和粮食仓储加工等服务功能。一是为会员单位及其他农户提供市场信息服务、生产性服务，二是粮食产业综合服务中心以其信息和管理职能，对接政府业务指导及调控，而政府相关部门则根据地方粮食产业发展存在的共性问题和共同需求，有针对性地提供项目、资金等有效支持。粮食产业农合联运营一年来实现盈亏平衡，一改当地粮食生产发展多年持续下滑的颓势。

第三节　农村新型经营主体支持政策优化

一、提高新型经营主体集约化经营水平，构建多门类多模式的现代产业体系

（一）突出以现代农业园区为基地的现代农业产业体系建设

1. 强化多系列多模式、现代产业体系健全、产品产业价值三链交融的省级示范园建设

现代农业园区是技术密集、要素密集、企业密集、支持机构密集，科技开发、试验示范、辐射推广一体化的农业产业化建设基地、多功能性农业发展基地，具有专业性和包容性兼备、系统性和集成性共长的发展优势，是各类新兴经营主体成长的摇篮，是制度创新、科技创新、模式创新的温床，是区域农业结构调整、新产业布局、新业态成长的试验田。

围绕地方特色主导产业，以现代农业产业体系建设为抓手，进行产品技术、信息技术、功能配套、服务集成等特色基础设施布局，引导农业经营主体进驻，开展新品种新技术引进、标准化生产、农产品加工、营销、物流等经营活动，逐步形成多系列多模式、现代产业体系健全、产品产业价值三链交融的省级以上示范园网络。

2. 以市场运营机制较为完善的复合型经营主体为扶持重点，加快现代农业园区成长

采取先建后补、以奖代补、风险补偿、贷款贴息等方式，统筹使用国家

农业产业园建设支持资金和省级现代农业发展专项资金。应以产业集聚配套、科技装备先进、产品质量安全、智慧农业领先、公共服务完善的省级现代化园区为发展方向，以市场运营机制较为完善的复合型经营主体为扶持重点，确定支持内容：一是促进产业集聚和深度融合，推动农业与旅游、教育、文化、现代加工业、物流业、生态观光业、健康养生有机结合，延伸园区产业链；二是强化集成技术推广应用，促进农艺农机结合的新技术、新品种、新设备、新方案应用；三是发展生态循环农业，建立节肥节水节药等机制，促进农业可持续发展；四是鼓励各类复合型经营体系中牵头性经营主体，强化质量安全和品牌创建，发展绿色农业和品牌农业；五是鼓励开展金融资本创新，支持产业园开展"产业政策＋财政政策＋金融政策"三位一体的创新模式。

（二）重视以农机社会化服务为牵引的现代产业生产服务体系建设

1. 以农机社会化服务为牵引的现代产业生产体系建设具有重要意义

新兴经营主体的成长与产业发展环境相互依存，与产业体系建设相互促进。大国小农现状下，中国现代农业转型趋势是，劳动节约型的技术进步是主导方向，规模化、机械化的生产模式将占据主导地位，农业社会化服务需求空间不断扩展，以农机社会化服务为牵引的现代产业生产服务体系建设具有重要意义。

近年来从种到收一体化服务的新生产模式、新产业业态不断涌现，其中以农机社会化服务为牵引的山东供销合作社暨农民合作社模式、安徽农业产业化联合体模式、山东金丰公司模式呈现强大生命力。供销服务系统、各类涉农核心企业通过整合供销、金融、科技、管理等高级要素资源，搭建各类服务平台，构建会员制的现代产业生产服务体系，提供以土地托管的菜单服务、全程服务为表现形式的农事社会化服务，回答了"谁来种地、怎么种地"问题，解决了农村青壮年劳动力转移出现的农村劳动力老年化、经营粗放、农业效益低下的发展难题。同时，在不实施土地承包权流转、不触及农民土地根本利益的状况下，通过专业服务队伍，实现生产成本的显著下降、农产品产量质量双提高、农民收入的普遍提高；而这种社会化服务的组织实施者、主要提供者，也通过新技术广泛应用、新市场不断拓展、产业链不断提升而盈利颇丰、快速成长。

2. 注重实施条件，有序推进

土地托管起源于规模化条件较好的平原农区，得益于大宗粮食贸易的拉动、农机化快速发展带来的标准化配置和操作系统建设的便利。相比土地流动的生产性规模化，土地托管这种服务型规模化模式具有明显优势，它适用性强、灵活性高，农户接受程度高，节约谈判时间、操作成本较低，多方收益空间大，在契约关系稳定的条件下能保证农产品优质优价，保证生产者利益，特别是有利于粮食安全。但是，土地托管具有实施条件，与区域经济社会发展水平、农户脱农程度、农业生产社会化服务水平、农田基础设施条件、乡情民情及村集体协调治理能力等多重因素有关。且土地托管方式也隐含较高的交易成本，部分托管主体因经营不善等原因，托管后非粮化倾向加剧；而实力强大的服务主体的"精英俘获"做法明显，以会员制的形式邀请家庭农场、种养大户、部分合作社加盟，而优质服务对于广泛而分散的小农覆盖面不大。

因而，推进土地托管服务，因地制宜、量力而行、循序渐进，现阶段应从服务供需对接上创造条件。一方面，各级地方政府应通过财政补贴、信贷支持、服务购买、税费减免等措施，支持各类土地托管服务组织和产业体系建设。另一方面，重点放在包括灌溉设施在内的农田基础设施建设、农业保险等保障体系的完善，以及村两委协调治理能力的提升上，并坚持农户自愿基础上的土地托管和适度规模经营。

3. 政策积极支持，注重风险控制

近年来相关产业资源平台建设催生了地（县）优秀合伙人团队，以及组织化的金融支持，也成为土地托管得以大规模推广及相关服务模式、商业模式产生的必要条件。相对于小规模的供给主体、少环节的服务项目，标准不统一、效果优劣不等的问题，现代化、体系化、集团化的服务模式具有这样的优势：以市场化、企业化为引领，标准化、科学化、规范化程度较高，服务质量和效益较高。比如山东供销社系统等，采取整合资源、搭建平台、组织化管理、企业化经营等方式，开展订单式全过程、多方位农业生产作业服务。一方面把农机服务、产销服务、托管服务等原本分散、碎片化的农业服务集中起来，有计划、有节点、有节奏地推进，弥补了农村合作社和小规模农化服务组织的局限和短板；另一方面不需要老百姓出钱投资，所有化肥、种子、农药都由平台来提供，老百姓只需在收获季节支付土地托管费，收益没有减少，还有闲余时间打工增收。

中央及地方政府一方面应加大对土地托管企业参与粮食烘干、预冷贮藏以及农业物联网、农村电子商务等基础设施及配套服务设施建设，着力解决农资、农机、农技等社会化服务企业融资难、融资贵等问题，促进各类"为农服务中心"的可持续发展。另一方面，也应加强风险因素的研究和防控，实施有效监管。一是避免在市场和行政力量的联合推动下，以土地托管名义实施非农化意图的规模土地流转，或以种植大户取代小农散户而挤占小农生存空间，从而使得托管性质由为农民服务异变成为资本和大户服务。二是研究土地托管过程中，服务组织与小农对接问题。目前土地托管进程中，存在差异化小农对接成本高，托管资本私人利益凸显、精英捕获现象明显，以及地方利益与国家政策冲突等问题，应寻求多样化试点，通过机制建设、政策规范乃至法律来逐步解决土地托管与广大小农户经营的供需衔接问题。

（三）重视企业化运作带动的现代产业经营体系建设

现代服务业为传统产业发展提供了资金支持、技术支持、区域或全球化的市场支持，从而实现传统产业改造，促进现代产业体系的形成。而现代产业体系的形成是大量富有活力的企业积极运作的结果，是其从生产、加工等低位次向科研、品牌、服务、平台建设等高位次转变，并带动产业链、价值链升级的过程，那么如何促进县市范围内现代农业产业体系的生长点，提升本地农业产业体系核心竞争力以及核心企业或行业组织的企业化运作带动现代产业经营体系建设是个重要的发展路径。

大量案例表明，现代农业产业联合体就是一种企业化运作带动的现代产业经营体系建设的模式。它可以破解农业生产中存在的农业与二、三产业之间、生产力与生产关系之间、各种要素之间的脱节问题，对于优化调整农业生产结构、破解农村产业融合瓶颈、实现主体合作共赢具有重要作用。

但是，目前农业产业化联合体发展参差不齐，总体上存在着运营效率有待提升、扶持资金落实困难、运营管理不够规范、利益联结不够紧密等问题。促进农业产业化联合体高质量发展，应着力于以下方面的突破。

（1）融合发展，充分激发联合体组织分工、沟通协作优势。推动多种要素、多种主体、多种业态深度融合，形成乡村产业融合发展格局。通过发展休闲农业、体验农业、康养农业等新业态，提升农业产业化联合体质效水平。引导联合体发展农产品电子商务，扩大行业辐射带动水平。创响乡土特色品牌，打造乡村产业"品牌矩阵"。

（2）规范发展，筑牢乡村产业的利益共同体。引导联合体建章立制，包括签订生产合同、订单、服务协议，把龙头企业、农民合作社、家庭农场、农户培养成产业链上的"合伙人"，形成牢固的利益共享体、命运共同体。

（3）健康发展，降低经营风险。地方政府及业务管理部门，应强化格式合同管理，推荐符合当地特点的示范合同，引导联合体内部加强合同起草谈判到终止失效的全过程管理。鼓励龙头企业发起组织农业互助保险，设立价格风险基金。

二、实施"大专项＋任务清单"管理方式，强化涉农资金统筹整合利用水平

（一）涉农资金"大专项＋任务清单"管理方式的要点

根据《国务院关于探索建立涉农资金统筹整合长效机制的意见》（国发〔2017〕54 号）要求，创新涉农资金分配管理、整合利用机制，以扶持政策的精准性、指向性和实效性为工作目标，以"大专项＋任务清单"的管理方式，确保中央宏观调控与地方统筹平衡兼顾，提高资金使用效率。

1. "大专项＋任务清单"管理方式的主要内容

大专项是指，涉农专项转移支付和基建投资；任务清单是指各大专项应当保障的政策内容，分为约束性任务和指导性任务两类，实施差别化管理。约束性任务主要包括中央要求的有关国计民生事项、重大规划任务及新设试点任务方面，以及农业生产救灾和对农牧民直接补贴等，约束性指标任务补助资金不在统筹使用范围内。地方在完成约束性任务的前提下，可针对影响地方发展的紧迫性问题、瓶颈性制约因素，安排指导性任务计划，并可在同一大专项内调剂使用资金。

2. "大专项＋任务清单"管理方式的推进机制

农业农村、财政部等部委，以大专项为单位，实现资金和任务清单集中同步下达。省级相关部门需要组织完成约束性任务，自主选择和实施指导性任务，并制定资金使用方案和任务完成计划。中央部委根据省级资金使用方案、任务完成计划、绩效目标进行考核，形成以绩效评价结果为导向的新的涉农资金设置与分配机制，并逐步由单项任务绩效考核向行业综合绩效考核转变。

（二）发挥"大专项＋任务清单"管理方式的作用，提高涉农扶持政策的绩效

1. 创新财政支农体制机制，优化财政资金使用方向

针对涉农资金分配管理领域长期存在的交叉重复、多头管理、使用分散等问题，优化顶层设计，创新体制机制。改变之前虽有涉农资金专款专用＋允许地方有限度统筹的原则规定，但是统筹范围和项目缺乏详细规定和有效监管，地方涉农资金统筹不足与统筹失范并存，造成资金使用混乱、绩效低等的局面。明确中央宏观调控与地方统筹使用的职责分工，充分调动各方积极性，促进中央宏观指导和省市政府自主统筹、县级机构职责对称，各级政府合理分工、有机结合、协作推进。

在"大专项＋任务清单"管理方式下，刚性的约束性指标和柔性的指导性指标并存，涉农资金由行业内统筹逐步走向全领域统筹使用的渐进式改革安排；中央部委任务清单的下达与省级资金使用方案和任务完成计划的上报，以及任务计划完成过程的动态管理及绩效考核等运行机制，除了是对地方执行中央支农政策的工作力度、方式、结果的检验，奖优罚劣，还隐含着中央相关政策及资金供给与地方需求的对接问题，为涉农政策的优化和涉农资金的科学使用指明方向。

2. 增强地方政府涉农资金统筹使用权，促进财政资金使用绩效的提升

对于地方政府而言，政策执行的选择（指导性任务）和涉农资金统筹的自主权有了较大提高，同时也意味着地方农业发展责任的担当和组织实施能力需要同步提升。根据大专项内的任务清单要求，以及衔接国家部委相关规划及地方相关规划的要求，在一个相对集中的区域，比如粮食生产功能区及重要农产品生产保护区核心区、现代农业产业园等重点区域，整合统筹相关

涉农资金，通过基础设施优先建设、其他配套措施整体推进，有利于形成政策集聚效应，对于新兴经营主体集成化、组织化成长、现代产业体系建设和优化、地方特色产业做大做强，具有重要的促进作用。

近年来，中央支持开展了黑龙江省"两大平原"涉农资金整合试点、江苏等4省涉农资金管理改革试点、广东清远等4个市、县涉农资金整合优化试点及贫困县涉农资金统筹整合试点。在多级政府创新了涉农资金管理体制机制，提升了涉农资金管理使用成效。2018年，江苏省首次在农机行业实行"大专项＋任务清单"管理模式，实现行业内专项转移支付统筹整合。其中约束性任务的认定是，农机购置补贴、秸秆机械化还田、粮食生产全程机械化整体推进示范县建设、农机行业职业技能获证奖补等；其他任务为指导性任务。要求市、县制定本地区项目实施方案，完成各项任务。实施方案具体包括严格约束性任务完成保障，统筹省级农机化资金，细化具体工作任务，明确补助对象、补助标准、实施要求和监管措施等内容。各地主管部门应迅速建立相应的管理机制，事前、事中监督检查，确保农机化补助政策"精准"落地，事后进行总结和绩效评价，以此作为下一年资金分配的重要依据。

三、注重财政金融保险一揽子支持工具应用，解除新型经营主体成长瓶颈

（一）强化财政金融扶持，解除新型经营主体融资难的瓶颈制约

1. 农村金融支持政策难以满足新型经营主体发展需要

融资服务是规模化、市场化经营主体成长必备的条件，资金短缺、融资困难是新型农业经营主体承接经营项目、扩大再生产的瓶颈制约。农村金融支持政策难以满足新型经营主体发展需要，主要表现在以下方面。

（1）农业领域金融服务总量不足，信贷产品期限错配，供需不对接。2008年—2018年，农村金融机构人民币贷款余额所占份额徘徊在11.6%～12.9%的中低水平，2018年农业部门占有3%的信贷份额，却贡献了7.2%的国内生产总值。农业信贷供给不足是普遍现象，据"新型农业经营主体发展指数调查（2018）"数据显示，全国18.87%的家庭农场/大户，26.40%的合作社和68.49%的龙头企业存在经营资金缺口。由于缺乏合格抵押物及担

保，农业企业获得的贷款中短期与中长期品种的比例为8：2，形成金融供需的期限错配。仍据上述指数调查数据，2018年70.77%的龙头企业具有借款需求，借款用于扩大生产规模的最多，占比为45%，其次为购买生产资料、基础设施建设、购买机械、雇工费用等，可见中长期发展需求难以满足。

（2）农村社会信用等服务体系不健全，信用贷款门槛高、贷款受益面窄。目前农业融资担保机构少、担保覆盖面窄；农村产权登记交易服务覆盖范围小，可抵押品少；农村征信体系建设滞后，信贷成本和风险较大，直接影响了金融机构对于家庭农场等新型经营主体的评级准入和授信，信用贷款门槛高，信用贷款受益面窄，正规金融供给严重不足；农业风险分散补偿机制不健全，商业性质的农业保险尚未真正破题。相关调查数据显示，"企业担保能力差"是影响贷款获得的最重要因素。对于申请银行贷款的龙头企业，55.81%的获得了银行贷款，贷款方式依次为信用贷款、抵押贷款、担保贷款。

（3）农村不同区域、不同行业、不同主体的需求差异大，而有针对性的金融产品少，金融业务创新与产品创新滞后。其他金融工具少之又少，仅有2.63%的龙头企业生产的农产品参与过期货易。数据显示，69.32%的龙头企业成立以来未购买过农业保险。不愿意购买农业保险的原因主要有"不需要""没用""没有该类产品""资金问题"等。

2. 农村金融支持政策的优化方向

（1）采取多样化的金融支持手段，优化金融资源配置。探索多主体、多类型的合作模式，综合运用支农再贷款、再贴现、贷款风险补偿基金等多样化政策工具，支持涉农金融机构加大对农业经营主体的信贷投入。一是完善差别化信贷政策支持，对符合条件的新型农业经营主体实行贷款利率优惠；在涉农金融机构支持新型农业经营主体资金不足时，人民银行给予支农再贷款支持。二是建立风险补偿机制，优化财税支农模式。由地方政府牵头成立农业贷款风险补偿基金，对形成的涉农不良贷款先行垫付。同时，整合财政对金融机构的涉农贷款奖补资金，增加对金融机构发放规定条件和范围的贷款给予奖励和风险补偿。三是推广"政银担"合作模式，以政策性担保资金引导金融机构提供涉农企业贷款等支持。四是探索"政银保"贷款保证保险，引导保险公司与商业银行合作，以低息惠民的商业保险为支农信贷提供保险，从而拓展农业金融服务范围。五是鼓励金融机构运用"保险＋期货"等新型农业金融工具，为农产品产销加上"双保险"。

（2）支持多类型的金融担保发展，扩大信用贷款受益面。大力发展农业信贷担保组织。采取政府政策性担保、企业和合作社组织内担保和自我担保等方式，扩大信用贷款覆盖面和额度。政府可出资成立政策性担保公司，或以政策性担保资金吸引民间资本合股设立融资担保公司，或对现有农业担保公司相关担保业务进行补贴。鼓励若干农业经营主体共同设立风险担保基金，为关联企业贷款担保，增加银行信贷资金的获得性。

鼓励地方进行政银担等综合创新试点。比如江苏省实施了政银担合作创新。该模式特点是，省财政出资、省农担公司提供连带责任保证担保，与银行实施8∶2的风险分担责任，政府、银行、政策性担保公司各担其责。针对新型农业经营主体缺抵押或弱抵押的现状，引入政府增信模式，银行则放宽传统风控下抵质押担保或者公务员信用保证，降低贷款准入门槛，以家庭信用反担保方式开展业务，减轻了农业经营主体融资抵押负担、扩大了贷款覆盖面。

（3）引导农村金融供需双方衔接，支持金融业务创新、品种创新。鼓励银行业金融机构针对不同行业、不同类型规模经营主体的差异化资金需求，提供多样化融资方案。针对新型农业经营主体缺抵押的特点，开办以信用为主的财政金融业务创新、产品创新。一是在贷款产品上创新，采取产业链融资担保方式，为生产、科研、加工、储存、运输、营销市场等整条产业链经营主体提供特定的金融产品，以龙头企业拉动产业链上关联的种植大户、家庭农场和专业合作社的贷款可得率。二是在服务方式上创新，利用金融夜校、金融顾问团、信贷产品下乡等形式，提升农村金融服务效率，扩大农村基层服务覆盖面。三是拓展金融服务边界。鼓励有条件的区域开展权属清晰、风险可控的林权抵押、大型农机具抵押、大额订单质押、土地流转收益保证贷款、应收账款质押贷款等金融业务；鼓励涉农金融机构创新开展农村土地承包经营权抵押贷款业务，扩大金融服务范围。

（二）构建以政策性保险为导向的多层次农业保险体系

数据显示，2018年，中央财政拨付农业保险保费补贴资金199亿元，为

1.95 亿户次农户提供风险保障 3.46 万亿元，补贴资金放大 174 倍。2018 年，农业保险深度约 0.88%、农业保险密度约 286 元/人，农业保险保费收入的 80% 来源于各级财政补贴，农业保险在金融服务"三农"中居领先地位。但是，仍然存在政策性保险品种少、覆盖面小、受益面低，商业保险介入程度低，服务范围有限，实际出险理赔难而假保、骗保现象迭出，部分农民不愿保、不敢保，规模经营主体保不了的现象同时存在，农业保险对自然风险及市场风险的防控作用难以充分发挥。按照现代农业发展目标和要求，需要着力提升农业保险功能，构建以政策性保险为导向，保险政策与产品供给与农户风险保障需求相契合、中央与地方分工负责、政策性与商业性相互补充的多层次农业保险体系。未来农业保险政策将着力于以下方面。

1. 突出重点领域，优化农业保险财政支持政策

完善农业保险补贴方式，加强农业保险与相关财政补贴政策的统筹衔接。从区域层面看，中央财政农业保险保费补贴重点是，支持粮食生产功能区和重要农产品生产保护区以及深度贫困地区，并逐步向保障市场风险倾斜。鼓励养殖业等地方优势特色农产品保险业务的发展，中央财政采取以奖代补政策给予支持，为规模经营主体提供生产发展和风险防范保障。从保险品种覆盖面看，推进政策性保险对大宗农产品保险覆盖面，推进稻谷、小麦、玉米完全成本保险和收入保险试点，提高小农户农业保险投保率。到 2022 年，这三大主粮作物保险覆盖率达到 70% 以上，并由保成本转向保收入，将收入保险发展成为重要险种，农业保险深度（保费/第一产业增加值）达到 1%，农业保险密度（保费/农业从业人口）达到 500 元/人。

注重引导和扶持农业保险发展，促进保险机构开展农业保险产品创新，鼓励和引导农户和农业生产经营组织参保，帮助保险机构有效识别防范农业风险。

2. 拓宽农业保险服务领域，提升保险服务功能

创新财政支持方式，拓宽农业保险服务领域。一是提升保险多方面服务功能。探索涵盖财政补贴基本险、商业险和附加险等的农业保险产品体系建设。稳步推广指数保险、区域产量保险、涉农保险，探索开展包括农业生产设施设备的一揽子综合险，创新开展环境污染责任险、农产品质量险、农民

短期意外伤害险、对外合作保险业务等新业务，将农业保险纳入农业灾害事故防范救助体系，促使政府救灾由"行政决策""政府管理"向"市场契约""保险理赔"转变。

二是探索开展"农业保险+"。建立健全保险机构与灾害预报、农业农村、林业草原等部门的合作机制，加强农业保险赔付资金与政府救灾资金的协同运用。推进农业保险与信贷、担保、期货（权）等金融工具联动，扩大"保险+期货"试点，探索"订单农业+保险+期货（权）"试点。建立健全农村信用体系，通过农业保险的增信功能，提高农户信用等级，缓解农户"贷款难、贷款贵"问题。

3. 探索建立农业巨灾风险制度，提高风险保障水平

巨灾保险制度是利用保险机制预防和分散巨灾风险，提供灾后损失补偿的制度安排。国家建立中央巨灾基金，委托商业机构进行市场化运作。当巨灾赔付超过保险公司和再保险赔付限额时，基金启动支付程序。我国巨灾风险频发，探索建立符合我国实际的巨灾保险制度是当前一项十分重要和紧迫的任务。

（1）部分省区农业巨灾风险准备金制度试点，积累了有益经验。2004年以来黑龙江、吉林、河南、安徽等地开展农业自然灾害政策性保险试点工作，对种植业和养殖业户遭受自然灾害造成的损失，以政策性农业保险给予补偿。2008年以后地方政府尝试建立巨灾风险准备金制度，江苏省最早的试点规定，县（区）以上政府本级财政预算安排、联办共保的政府保业保险收不抵支时，启动赔付。北京市采用政府出资直接购买再保险的方式，承担赔付率在160%至300%的大灾风险；"十一五"期间按照上年农业增加值的1‰计提巨灾风险准备金，应对赔付率在300%以上的损失。浙江省2011年建立农业巨灾风险准备金制度，以部分种植业险种当年保费收入25%的比例计提大灾风险金。这些试点，积累了多方面的有益经验。但是，国家层面的农业巨灾风险基金尚未建立，地方性农业巨灾基金规模有限、抗风险能力尚不足。

（2）建立政府支持的农业巨灾风险补偿基金，提高风险保障水平。巨灾保险基金的作用是通过跨期积累和跨区统筹，应对突发性巨灾风险损失。巨

灾风险采用分层负担原则，根据设定条件在投保人、保险公司与再保险公司、省级及中央巨灾基金、资本市场之间分散。

建立政府支持的农业巨灾风险补偿基金，逐步建立财政支持的多方参与、风险共担、多层分散的农业保险大灾风险分散机制。落实农业保险大灾风险准备金制度，增强保险机构应对农业大灾风险能力。增加农业再保险供给，扩大农业再保险承保能力，完善再保险体系和分保机制。合理界定保险机构与再保险机构的市场定位，明确划分中央和地方各自承担的责任与义务。

第六章

农业补贴政策

第一节　我国农业补贴政策概述

农业补贴是指一国政府对本国农业支持与保护政策体系中最主要、最常用的政策工具，是政府对农业生产、流通和贸易进行的转移支付。WTO框架下的农业补贴是指针对国内农业生产及农产品的综合支持。在WTO农业多边协议框架下，农业补贴具有两层含义。一种是广义补贴，即政府对农业部门的所有投资或支持，其中较大部分如对科技、水利、环保等方面投资，由于不会对产出结构和农产品市场发生直接显著的扭曲性作用，一般被称为"绿箱"政策。"绿箱"政策措施主要包括：①一般农业服务，如农业科研、病虫害控制、培训、推广和咨询服务、检验服务、农产品市场促销服务、农业基础设施建设等；②粮食安全储备补贴；③粮食援助补贴；④与生产不挂钩的收入补贴；⑤收入保险计划；⑥自然灾害救济补贴；⑦农业生产者退休或转业补贴；⑧农业资源储备补贴；⑨农业结构调整投资补贴；⑩农业环境保护补贴；⑪地区援助补贴。另一种是狭义的补贴，如对粮食等农产品提供的价格、出口或其他形式的补贴，这类补贴又称为保护性补贴，通常会对产出结构和农产品市场造成直接明显的扭曲性影响，一般被称为"黄箱"政策。主要包括政府对农产品的直接价格干预和补贴，种子、肥料、灌溉等农业投入品补贴、农产品营销贷款补贴、休耕补贴等。WTO《农业协定》的

"黄箱"政策中规定给予发展中国家特殊差别待遇，对发展中国家为促进农业和农村发展所采取的下述支持和补贴措施可免予削减承诺，简称"发展箱"。主要包括：①农业投资补贴；②对低收入或资源贫乏地区生产者提供的农业投入品补贴；③为鼓励生产者不生产违禁麻醉作物而提供的支持。

我国农业补贴最早始于 20 世纪 50 年代，当时以国有拖拉机站机耕定额亏损补贴形式出现，之后扩大到农业生产资料价格补贴、农业生产用电补贴、贷款贴息补贴等方面。从世贸组织农业协议来看，我国的农业补贴有"绿箱"补贴、"黄箱"补贴。改革开放以来，我国的农业补贴政策经历了三次演变。一是 1979 年—1992 年，实行化肥、农膜等农业生产资料价格补贴和城镇居民粮食补贴，目的是降低农业生产成本。二是 1993 年—2003 年，对粮食实行保护价收购，以推动和保障农产品的市场化；对不同的农产品采取不同的保护方式（分为强保护和弱保护）。三是从 2004 年起实行农业补贴，包括直接补贴、农资直补、农机补贴和良种补贴等多项农业补贴政策。2001 年我国加入世贸组织，为了应对加入 WTO 对粮食产销带来的冲击，国家开始调整粮食支持政策的重点和范围。2002 年，率先在安徽、吉林等粮食主产省试点粮食直补，并逐步扩大直补试点范围。2004 年，国家全面实行粮食购销的市场化运作，同时转变以往以流通补贴为主的粮食支持政策，通过对种粮农民直接补贴、粮食最低收购价和临时收储等多种方式，加大对粮食主产区和种粮农民的支持力度。2004 年，在安徽、吉林等省份试点的基础上，开始在全国范围内推行粮食直补政策，对种粮农民直接补贴；在粮食直补的基础上，逐步增加了良种补贴和农机具购置补贴；为了降低生产资料价格上涨给种粮农民带来的损失，2006 年开始实行农资综合补贴。随着时间的演进，补贴标准也逐步提高。为了进一步激励粮食主产区发展粮食生产的积极性，除了在粮食主产区继续实行最低收购价政策之外，2005 年国家开始实施产粮大县财政奖励政策。在缩小保护价收购范围的基础上，进一步加强对重点粮食产区、重要粮食品种的最低收购价政策。2005 年以来，根据市场价格情况，分别在不同地区启动了相关品种最低收购价格执行方案，并不断提高最低收购价格。同时为了增加种粮农民收益，国家还实行了临时收储政策，重点支持玉米、大豆等粮食品种的生产。此外，从 2004 年开始进行农业税减免试点，到 2006 年在全国范围内彻底取消农业特产税，进一步减轻种粮农民的负担。至此，我国初步形成了综合性收入补贴、专项性生产补贴以及最低收购价政策相结合的种粮补贴政策框架。2016 年起，国家在全国全面推开农业"三项补贴"改革，即将种粮直接补贴、农资综合补贴和农作物良种补贴"三项补贴"合并为农业支持保护补贴，政策目标调整为支持耕地地力保护和粮食适度规模经营。"三项补贴"的 80% 用于支持耕地地力保护，20% 用于粮食适度规模经营。①

　　基于农业在国民经济中的基础性地位及弱质性，通过影响农产品价格和农业的生产要素，达到支持弱势产业和土地资源优化配置的目标。相对发达国家而言，我国农业补贴支持标准仍然较低。改革开放以来，农业补贴政策的推行提高了农民的种粮积极性和农产品质量，增加了农产品供给，对保护耕地、确保粮食安全和增加农民收入有明显的积极意义。

第二节　我国农业补贴政策现状

　　按照补偿受益对象，我国农业补贴政策可大致分为三种。第一，对种粮农民的补贴，主要是各项补贴。第二，对主产区政府的补贴，重点是产粮大县。第三，对耕地资源的保护，病虫害防治，提高农业抗灾减灾能力的补贴，主要是为了确保主产区耕地面积不减少，农业生产可持续发展。其中，投入较大，对农业生产和农民增收有较大影响的政策为"一个支持、一项奖励、四项补贴"，即最低收购价政策、产粮大县奖励政策、种粮农民直接补贴、良种补贴、农机购置补贴、农资综合补贴。2016 年，种粮农民直接补贴、良种补贴、农资综合补贴三项政策合并为支持耕地地力保护和粮食适度规模经营。按照农业补贴政策工具分类可归纳为两种类型：一是对农业生产者和农产品的价格支持措施和直接补贴措施；二是政府对农业发展的一般服务支持措施，包括科研推广、农业基础设施建设和资源环境保护等支持计

---

① 王姣，肖海峰．中国粮食直接补贴政策效果评价［J］，中国农村经济，2006（12）．

划。为稳定经济发展基础，发达国家加大了对农业的补贴力度。其中，对农民实行生产性补贴是发达国家通行的政策。当前我国的农业补贴政策主要有以下项目。

一、粮食最低收购价政策、临时收储及目标价格补贴政策

2004 年，我国明确了对粮食主产区优势品种进行最低价收购的制度，并逐步划定了优势区域和优势品种，包括河北、河南、山东、江苏、湖北、安徽的小麦，湖北、湖南、江西、安徽、广西的早籼稻，辽宁、吉林、黑龙江、江苏、安徽、江西、河南、湖北、湖南、广西、四川的中晚稻。根据市场的实际情况，2005 年以来分别在不同地区启动了相关品种的最低收购价格执行预案，并逐年提高粮食最低收购价格。[①] 2017 年生产的小麦（三等）最低收购价提高到每 50 公斤 118 元；2017 年生产的早籼稻、中晚籼稻和粳稻（均为三等）最低收购价格分别为每 50 公斤 130 元、136 元和 150 元。这期间粮食最低收购价格整体大幅上升，不同年份有升有降（见表 1）。最低收购价的企业主要有三类：

（1）中储粮总公司及其有关分公司，受中储粮总公司委托的中粮、中纺、中航工业、农垦集团所属企业及有关地方骨干企业；

（2）上述省份地方储备粮管理公司（或单位）；

（3）北京、天津、上海、浙江、福建、广东、海南等 7 个主销区省级地方储备粮管理公司（或单位）。

在执行国家最低收购价政策的累计 22 个省份中，不符合最低收购价政策质量和安全标准的小麦和稻谷，由各地按照粮食安全省长责任制的要求组织收购处置，处置费用可在省级粮食风险基金中列支，风险基金不足部分由省级财政负担并列入省级预算解决；其他地区根据当地实际开展地方政策性粮食收储。

---

① 张照新，陈金强. 我国粮食补贴政策的框架、问题及政策建议［J］. 农业经济问题，2009（7）.

表6-1 小麦稻谷（均为三等）最低收购价格

年份	收购价格（元/斤）						备 注
	白小麦	红小麦	混合麦	早籼稻	中晚籼稻	粳稻	
2017	1.18	1.18	1.18	1.30	1.36	1.50	2004年来稻谷首次全面下调
2016	1.18	1.18	1.18	1.33	1.38	1.55	2004年来早籼稻首次下调
2015	1.18	1.18	1.18	1.35	1.38	1.55	小麦与稻谷都同上年，不变
2014	1.18	1.18	1.18	1.35	1.38	1.55	连续7年提高小麦稻谷价格
2013	1.12	1.12	1.12	1.32	1.35	1.50	
2012	1.02	1.02	1.02	1.20	1.25	1.40	
2011	0.95	0.95	0.93	1.02	1.07	1.28	
2010	0.90	0.86	0.86	0.93	0.97	1.05	
2009	0.87	0.83	0.83	0.90	0.92	0.95	2004年来稻谷提价幅度最大
2008	0.77	0.72	0.72	0.77	0.79	0.82	小麦稻谷首次提价
2007	0.72	0.69	0.69	0.70	0.72	0.75	稻谷收购价格四年没有变化
2006	0.72	0.69		0.70	0.72	0.75	首次实行小麦最低收购价
2005				0.70	0.72	0.75	
2004				0.70	0.72	0.75	

资料来源：根据相关年度《中国统计年鉴》整理。

2007至2016年，我国对主产区（东北三省和内蒙古）玉米、大豆、油菜籽实行临时收储措施。对于政策性收购的临时储备粮，建立公开竞价拍卖销售制度。在特定历史阶段，这一政策对保护农民利益和种粮积极性、保持市场稳定、保障国家粮食安全发挥了重要作用。然而，在新的市场环境下，国家收储行为客观上也造成粮食价格形成机制及市场价格信号被扭曲，对加工行业造成了较大的冲击。尤其是2014年—2015年，国际粮价深度回落，外国玉米及其替代品大量进口，加之国内丰收，玉米消费需求下滑，库存不断增加。双重挤压下，不仅国家背负了沉重的财政补贴负担，长期看，也不利于国家的粮食安全和农民利益的保护。于是2016年东北三省和内蒙古自治区将玉米临时收储政策调整为"市场化收购"加"补贴"的新机制。此外，2014 年开始国家在东北地区、内蒙古地区、新疆地区实行大豆目标价格补贴制度。

二、粮食、油料主产区政策

为了缓解产粮大县财政困难，调动地方政府抓好粮食生产的积极性，保护好国家粮食安全的基础，从 2005 年起，中央财政实行产粮大县奖励政策。中央财政对产粮大县（含县级市、区）的奖励，坚持"测算到县、拨付到县"的原则。奖励条件是：以县为单位，1998 年至 2002 年 5 年平均粮食产量大于 4 亿斤，且粮食商品量大于 1000 万斤；或达不到以上条件但对区域内的粮食安全起着重要作用，对粮食供求产生重大影响的县。中央财政对 13个粮食主产区按照粮食商品量、产量、播种面积等因素进行测算，对排名前5 位的产粮大省通过转移支付的方式予以重点奖励，其他省给予适当奖励。如 2012 年，黑龙江省共获得 2.97 亿元的奖励资金，2013 年获得 4.26 亿元的奖励资金。

我国从 2005 年开始实施产粮大县财政奖励政策，由中央财政拨款对产粮大县进行奖励，目的是为了缓解产粮大县的财政困难，提高地方政府发展粮食生产的积极性。自这一政策实施后，对产粮大县进行奖励的资金金额逐年增加，从 2005 年的 55 亿元增加到 2016 年的 393 亿元，年均增长率超过了19.6%（如图 1 所示）。

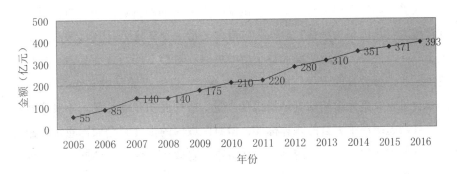

图 1 全国产粮大县财政金奖励金额

所谓产粮大县，顾名思义，是指粮食产量高的县。根据我国 2005 年的产粮大县奖励政策，产粮大县是指根据粮食产量、粮食播种面积和粮食商品量等标准，以当年可统计的前 5 年数据进行算术平均计算而得的平均粮食产量大于 4 亿斤且粮食商品量大于 1000 万斤或者是对粮食安全和粮食供给产生重大影响的县级行政单位。

基于产粮大县奖励政策，产粮大县分为常规产粮大县和超级产粮大县，其中超级产粮大县为以上计算方式下位于全国前 100 名的县级行政单位；其余的都为常规产粮大县。根据前些年政策实施结果，我国 13 个粮食主产区共有 680 个产粮大县（县级行政单位），11 个非粮食主产区中共有 120 个粮食生产大县（县级行政单位）。

2005 年，中央财政对常规产粮大县（县级行政单位，下同）的奖励，坚持"测算到县、拨付到县"的原则，即一是直接奖励财力；二是直接奖励到县；三是奖励入围县一定三年，动态监管。2006 年以后，新增奖励资金分配坚持存量与增量结合、激励与约束并重的原则，即保持前一年奖励资金存量不变、奖励因素不变；同年，新增奖励资金计算与实施的主要依据，即对近 5 年粮食产量、商品量、播种面积变化及增长因素进行测算分配，奖励资金向粮食生产增长较快的地区倾斜。2008 年以后，对超级产粮大县则开始实行粮食生产"谁滑坡、谁退出，谁增产、谁进入"的动态调整原则，即每年重新测算，按照新测算的标准与顺序进行奖励。

奖励政策必然涉及奖励对象，产粮大县奖励政策的奖励对象分别有常规产粮大县、超级产粮大县、对粮食供求有重大影响的县和产粮大省。其中常规产粮大县是以县为单位，5 年平均粮食产量大于 2 亿公斤，且粮食商品量大于 500 万公斤。超级产粮大县是指中央财政对粮食产量或商品量分别位于全国所有产粮大县前 100 位的县级行政单位予以重点奖励的县级行政单位。对粮食供求有重大影响的县是指粮食产量、播种面积和商品量达不到常规产粮大县与超级产粮大县的测算标准，但对区域内的粮食安全做出重大贡献并对粮食供求产生巨大影响的县，它是由省级财政部门牵头，会同省级农业部等部门提出意见，经省级人民政府批准，并报财政部认可后纳入奖励范围的县级行政单位。对粮食供求产生重大影响的县，中央财政于 2013 年对其进行了具体界定，是指在主产区产量或商品量列前 15 位，非主产区列前 5 位的县以及每个省份确定的 1 个生产潜力大、对地区粮食安全贡献突出的县。超级产粮大省是指中央财政对粮食总产量、播种面积和商品量经过测算后在 13 个粮食主产区位列前 5 位的省级行政单位予以重点奖励的省级行政单位，其余主产区予以适当奖励。

产粮大县奖励政策中对常规产粮大县奖励的测算标准自 2005 年实施以来保持一致，没有变化。唯有调整的是奖励因素所占的权重。2013 年以前，常规产粮大县测算标准是以分县、分年的统计数据为准，确定粮食商品量（粮食产量扣除农民"三留粮"，即口粮、饮料粮和种子用粮）、粮食产量、粮食播种面积作为奖励因素，三个因素所占权重分别为 50%、25% 和 25%，其中农民"三留粮"为口粮（2003 年农村人均口粮消费量）、饲料粮和种子用粮（南方人均 175 公斤、北方人均 225 公斤）。粮食产量、粮食播种面积按 5 年的数据进行算术平均计算。2013 年以后，粮食商品量、粮食产量、粮食播种面积三个奖励因素所占的权重调整为 60%、20%、20% 计算，2015 年以后，奖励资金采用因素法分配，粮食商品量、产量、播种面积、绩效评价权重分别为 60%、20%、18%、2%。另外，超级产粮大县基于常规产粮大县的计算方法确定粮食产量或商品量位于全国前 100 位的县为超级产粮大县。超级产粮大省则为 13 个主产区位列前 5 位的省。[①]

中央财政根据以上测算办法，对满足条件的县进行奖励。但是奖励系数是以省（区、市）为单位划分不同地区类别，实行不同的奖励系数。自 2005 年政策实施以来，常规产粮大县的奖励系数一直稳定不变。一类地区，包括浙江、广东省，奖励系数为 0.2；二类地区，包括辽宁、江苏、福建、山东省，奖励系数为 0.5；三类地区，包括除一、二类地区以外的省份（但不包括北京、天津、上海），奖励系数为 1。在上述第二、三类地区的省份中，既是产粮大县又是中央财政认定的财政困难县的，中央财政增加了奖励系数。即二类地区增加为 0.125，三类地区增加为 0.25。常规产粮大县奖励资金与财力困难县、省级财力状况挂钩，不同地区采用不同的奖励系数，产粮大县

---

① 魏后凯，王业强. 中央支持粮食主产区发展的理论基础与政策导向［J］，经济学动态，2012（11）.

奖励资金由中央财政测算分配到县。2013 年，常规产粮大县奖励标准为 500 万元~8000 万元，2015 年改为 700 万元~9000 万元，奖励资金作为一般性转移支付，由县级人民政府统筹使用，另外，超级产粮大县奖励资金不与财力困难县、省级财力状况挂钩，实行同一奖励系数，超级产粮大县奖励资金用于扶持粮食生产和产业发展。

三、对种粮农民的直接补贴政策

我国根据 WTO 规则，加大了对农业补贴政策的改革和探索，并逐步与国际规则对接。在改革探索方面，我国农业"四项补贴"开始于 2002 年在吉林省和安徽省部分县市进行的种粮直接补贴试点，之后农作物良种补贴、农机购置补贴、农资综合补贴相继施行。除了农产品价格支持这一间接补贴外，我国对包括"四项补贴"在内的农业直接补贴已经具有相当规模。2004 年至今，每年的中央一号文件对农业补贴都有重要指示。近年来，随着国内社会经济形势的变化，党的十八届三中全会明确提出，我国要改革农业补贴制度，并将新增补贴向粮食等重要农产品、新型农业经营主体和主产区倾斜。2016 年"四项补贴"加大调整，原来的种粮直接补贴、农资综合补贴和农作物良种补贴三项补贴合并为"农业支持保护补贴"，用于支持耕地地力和保护粮食适度规模经营。在补贴金额上，2015 年全国公共财政农林水事务支出累计达 17242 亿元，其中"四项补贴"金额已经达到 1651 亿元，占到当年公共财政农林水事务支出的 9.6%。结合历年数据，我国中央财政用于"四项补贴"的金额逐年增加，已经从 2004 年的 145 亿元，增加到 2013 年的 1700 亿元，2014 年和 2015 年有所减少。其中增长最快的是农资综合补贴，直接补贴几乎没有多大增加。

（一）种粮农民直接补贴

种粮直接补贴是政府为了增加种粮农民收入，调动农民的种粮积极性，将财政资金直接发放给种粮农民的一种直接补贴政策。2000 年底，财政部会同各相关部门开始对种粮直接补贴政策进行研究。2002 年安徽省和吉林省共选择了 3 个县市进行粮食直接补贴试点，拉开了粮食补贴政策改革的序幕。随后其他省份也进行了粮食补贴方式改革的试点。截至 2004 年底，全国共有

表6－2 我国历年农业"四项补贴"情况表

年份	2004	2005	2006	2007	2008	2009	2010	2011	2012	2013	2014	2015	2016
粮食 直补 (亿元)	116	132	142	151	151	190	151	151	151	151	151	151	
农资 综补 (亿元)			120	276	638	756	835	860	1078	1071	1071	1071	1649.1
良种 补贴 (亿元)	10/亩	10/亩	41.5	55.7	120.7	198.5	204	204	220	261.5	214.45	203.5	
农机 补贴 (亿元)	0.7	3	6	12	40	130	155	155	215	217.5	237.5	236.5	237.4

资料来源：根据相关年度《中国统计年鉴》整理。

29个省（区、市）实行了种粮直接补贴政策，国家从粮食风险基金中拿出100亿元对种粮农民直接补贴以刺激粮食增产，2005年2月，农业部、财政部等单位联合发布了《关于进一步完善对种粮农民直接补贴政策的意见》，标志着我国粮食直补机制的初步确立。到2006年，我国种粮直接补贴范围扩大到全国全部省（区），补贴品种也涵盖了我国主要的粮食作物。在补贴办法方面，财政部印发通知，发布了种粮直接补贴的有关政策，明确了种粮农民作为补贴的对象。粮食直补的资金从粮食风险基金拨付，由中央政府和地方政府共同筹集，主要是将原来用于补贴中间环节的资金转向直接补贴种粮农民，资金实行专户管理。具体标准可以按照计税土地面积、计税常产或粮食种植面积进行补贴，补贴款项通过"一卡通"直接兑付给种粮农民。粮食主产省、自治区必须在全省范围内对所有种粮农民进行直接补贴，其他地区由省级人民政府根据实际情况自行确定补贴范围。13个粮食主产区原则上按照种粮农户的实际种植面积补贴，其他省、自治区、直辖市的补贴方式由各省人民政府根据当地实际情况确定。粮食直补的补贴范围，各省级人民政府根据国家的指导性意见，结合本地实际情况，自主制定具体的补贴品种及补贴标准。在补贴金额上，种粮直接补贴从 2004 年的 116 亿元，增加到 2007 年的 151 亿元，此后到 2014 年，种粮直接补贴金额一直维持在 151 亿元的水平。2015 年，种粮直接补贴金额减少至 140.5 亿元。[①]

（二）良种推广补贴

农作物良种补贴指国家为支持农作物良种推广，鼓励农民选用农作物良种，并使用配套技术，而提供的财政资金补贴政策，是我国加入 WTO 后出台的第一个农业补贴政策。2002 年，国家开始组织实施农作物良种补贴项目，中央财政拨付 1 亿元对东北地区的部分高油品种大豆实行良种补贴。此后，农作物良种补贴逐渐扩大到主要粮食品种和棉花、油料等经济作物，补贴范围已经扩大到主要作物的优势产区。在补贴方式上，财政部和农业部出台的管理办法和指导意见，确定补贴标准和补贴品种的种植区域。区域内的乡级农业管理机构统计良种补贴面积，并逐级审核上报。财政部和农业部通过现金直接补贴或差价购种补贴的方式对农民进行补贴，并要求对发放结果进行村级公示。农民要获得良种补贴必须满足两个要求：一是在规定的优势区域内；二是必须购买良种。在补贴金额上，2004 年到 2015 年间，农作物良种补贴累计投入 1757 亿元，我国财政每年用于该项补贴的资金先增后减，在 2013 年达到最大值 261 亿元，2014 年开始下降，到 2015 年已降到 203.5 亿元。良种补贴的金额等于补贴标准乘以补贴面积，补贴标准每年由国家统一规定，如按照 2010 年的标准，早稻、小麦、玉米、大豆、青稞为每亩 10 元，中晚稻为每亩 15 元。

（三）农资综合补贴

农资综合补贴是指政府综合考虑农资价格变化、农业经营成本快速增加等因素，对购买农业生产资料的种粮农民进行直接补贴的政策。2006 年，面对成品油调价、化肥、农药等农资价格上涨，国家财政部发布通知安排 120 亿元对农民购买农资进行综合补贴。按照因地制宜的原则，各地方政府自主制定具体补贴方案。在实际操作中，各地方基本按照种粮直接补贴的渠道，将农资综合补贴资金通过"一卡通"直接补贴给农户。由于随后农资价格的

---

① 陈明星．粮食主产区利益补偿机制研究［M］．北京：社会科学文献出版社，2015．

持续上涨，中央财政连续增加农资综合补贴金额。2009年，中央财政根据化肥和柴油价格的变化情况，开始按"价补统筹、动态调整、只增不减"的原则，实施农资综合补贴动态调整机制。补贴资金由中央财政负担，各地的补贴标准并不一致。在资金分配上，重点向粮食主产区和产粮大县倾斜，粮食播种面积、产量、商品量越多，补贴金额越大。2015年的农资综合补贴资金已经占到了当年农业"四项补贴"总额的64.9%。从2006年到2015年，财政部已经累计拨付农资综合补贴资金达到7893亿元，各年度的农资综合补贴金额快速增加后趋于平稳。2012年，农资综合补贴金额达到最大值1078亿元。从2013年到2015年，农资综合补贴资金一直稳定在1071亿元。

种粮农民直接补贴、良种推广补贴、农资综合补贴三项补贴对稳定粮食增产、增加农民收入起到了很好的作用，但也存在补贴政策协调配合不足、政策效应减弱、补贴结构不合理等问题，对此，2015年，财政部、农业部选择安徽、山东、湖南、四川和浙江5个省，由省里选择一部分县市开展农业"三项补贴"改革试点，2016年在全国全面推开。政策内容是将农业"三项补贴"合并为"农业支持保护补贴"，政策目标调整为支持耕地地力保护和粮食适度规模经营，即"三项补贴"的80%用于支持耕地地力保护，20%用于粮食适度规模经营。2016年"三项补贴"数额为1649.1亿元，比2015年三项补贴多223.6亿元，增加了15.69%。

用于耕地地力保护的补贴资金，其补贴对象原则上为拥有耕地承包权的种地农民；补贴依据可以是二轮承包耕地面积、计税耕地面积、确权耕地面积或粮食种植面积等，具体以哪一种类型面积或哪几种类型面积为准，由省级人民政府结合本地实际自定；补贴标准由地方根据补贴资金总量和确定的补贴依据综合测算确定。对已作为畜牧养殖场使用的耕地、林地、成片粮田转为设施农业用地、非农业征（占）用耕地等已改变用途的耕地，以及长年抛荒地、占补平衡中"补"的面积和质量达不到耕种条件的耕地等不再给予补贴。鼓励各地创新方式方法，以绿色生态为导向，提高农作物秸秆综合利用水平，引导农民综合采取秸秆还田、深松整地、减少化肥农药用量、施用有机肥等措施，切实加强农业生态资源保护，自觉提升耕地地力。

（四）农机具购置补贴

农机购置补贴是指政府为鼓励并引导农民使用适宜的农业机械，提高农业综合生产能力，而对特定农机购买者给予资金支持的财政资金补贴政策。2004年，财政部和农业部印发农业机械补贴办法及其相关文件，对补贴工作的指导思想、目标和操作程序做了规定，明确了农机购置补贴的对象以农民、农场职工、农民专业合作社为主，补贴程序包括购机申请、资格审查和签订协议，补贴对象交纳差价款后就可以提货。补贴金额由农机主管部门和财政部门统一与农业机械的供货方进行结算，并经过逐级审核后拨付。农机具购置补贴从2004年开始启动实施，当年在66个县进行试点，中央财政补贴资金0.7亿元，地方财政筹集资金3.4亿元，带动农民投入20亿元，补贴各类农机具10万多台（套）。2004年到2008年，各级财政累计安排农机购置补贴资金121.6亿元（其中中央则政补贴69.7亿元），补贴各类农机具225万台（套）。随着国家支持力度的不断加大，目前补贴范围已覆盖到全国所有农牧业县（场），补贴机具包括12大类48小类共175个品目，各地可再自行增加最多30个品目，补贴资金规模大幅度增长。2012年，中央财政安排农机具购置补贴资金200亿元，年中追加15亿元，共计215亿元，比2011年增加40亿元，增长了22.9%。全年共补贴购置各类农业机械601万套，比上年增加41万套，受益农户达459万户。2013年，中央财政共安排农机购置补贴资金217.5亿元，比上年增加了2.5亿元，共补贴购置各类农业机械594.6万台（套），受益农户达到382.8万户。2015年中央财政共安排农机购置补贴资金236.5亿元。

农机具购置补贴对于改善农业生产机械化水平，提高农业生产效率和综合生产能力具有重要意义。补贴资金由中央、各省和各地方财政筹集专项资金，对农户、农场、从事农机作业服务的个人或组织购买或者更新大型农机具进行部分补贴，补贴范围仅限于国家支持的先进农业机械。实行定额补贴，即中央财政对同一种类、同一档次的农机具在省域内实行统一的补贴标准，补贴标准和价格由农业部、财政部确定，对农机价格只规定上限，可以向下浮动。

（五）对种粮大户的补贴

从2012年开始，财政部在黑龙江、辽宁、山东、安徽、江西5个省开展种粮大户补贴试点，每年安排5亿~6亿元资金。补贴原则上通过项目支持的形式实施，主要采取"贴息"和"以奖代补"两种方式，帮助种粮大户改善生产条件，重点支持种粮大户的生产成本补偿、生产能力建设以及金融机构为种粮大户提供金融服务。非试点省由各省自行安排资金对种粮大户进行补贴。2016 年农业"三项补贴"改革在全国推开，将"三项补贴"的 20%用于种粮大户补贴，国家每年新增的农业补贴部分也全部用于种粮大户补贴。用于粮食适度规模经营的补贴资金，原则上以 2016 年的规模为基数，每年从农业支持保护补贴资金中予以安排，以后年度根据农业支持保护补贴的预算安排情况同比例调整，支持对象重点向种粮大户、家庭农场、农民合作社和农业社会化服务组织等新型经营主体倾斜，体现"谁多种粮食，就优先支持谁"。各地坚持因地制宜、简便易行、效率与公平兼顾的原则，进一步优化资源配置，提高农业生产率、土地产出率和资源利用率。鼓励各地创新新型经营主体支持方式，采取贷款贴息、重大技术推广与服务补助等方式支持新型经营主体发展多种形式的粮食适度规模经营，不鼓励对新型经营主体采取现金直补。对新型经营主体贷款贴息可按照不超过贷款利息的 50% 给予补助。对重大技术推广与服务补助，可以采取"先服务后补助"、提供物化补助等方式。要加快推进农业社会化服务体系建设，在粮食生产托管服务、病虫害统防统治、农业废弃物资源化利用、农业面源污染防治等方面，积极采取政府购买服务等方式支持符合条件的经营性服务组织开展公益性服务，积极探索将财政资金形成的资产折股量化到组织成员。①

四、养殖业补贴

畜牧业是大农业的重要组成部分，畜牧业发展对农牧民脱贫致富乃至国民经济增长具有重要意义，我国实行对畜禽养殖补贴和对渔业生产柴油补贴。

为了促进养猪业发展，稳定猪肉价格，从 2005 年开始，国家实施畜牧良种补贴政策，2007 年出台了一系列生猪生产发展的政策措施，包括实施能繁母猪补助政策，实行生猪保险补贴、标准化规模养殖场沙区及配套设施建设补贴、人工授精补贴、疫苗补贴。2008 年，国家对能繁母猪饲养补贴每头

---

① 吴珍彩. 粮食主产区利益补偿机制研究［M］. 北京：中国农业出版社，2017.

100 元。2012 年畜牧良种补贴资金达到 12 亿元。另外，为促进奶牛养殖业和养鸡业的发展，国家实施了奶牛良种补贴、后备母牛饲养和蛋鸡补贴。2013 年中央一号文件提出扶持畜牧业补贴和税收减免政策，对生猪养殖大县实行奖励政策。2014 年中央一号文件提出开展改进农业补贴办法试点，加快建立利益补偿机制，同时，继续实施畜牧良种补贴政策。2015 年中央一号文件要求对生猪、牛羊养殖调出大县实施财政奖励补助政策。2006 年以来，为缓解渔民因成本上升带来的压力，国家安排了专项资金，主要对从事近海、内陆捕捞、水产养殖并使用机动渔船的渔民和渔企实施柴油涨价直接补贴。2008 年渔业生产柴油补贴为 126.4 亿元。2010 年实施《渔业成品油价格补助专项资金管理暂行办法》，从制度上切实规范了海洋捕捞及水产养殖渔民和渔业企业的机动渔船油补发放工作。2012 年国家补贴渔业柴油资金 239.97 亿元。2013 年中央一号文件提出落实远洋渔业补贴，实行补贴、税收减免政策。2016 年中央一号文件提出发展渔业保险。

五、农业科技支持补贴和推广补助

近年来，国家为提高农业科技水平，主要出台了下列补贴措施。

（一）测土配方施肥补助

植物生长所需养料主要来自化肥。测土配方施肥，不仅能提高作物产量，还可以改良土壤环境、促进农业可持续发展。我国于 2005 年全面推广应用测土配方施肥技术，中央、地方财政给予补贴，免费为农民提供测土配方施肥的技术服务。2005 年—2008 年，中央拨付 16 亿元资金，在全国 1200 个县推广应用测土配方施肥技术。2012 年，在全国范围内组织开展测土配方施肥技术普及行动。筛选确定了 100 个县（场）、1000 个乡（镇）、10000 个村作为试点，实施测土配方施肥整县、整乡、整村推进，实现全国测土配方施肥技术推广 13 亿亩，为 1.8 亿农户免费提供测土配方施肥技术服务。

（二）科技入户技术补贴

2005 年，为提高农业科技成果入户率和覆盖率，建立依靠科技促进粮食增产、农民增收的长效机制，稳定提高农业综合生产能力，国家启动了农业科技入户示范工程。"科技入户"是科技人员直接到户、良种良法直接到田、技术要领直接到人的长效机制。2005 年—2007 年，科技入户示范工程在 300 个县实施，共培育 25 万个科技示范户，辐射带动周边 500 万农户，三年累计新增粮食 50 亿公斤，促进农民增收 150 亿元。种植业示范户年均亩增产 10% 以上、节本 23 元以上，每亩新增效益 100 元左右；畜牧业示范户奶牛养殖综合效益提高 10% 以上；渔业示范户亩均节本增效 1000 元以上。2007 年，国家科技入户技术补贴专项资金为 2 亿元。从 2008 年起，农业部全面实施农业科技入户工程。通过普及配方施肥技术以及有关农作物高产技术攻关等活动，大大促进了农业增产和农民增收。

2012 年—2014 年，中央"一号文件"重点强调大幅增加农业科技投入，确保国家粮食安全。2012 年国家财政拨款用于农林水事务（类）支出 1562705.43 万元，占 64.27%，科学技术（类）支出 397883.74 万元，占 16.36%。2013 年、2014 年中央一号文件提出继续实施农业关键技术补助、土壤有机质提升补助，2014 年中央一号文件提出试点低毒低残留农药和高效缓释肥料使用；专业防治病虫害补助，防灾减灾稳产增产。

（三）农民培训补贴

我国农民科技文化素质不高，加强农民培训对于增加农民收入、提升农民精神生活质量具有重要意义。十六届五中全会强调要培养有文化、懂技术、会经营的新型农民，提高农民的整体素质。从 2004 年开始，中央财政对农村劳动力转移就业培训给予补贴；2006 年，中央财政还投入 2 亿元设立了新型农民培训补助专项资金，用于农村实用技术的学费补助；到 2007 年，中央财政累计投入农民转移就业培训补贴 12.5 亿元。2009 年国家补贴金额为平均每人 360 元。2011 年国家用于技术推广和技能培训专项资金为 299.51 亿元。2016 年，国家用于支农的科技转化与推广服务资金为 390.12 亿元。2018 年 4 月，国家农业农村部、财政部发布《2018 年财政重点强农惠农政策》，明确 2018 年财政将从八大方面强农惠农，其中包括培训新型职业农民 100 万人次等。

六、农业救助补贴

（一）农业救灾资金

农业灾害是对农、牧、渔业生产构成严重威胁、危害和造成重大损失的农业自然灾害和农业生物灾害。农业救灾资金是中央财政预算安排用于预防、控制灾害和灾后救助的专项补助资金。2008 年，国家安排救灾资金 27亿元用于南方冰冻雨雪灾区恢复农业生产；安排地震灾区动物防疫消毒无害化处理和鼠害防治补助 6500 万元；安排农作物重大病虫灾害防控资金 3.17亿元，重大动物疫病补助资金 28 亿元。2016 年，国家财政用于灾害救助的资金为 46.87 亿元；用于病虫害控制的财政资金为 140.87 亿元。

（二）农业保险保费补贴

农业保险风险较高，因此，保险费率较高，农民难以承担，需要财政提供保费补贴。农业保险保费补贴是国家财政对农户投保农业保险业务给予的一定比例的保费补贴。2007 年，我国即开始实施中央财政农业保险保费补贴政策。2011 年，我国农业保险保费收入是 170 亿元。2015 年，国家财政用于农业生产保险补贴的资金为 268.05 亿元，较上年增长 9.53%。2016 年 12月，财政部印发《中央财政农业保险保险费补贴管理办法》，要求进一步提高财政补贴资金使用效益。

2015 年中央一号文件提出提高各级财政对稻谷、小麦、玉米等主要粮食作物保险的保费补贴比例、保险覆盖面和保障水平；扩大畜产品及森林保险覆盖范围。中央、省级逐步减少或取消产粮大县县级保费补贴，中央财政通过以奖代补等方式提供保费补贴支持。鼓励有条件地区的保险机构开展特色优势农产品保险、互助合作保险。同时，中央财政还支持建立农业保险大灾风险分散机制，规范大灾风险准备金管理。

2016 年中央一号文件提出开发天气指数保险、农产品目标价格保险、设施农业保险、森林保险等农业保险新品种，稳步扩大"农业保险＋农产品期货"试点，创新保险公司支农融资业务。扩大农业保险覆盖面，完善大灾风险分散机制，提高风险保障水平。

七、新型农业生产经营主体补贴

2013 年、2014 年中央一号文件提出农业补贴重点是专业大户、农民合作社等新型生产经营主体。2015 年中央一号文件要求实施推广重大农业生产技术的补助政策，扩大现代农业示范区的奖补范围。

第三节　农业补贴政策取得的主要成效及存在的问题

一、农业补贴政策取得的主要成效

（一）保证了粮食安全

粮食直补资金的兑付、农业税的减免、粮食最低收购价，这些政策都对种粮面积的扩大和粮食的增产发挥了积极的作用，从而实现了我国粮食产量连年增长，产量由 2003 年的 43069 万吨增加到 2016 年的 61625 万吨，粮食种植面积由 2003 年的 14.9 亿亩（9941 万公顷）增加到 2016 年的 16.95 亿亩（11303 万公顷）。粮食产量连续稳定增长，不仅是我国粮食综合生产能力的有力恢复，也是粮食生产发展的一个突破。虽然这些成就不能完全归功于现有粮食支持政策，但它在扩大种粮面积和促进粮食增长方面确实发挥了相当大的作用。

（二）农民收入有了较快增长

粮食直接补贴政策的一个主要目标就是促进农民增收。实施粮食直接补贴政策确实让种粮农民得到了实惠，收入有所提高。2004 年，我国农民人均纯收入 2936.4 元，2016 年增加到 12363.4 元，增长了 3.2 倍。农民收入的增加，虽然不能完全归功于国家补贴，但国家补贴的数额就是农民增收的一部分，尤其是粮食最低收购价保障农民收入预期，避免了粮价的波动对农民收入造成的影响。

（三）获得了良好的政治效应

粮食补贴政策是一种经济行为，也是一种政治行为，政策的实施会产生经济和政治的双重效应。直接补贴政策实施至今对我国的经济发展起到了积极作用，同时也取得了良好的政治效应。近年来，我国国力增强，财政收入增加，政府对"三农"的投入力度也在不断加大，粮食直接补贴政策、取消农业税政策的实施，是"工业反哺农业，城市支持农村"的具体落实，它标志着我国粮食宏观调控政策的重大转变。直补政策获得了农民的支持，改善了农业和工业的关系。在直补政策的落实过程中，农村基层干部从以前的"讨钱人"变成现今的"送钱人"，这种转变在很大程度上改善了干群关系。农民对政策制度的此项政策很是欢迎。①

（四）维护粮食价格的稳定

粮食最低收购价政策起到了稳定种粮农民收入预期的作用，较好地达到了稳定粮食市场价格、促进农民增产增收的预期效果，有效地调动了农民种粮的积极性和地方政府抓粮的积极性。每年在粮食最低收购价政策启动以前，由于粮食买卖双方因粮食市场价格较低持观望等待的现象比较普遍、气氛比较浓厚，粮食市场交易相对清淡。国家粮食最低收购价政策启动后，粮农大多数都选择将粮食按最低收购价卖给国有粮食企业，这就使得粮食市场上的粮食流通量大大地减少了，加强了国家对粮食的宏观调控力量，国家控制了主要粮源；从而也就很容易地达到拉动粮食价格回升的预期目标。国家有了粮食最低收购价做支点，粮食市场价格始终围绕着粮食最低收购价上下小幅度地波动，避免了大起大落。因此，粮食最低收购价政策的实施确实发挥了市场托底、稳定粮价的作用。

（五）各项补贴有利于降低粮食成本

2015年后实行的农业支持保护补贴与之前的粮食补贴制度有所不同。国家将财政补贴资金进行整合，把粮食直接补贴与农资综合补贴（化肥、农药、柴油等农业生产资料涨价补贴）合并为农业支持保护补贴，按种植面积通过一卡通打卡到户，并且把补贴资金的20%用于发展新型农业经营主体（专业大户、家庭农场、专业合作社），这对发展农业规模经营起到了积极的作用。虽然农业支持保护补贴达不到抵消粮食生产成本上涨的幅度，但还是能相对降低粮食生产成本。

二、存在的问题

不可否认，国家现行粮食补贴政策对粮食增产、农民增收发挥了一定的

---

① 蒋和平，张忠明. 粮食主产区利益补偿机制研究 [M]. 北京：经济科学出版社，2013.

激励作用。但还存在着一些不容忽视的问题。

（一）粮食补贴标准偏低

我国粮食补贴资金总量虽然在逐年增加，补贴的规模也在不断扩大，但亩均粮食补贴标准偏低。以2016年为例，直接补贴、良种补贴、农业综合补贴、农机具购置补贴以及产粮大县奖励等各项补贴资金总额达到2000多亿元，应当说是一个了不起的数字，但按全国18亿亩耕地计算，亩均补贴却只有100多元，占亩农业总产值不到10%，远远低于发达国家30%~50%的水平，与欧美、日本等一些发达国家数百元甚至千元的亩均补贴相比明显偏低。此外，近年来，化肥、农药、柴油等农业生产资料价格普遍上涨，水稻、玉米、小麦等粮食作物的平均直接费用以6%~8%的年均速度上涨，很显然补贴不足以弥补种粮农民因生产成本上涨而增加的支出。2016年安徽四项补贴资金（改革后为农业支持保护补贴和农机补贴）大约100多亿元，占中央向安徽转移支付总额的6.4%，向农民的直接补贴太少。

（二）补贴的针对性不强

尽管目前对农业生产投入品的补贴，几乎涉及化肥、农药、农膜和种子等农业生产资料诸多方面，但对特定地区和人群的区分并不明晰。如目前的农业补贴政策仍然是以小规模经营农户为指向的。当前，种粮大户、专业合作社、家庭农场等新型农业经营主体已逐渐成为粮食主产区稳粮增粮的主力军。2014年中央一号文件提出"新增补贴向新型农业经营主体倾斜"，明确了新型经营主体合理获取补贴的收益权，但现行粮食生产补偿主要针对散户，新型经营主体可享受的利益补偿十分有限。2015对农业"三项补贴"进行了改革，将20%补贴用于农业经营主体补贴，出台一些扶持专业大户、家庭农场和农民合作社等新型农业经营主体的政策，但农业经营主体实际得到的补贴太少。补贴受益人与实际种粮人不相一致，真正从事农业生产的规模经营主体如种粮大户得不到补贴，而一些早就脱离农业生产的农户仍在享受政策优惠，像良种补贴、"一喷三防"补贴等生产性很强的补贴资全，真正的种粮大户却得不到，失去了补贴的真正意义，这表明普惠制的补贴政策到了必须调整的阶段。同时，在现行粮食风险基金运作模式下，粮食补贴还存在随着商品粮的调销从主产区流入主销区的可能，从而形成"省"补贴"富省"的不合理现象。

(三) 国家给粮食主产县奖励不够

粮食主产区地方政府为粮食生产做了大量基础性和服务性工作,如农田水利工程建设、中低产田改造、防护林建设、江河治理、农业生态环境建设等基础性工作,还包括农业生产所需的气象服务、信息服务、技术服务、防灾抗灾服务、农业保险服务等公共服务。这些工作都需要资金支持,但目前国家对粮食主产区的奖励资金却较少。2014年国家对产粮大县的奖励资金为351亿元,平均每个县大约2000万元~3000万元,这造成地方政府持久抓粮的动力不足。为了调动基层政府抓粮的积极性,尤其是村级干部的工作热情,还需进一步加大奖励力度,增强补贴力度,在农业基础设施建设和服务方面给予资金支持。

(四) 补偿未充分考虑资源环境因素

农业资源和生态环境直接关系到粮食的品质和粮食生产的可持续问题。随着粮食生产的发展,粮食主产区农业生态环境问题也日益突出。粮食主产区为了提高粮食产量,保证粮食供给,付出了沉重的环境代价。首先,在粮食生产过程中,农民为了提高产量,大量施用化肥、农药,导致耕地质量持续下降,而为了保持原来产量或进一步提高产量,又要施用更多的、功效更高的化肥、农药,使耕地质量进一步下降,形成恶性循环。其次,近年来粮食生产中化肥、农药大规模施用,造成农村水环境不断恶化。2000年、2016年我国化肥施用量分别为4146.4万吨、5984.1万吨,年均增长2.6%。据有关部门介绍,我国化肥的利用率仅为30%左右,流失的化肥和农药造成了地表水富营养化和地下水污染。最后,由于农业化学品的大量使用,农田生物多样性遭受前所未有的威胁,系统稳定性持续降低,大量野生动植物正在减少甚至面临灭种的危机。现行粮食生产利益补偿尚没有充分考虑到生态环境因素,缺少对粮食主产区农业生态环境监控与补偿的内容。而农资综合补贴、产粮大县奖励政策则有可能刺激农民使用更多的化肥、农药来提高粮食产量;良种补贴、最低收购价政策主要按品种进行利益补偿,并没有考虑当地的资源环境。这些问题的存在,对粮食质量安全、农业生态环境和农业可持续发展产生了负效应,威胁到粮食主产区的粮食生产与国家的粮食安全。

（五）粮食增收目标与粮食增产目标没有有效耦合

粮食补贴政策虽然把调动农民种粮积极性、促进粮食增产和农民增收作为粮食补贴政策的主要目标，但从长远看，必须考虑到农业补贴所带来的农产品结构性过剩、农业竞争力下降以及财政负担重等现实问题。粮食增产和农民增收的目标者之间没有有效耦合，虽然国家近几年对种粮农民的补贴力度逐年加大，农民收入水平也有所提高，但粮食生产的经济效益比较低下，种粮农民与从事其他产业的农民之间的收入差距越来越大，极大地影响农民的种粮积极性，危及我国粮食的长期安全。因此，实现粮食补贴政策目标的关键是如何提高粮食生产的经济效益，保障种粮农民的收益，协调好粮食增产和农民增收之间的关系。

（六）利益补偿激励效应降低

2004 年以来，国家实施了包括减免农业税、实行种粮补贴等在内的一系列惠农政策，激发了农民种粮的积极性。但随着农资价格上涨，人工费用以及农地流转费用等不断上涨，粮食生产成本逐步上升，而粮食价格涨幅低于成本增幅，种粮比较效益长期偏低，相对于政策实施初期"保供给、促增收"的显著效果，当前政策的激励作用呈现出明显的边际效应递减趋势，导致农业补贴与生产行为"脱钩"，对农民生产性决策的"作用力"越来越小，一些地区已出现粮食生产口粮化、兼业化势头，将农业补贴视为民生关怀的普惠式"收入福利"。

（七）最低收购价与托市价扭曲了粮食价格

2004 年以来，在种粮补贴、粮食最低收购价等一系列支农惠农政策的鼓励下，我国粮食生产连年获得丰收，粮食产销缺口逐步缩小，有的年份还出现粮食供给稍大于需求的情况。从经济学理论上来讲，粮食供求关系的明显缓和应该导致粮食市场价格下降，但是，国家出于对发展粮食生产和保护种粮农民利益的角度考虑，所以连续提高粮食最低收购价和玉米临时储备的托市价格水平，这在某种程度上扭曲了粮食的真实市场价格。由于任何一个部门都不愿意承担因为降低粮食托市价格而可能引发的粮食生产下滑的风险；因此，在政策决策过程中，要降低粮食最低收购价格水平存在着极大的困难。粮食最低收购价格连续提高，使得粮食托市价格高于市场粮价，也高于国际粮食价格，国家把大量新粮收入国有粮食企业。粮食最低收购价实际变成了粮食市场价格的决定标准，紊乱了粮食市场调节粮食价格的功能，这严重影响了粮食市场机制作用的充分发挥。特别是原粮加工成本的持续升高，会迫使粮食加工企业放慢市场开发步伐，进而拉大粮食加工产品与粮食市场需求之间的距离，不利于整个粮食加工产业的升级和发展。

第四节　完善农业补贴政策的建议

一、加大粮食直接补贴力度

在农业生产比较效益逐年下降的背景下，要调动农民生产积极性，确保农业特别是粮食生产不滑坡、农产品竞争力不下降、农民收入不徘徊，必须加大农业补贴力度，这既是农业与非农产业均衡配置生产要素的客观需要，也是应对国外农业高补贴挑战的迫切要求。目前，我国粮食补贴政策出现了效应弱化现象，与粮食安全目标有偏离，对粮农增收的效果也不明显，直接原因在于当前补贴数额过少。发达国家仅直接补贴一项就约占农民收入的30%～50%，有的国家甚至高达70%左右。要进一步加大对种粮农民的补贴规模，提高补贴标准，在综合考虑农民种粮成本收益、国家粮食安全和现有财力情况下，确定政府保障的农民种粮亩均纯收益目标，提高农业支持保护补贴标准，逐步将补贴标准提高到能补偿农民种粮成本并能保证农民适当收益水平，建立起能综合反映农业生产要素的投入回报平衡、农业与非农业之间的利益平衡的机制。

二、完善补贴方式

一要改变粮食补贴依据，实行"产补"挂钩模式，由单纯根据种粮面积补贴，变为依照种粮面积和向国家出售商品粮数量和质量的补贴方式，并同时提高补贴标准，扭转"承包都得补贴、种粮都担风险"的现象，使粮食补贴向粮食大户、种粮能手倾斜，真正调动其务农种粮、重农抓粮、支农兴粮的积极性。同时，按照农民根据种植规范要求每亩实际用种量进行全额补贴，体现"谁种谁得、多种多得"的基本原则，防止土地抛荒、"双改单""粮改经"等现象，鼓励发展粮食生产。

二要增加对种粮大户的补贴。要有意识地运用比较优势的原则，将补贴向大户、种粮能手倾斜，向中高产农地倾斜，并设计好适当的补贴水平。按照种粮大户耕地面积或提供商品粮数量，提供相应补贴，使新增农业补贴适当向种粮大户、农民合作社倾斜，并在贷款、科技推广、农业机械作业等方面给予重点扶持，充分发挥粮食补贴政策对粮食生产的激励效应，加快培育区域的"核心粮农"。当前种粮大户成本较高的原因之一是土地租金成本较高，如安徽皖北地区农村土地流转费普遍达到了 800~1000 元，高额的土地租金制约了粮食大户种粮效益，也阻碍了种粮大户的经营规模。因此，要针对种粮大户增加土地地租补贴，补贴种粮大户的土地流转费用，扩大种粮大户的种粮效益和经营规模。

三要进一步完善粮食补贴体系。增加农业科技创新补贴，设立优势农产品种苗补贴、农村生产性公共服务设施和基础设施建设补贴、规模经营主体奖励补贴、优质种业制种补贴、地力提升专项补贴等，形成符合实际的粮食补贴体系。

三、完善农资和粮食价格监控体系

近几年粮食价格上涨不如生产资料上涨快，导致种粮农民收益下降。为此，要在稳定提高粮食生产补贴水平的同时，加强对农资和粮食价格的跟踪监测机制，建立健全农资淡季储备制度和农资补贴制度，把对生产、流通领域的补贴逐步转为与农资市场变化挂钩，对农民实行化肥、农药、农机等直接补贴方式。要建立农民种粮成本收益统计监测体系，完善反映农业生产资料价格水平变化因素的农资综合补贴调整机制。当农资价格指数和粮食价格指数差异较大时，即根据设定的亩均成本收益率测算能够保障粮农基本收益的市场粮价水平，一旦市场粮价在规定的时间段内持续低于成本收益率，政府即启动收入补贴机制，形成种粮农民补贴稳定增长机制。

四、建立"三价一储备"的粮食价格支持体系

目前,我国已经进行了棉花、大豆目标价格试点,取得了较好效果。中远期,逐步将目标价格制度由棉花、大豆向玉米、油菜籽、糖料、稻谷、小麦等品种延伸。粮食价格调控机制是一个多目标的开放的经济系统,单一制度很难满足多目标的政策需求。建立粮食目标价格制度,需要对粮食最低收购价制度和重要农产品临时收储制度进行改革,但并不意味着就要彻底取消粮食最低收购价制度和临时储备制度。中国在向粮食市场价格机制转变过程中,不能放弃粮食安全,为应对各种可能出现的突发事件,需要配合实施最低保护价,以逐步形成粮食的市场价格、目标价格和最低保护价格"三元"价格体系,并开展粮食生产主体营销贷款试点。实行目标价格之初,面对粮食市场可能同时出现的价格下滑与滞销的不利局势,可以参照美国营销贷款的操作办法,尽早制定一个有国际竞争力且长期有效的最低保护价格,从而为市场化赢得时间,并在一定程度上减轻目标价格补贴的财政压力。此外,粮食目标价格的确定还必须考虑供求变化。长期来看,中国粮食供求在气候、国际粮食市场等诸多因素的叠加作用下,可能出现时段性、区域性的粮食短期过剩(不足)情况。在确定目标价格的收益水平时,应对时段性粮食过剩(不足)情况下引起的市场粮价下降(上升)、粮农收入减少(低收入者支出增加)做好储备应对措施。

五、新设农户基础设施投资补贴

针对我国绿箱补贴严重不足的现实,从有利于推进农业现代化的考量出发,利用中央新增财政农业补贴,设立农户基础设施投资补贴制度,鼓励农户加大对农业基础设施的投资。补贴方式采取普惠制,按照"谁投资补贴谁"的原则,对所有农户一视同仁。但在时序上,可优先安排粮食等重要农产品、重点生产区域和新型农业经营主体。同时鼓励有条件的地方政府增加配套补贴,加大对农业基础设施投资支持力度。

六、加大对产粮大县的支持力度

对产粮大县来说,上级政府应继续加大对产粮大县特别是超级大县的奖

励力度，科学测定、分配资金，并扩大县级政府对资金的使用支配权，真正起到奖励激励作用。要真正激励主产区政府重视粮食生产，必须增加对产量大县财政转移支付的数量，转移支付的标准至少能在满足维持政府正常运转之外，还有一定的盈余用于当地的经济社会建设。① 现有的上级财政投入、当地财政配套的农业基础设施投入方式最大的缺陷在于地方政府财力不足，难以支付配套资金，这导致农业基础设施建设停滞。因此对产粮大县的财政奖励政策必须增强资金使用的针对性，使之与保障粮食生产能力挂钩，与促进主产区农业基础设施建设挂钩。奖励资金的一部分按照现行的办法，由上级财政拨付给县级政府，由县政府自主支配；另一部分指定用于农业基础设施建设的资金配套。从长期来看，对国家粮食安全有重要贡献的粮食主产区农业基础设施建设配套经费应予以取消，全部由中央或省级财政支付。

---

① 司睿. 改革开放以来我国农业补贴制度回顾 [J]. 中国集体经济，2019（30）.

第七章

农业金融政策

第一节　农业金融改革政策

一、改革开放以来的农村金融机构改革政策

（一）农村信用社改革政策

农村信用社是农民合作经济组织的重要组成部分，是经中国人民银行批准设立，由社员入股组成的施行社员民主管理、主要为社员提供金融服务的农村合作金融机构。改革开放以来，农村信用社经历了数次改革，取得了非常显著的成绩，在经营管理机制和体制上有了大跨步的进步。

首先是1979年至1996年，农村信用社进入农行代管时期，虽然对农村信用社的管理仍带有"官办"因素，但对于经历了长期迷惘阶段的农信社，在业务开展上的自主性和管理上的民主性开始得以恢复。1996年秋天，国务院农村金融体制改革部际协调小组发布《农村信用社与中国农业银行脱离行政隶属关系实施方案》的通知，正式宣告农村信用社与农行脱钩，与此同时，随着国有银行逐渐从县域农村撤出，农村信用社在农村很多地区成了唯一正规的放贷金融机构，是农村地区农业生产经营及农户获取金融服务的主要渠道。这是农村信用社管理体制改革迈出的关键一步，为把农村信用社真正办成合作金融组织、建立我国合作金融新体制提供了前提。

随着农村信用社重新踏上合作制发展轨道，1997 年 3 月 8 日，国务院农村金融体制改革部际协调小组办公室发布了《关于开展规范农村信用社工作的意见》，对按合作制原则规范农村信用社工作的主要内容、政策以及实施步骤做了具体安排，标志着以合作制规范农村信用社的改革进程正式启动。按合作制在全国范围内规范农信社，不仅是管理体制上的一场革命，也是一场在思想观念、经营方式上的重大变革。

"合作制"价值理念的回归让农信社重新找回了自我，但金融业市场化的发展趋势，却让坚守"合作制"的农信社感到无所适从。一方面，一些历史包袱导致农信社出现了大幅负债，2001 年底，全国农村信用社不良贷款率达到了 44%，市场中 46% 的信用社亏损，58% 信用社资不抵债；另一方面，农村信用社经营不善使得农村市场缺乏活力，无法有效满足农村市场的金融需求，农村信用社的市场化改革迫在眉睫。2003 年 6 月，国务院印发了《深化农村信用社改革试点方案》，决定在浙、鲁、赣、贵、吉、渝、陕、苏八省（市）率先进行改革试点，新一轮农信社改革的历程由此开始。方案中明确指出，农村信用社改革的总体要求是"明晰产权关系、强化约束机制、增强服务功能、国家适当扶持、地方政府负责"。激励省级政府、农村信用社和其他相关主体深化改革，实现"花钱买机制"的目标：一是完善农村信用社的治理结构；二是省级政府创造农村信用社商业可持续发展的生态环境，其中报告地方政府减少干预信用社的经营并帮助信用社清收不良贷款；三是央行对农村信用社给予资金支持和税收减免并允许农信社的利率保持灵活浮动。方案的实施激活了其他地区参与农信社改革的积极性，在这种背景下，2004 年 8 月 17 日，国务院下发了《国务院办公厅关于进一步深化农村信用社改革试点的意见》，进一步扩大了深化农村信用社改革试点范围，新增加 21 个省（区、市）作为改革试点。这一轮的改革使得我国农村信用社扭转了多年以来连续亏损的局面，扭亏为盈，开始持续盈利，实收资本大幅增长，各类存贷款业务迅猛发展，金融服务能力明显提高，农村经济发展得到了强力支持。

下一步农村信用社改革的重点是按照中共中央和国务院的部署，开展农村信用社省联社改革试点。随着改革的不断深入，全国农村信用社经营状况大幅改善，市场意识和竞争力不断增强，但省联社行政化管理体制存在的问题和约束也日益突出。未来应按照聚焦"三农"、依法履职、市场化的原则开展省联社改革试点，强化行业服务功能，整合提升农村信用社为"三农"服务的能力。

（二）中国农业银行涉农服务改革

中国农业银行是新中国成立的第一家国有商业银行，1979 年 2 月，国务院发出《关于恢复中国农业银行的通知》，中国农业银行第四次恢复建立，其主要任务是，统一管理支农资金，集中办理农村信贷，领导农村信用合作社，发展农村金融事业。1993 年 12 月，国务院明确做出"中国农业银行转变为国有商业银行"的决定，中国农业银行开始向国有商业银行转轨。

随着农业银行成为国有独资商业银行，在公司治理和管理机制中存在的一些缺陷以及部分政策性任务，加上历史包袱沉重，导致农业银行不良资产率居高不下，资本充足率也较低，因此，中国农业银行施行股份制改革成为必然之路。2007 年第三次全国金融工作会议确定了农业银行改革的原则，即"面向三农、整体改制、商业运作、择机上市"。之后，农业银行通过处置不良资产，改善农业银行资产质量，通过财政部资金注入和发行债券等方式提高资本充足率，并且设立了"三农"金融事业部，将所有县域支行改造成为"三农"金融事业部的基本经营单元，不断强化面向"三农"的经营主体地位，同时为股份制改革和上市做了充分的准备。2008 年 10 月，《农业银行股份制改革实施总体方案》获得通过，2009 年 1 月，中国农业银行股份有限公司正式成立，2010 年 4 月，中国农业银行启动 IPO，2010 年 7 月，中国农业银行 A 股和 H 股于 15 日、16 日分别在上海、香港挂牌上市，实现全球最大规模 IPO。

中国人民银行自 2011 年起对农业银行县事业部进行考核，对达标的县事业部执行比农业银行低 2 个百分点的优惠存款准备金率；县事业部发放的农户贷款、农村企业和农村各类组织贷款取得的利息收入在营改增后减按 3% 的税率计算缴纳增值税；监管费比照农村信用社的标准免收业务监管费和机构监管费。当前，农业银行"三农"金融事业部改革取得了明显成效，截至 2016 年年末，农业银行县域贷款余额达到 3.18 万亿元，"三农"金融事业部累计发放惠农卡 1.94 亿张，设立"金穗惠农通"工程服务点 63 万个，为开

展 "三农" 业务做出了积极贡献。①

（三）政策性金融机构涉农服务改革

1994 年我国正式成立农业发展银行（简称 "农发行"），为支持农业开发、农村农业基础设施建设等方面发挥了重要作用。2014 年 12 月《中国农业发展银行改革实施总体方案》经国务院批复同意，要求农发行进一步强化政策性职能定位，坚持以政策性业务为主体，对政策性业务和自营性业务实施分账管理、分类核算，明确责任和风险补偿机制，确立以资本充足率为核心的约束机制，建立规范的治理结构和决策机制，同时给予相应的财税支持政策。按照要求，农发行完善了信贷资源分配机制，优先保障棉油收储、脱贫攻坚、国家重点工程和项目建设等政策性贷款需要，向政策型业务发展中综合效益高的分支机构和地区倾斜。截至 2016 年，农业发展银行粮棉油贷款余额为 20352.7 亿元，农业农村基础设施建设贷款余额为 17068.9 亿元。

2015 年 3 月国务院批复农业发展银行深化改革方案，明确国家开发银行的开发性金融机构的功能定位，主要从事开发行业务，如新城镇化、保障性安居工程、"两基一支"、支持 "走出去" 等。改革目标是把国家开发银行建设为资本充足、治理规范、内控严密、运营安全、服务优质、资产优良的开发性金融机构，进一步发挥开发性金融机构在重点领域、薄弱环节的功能和作用。

二、农村利率改革政策

（一）我国利率市场化改革的主要进程

从 1996 年 6 月中国人民银行放开银行间同业拆借利率开始，到 2015 年放开存款利率浮动上限，我国利率市场化历时近 20 年才宣告初步完成。（见表 7 - 1）我国的利率市场化进程主要可以分成三个阶段。1996 年至 2003 年为我国利率市场化的准备阶段。其中相继在银行间债券市场（1997 年）、政策性金融债市场（1998 年）、国债市场（1999 年）初步实现了利率市场化。2000 年开始放开外币贷款利率和大额外币存款（300 万以上）利率，而 2002

---

① 朱军平.农业银行三农金融事业部改革取得明显成效［EB/OL］.新华网，2017 - 09 - 22.

年统一中外资金融机构的外币利率管理政策。2004 年我国利率市场化进入发展阶段，同年 10 月放开人民币贷款的利率上限管制，并取消存款利率的下限。2007 年上海银行间同业拆借利率（Shibor）正式运行，标志着市场基准利率开始逐步建立。

2013 年之后利率市场化进程明显加快，开始进入全面开放阶段。同年 7 月放开人民币贷款利率管制，而票据贴现利率管制也随之取消。同年 9 月我国成立市场利率定价自律机制，并正式运行贷款基准利率集中报价与发布机制。2014 年多次扩大存款利率浮动区间的上限，2015 年 10 月，央行宣布取消对商业银行和农村合作金融机构等存款利率浮动上限。由此，我国长达 20 年的利率市场化改革基本完成，利率市场化进入新阶段。

随后央行在 2015 年的第四季度货币政策执行报告中提出探索利率走廊机制，理顺央行政策利率向金融市场乃至实体经济传导的机制，标志着我国正式开始探索构建以利率走廊机制为主的价格型货币政策调控模式。而 2016 年的第三季度货币政策执行报告中指出，DR007（存款类机构质押式回购利率）能够更好地反映银行体系流动性松紧状况，对于培育市场基准利率有积极作用，促进市场形成以 DR007 为基准利率的预期。2017 年央行发布《中国人民银行自动质押融资业务管理办法》，明确自动质押融资利率统一为 SLF（常备借贷便利）隔夜利率，在加强流动性管理的同时强化了 SLF 利率走廊上限的地位，进一步完善了利率走廊机制。以 SLF 利率和逆回购利率为上下限的利率走廊初步建立，标志着利率市场化改革进入深入推进阶段。

表 7 – 1　我国利率市场化改革主要进程

时间	主要改革政策
1996 年 6 月	中国人民银行放开银行间同业拆借利率
1997 年 5 月	银行间债券回购利率放开
1998 年、1999 年	中国人民银行连续三次扩大金融机构贷款利率浮动幅度
2004 年 1 月	中国人民银行扩大金融机构贷款利率浮动区间，其中农村信用社贷款利率浮动区间扩大到（0.9 ~ 2.0）。扩大商业银行自助定价权，提高贷款利率市场化程度，企业贷款利率最高上浮幅度扩大到 70%，下浮幅度保持 10% 不变

续表

时间	主要改革政策
2004 年 10 月	贷款利率上浮取消封顶，下浮幅度为基准利率的 0.9 倍。允许存款利率下浮，且幅度不设底
2012 年 6 月	进一步扩大利率浮动区间。存款利率浮动区间的上限调整为基金利率的 1.1 倍，贷款利率浮动区间的下限为基准利率的 0.8 倍。后调整下限为基准利率的 0.7 倍。
2013 年 7 月	全面放开金融机构贷款利率管制，由金融机构根据商业原则自主决定贷款利率。票据贴现利率管制也随之取消。
2015 年 10 月	取消对商业银行和农村合作金融机构等存款利率浮动上限
2015 年四季度	提出探索利率走廊机制

（二）农村差别化利率政策

中国人民银行对不同类型的农村金融机构实行的是差别化利率政策，如表 7-2 所示，截至 2013 年 5 月末，农村金融机构存款利率的浮动区间为 0 至央行公布的基准利率上浮 10%，贷款利率根据银行类型的不同主要分为三类，农村商业银行贷款利率为央行基准利率的 0.9~4 倍；农村合作银行、农村信用合作社和县（市、区）农村信用合作联社贷款利率为央行基准利率的 0.9~2.3 倍；而村镇银行、贷款公司、农村资金互助社及小额贷款公司受到其规模和经营方式的限制，贷款利率为央行基准利率的 0.9~4 倍。

三、农业农村金融市场开放政策

改革开放以来，我国农业农村金融领域先后经历了多次改革，虽然历次改革在完善农村金融体系方面起到了推进作用，但始终围绕改革农村金融机构的主要思路，缺乏对农村金融整体制度改革，从而未从根本上摆脱农村金融抑制。农村金融抑制的后果就是农村正规金融供给无法满足农村融资需求，出现了农村信贷配给不足，大量农村资金需求者被迫参与非正规金融市场，以较高的成本获取资金，这与农村经济市场化和多元化发展不相适应。经过多年的争论与探索，优化调整农村金融组织体系的主体结构、培育多元化竞争性的农村金融市场成为农村金融改革的共识，因此降低农村金融市场准入，增加农村金融供给主体等成为建立多元化竞争性农村金融市场的基本条件。

表 7 - 2　主要农村金融机构存贷款利率对照表（截至 2013 年 5 月末）

银行类型	存款利率	贷款利率	经营限制
农村商业银行	浮动区间为 0 至基准利率上浮 10%	央行基准利率的 0.9～4 倍	不得跨区经营
农村合作银行		央行基准利率的 0.9～2.3 倍	
农村信用合作社			
县（市、区）农村信用合作联社			
村镇银行		央行基准利率的 0.9～4 倍	不得异地贷款
贷款公司			不得异地经营，不吸收公众存款
农村资金互助社			仅为社员提供存贷款服务
小额贷款公司			不得异地经营，不吸收公众存款

资料来源：根据中国人民银行农村金融服务小组所编《中国农村金融服务报告》整理而成。

2006 年 12 月，中国银监会发布《关于调整放宽农村地区银行业金融机构准入政策更好支持社会主义新农村建设的若干意见》提出"着力引导各类社会资本到中西部和农村地区设立新型农村金融机构……适度调整和放宽农村地区银行业金融机构准入政策，降低准入门槛，强化监管约束，加大政策支持，促进农村地区形成投资多元、种类多样、覆盖全面、治理灵活、服务高效的银行业金融服务体系，以更好地改进和加强农村金融服务"。随后，银监会颁布了《村镇银行管理暂行规定》《村镇银行组建审批工作指引》《贷款公司管理暂行规定》《贷款公司组建审批工作指引》《农村资金互助社管理暂行规定》《农村资金互助社组建审批工作指引》等文件，为新型农村金融机构服务"三农"工作提供了制度保障。

为了更加适应农村经济的较快发展和对资金的需求，2007 年 3 月 20 日，中国邮政储蓄银行正式成立，并且邮储银行业可以全面办理商业银行业务。至此，农业银行、政策性银行、中国邮政储蓄银行和农村合作金融机构将联合起来，全面开展农村业务合作，进一步加大资金支农力度，提高农村金融服务的覆盖面和满意度。此外，国家还鼓励中小金融机构的发展，因此各种中小银行、担保公司、金融租赁公司纷纷成立，开始提供农村金融业务。

随着农村经济迅速发展，与市场结合得更加紧密，对资金的需求也大大增加。2008 年 10 月公布的《中共中央关于推进农村改革发展若干重大问题的决定》中提到，允许农村小型金融组织从金融机构融入资金，允许有条件的农民专业合作社开展信用合作。2011 年 10 月，财政部、国家税务总局联合下发《关于延长农村金融机构营业税政策执行期限的通知》，规定"对农村信用社、村镇银行、农村资金互助社以及农村合作银行和农村商业银行的金融保险业收入减按 3% 的税率征收营业税"政策的执行期限延长至 2015 年12 月 31 日。自此，农村金融的发展朝着更加多样化的方向发展。

四、农业农村金融改革存在的主要问题

（一）金融体制机制有待完善

当前，农村金融机构相关制度安排的缺失、机构职能定位的模糊、内部治理体制不顺阻碍了农村金融体系的健康发展。以农村信用社为例，虽然按照现代公司治理理论，建立了"三会一层"的管理框架，形成了较为完善的内部治理结构，但效果并不理想，仍然存在经营粗放、管理薄弱、盈利能力较低、风险较大等问题。此外，对村镇银行的监管和管理主要借鉴其他商业银行的监管标准，缺乏专门性、有针对性的制度安排。而村镇银行的资产规模、股本结构、市场定位、管理模式等与其他商业银行存在极大的差异，这些差异使得一般商业银行的监管制度不可能完全适用于村镇银行，因此，对村镇银行和其他大型商业银行实行"一刀切"的监管标准，不利于村镇银行的发展。

（二）金融服务有待加强

农村金融需求日益多样化与农村金融产品和服务创新不足的矛盾日益突出，"三农"融资难、融资贵问题始终没有得到很好的解决。一方面农村金融机构主动创新意愿不强。由于农业经济是弱势产业，涉农金融活动面临着成本高、风险大、收益率较低的不利因素，因此农村金融市场产品和服务缺乏创新性。另一方面，随着商业银行集约化经营战略转移的推进，国有银行与股份制银行对基层分支机构的贷款权限上收到总、省行，基层的主动权极小，抑制了基层创新贷款品种的积极性。特别是在发达地区，由于现代农业规模化、产业化经营，加之劳动力转移造成的土地流转集中，贷款对象由农户向新型农业经营主体转变，农户的经营主体地位正逐步被新型农业经营主体替代，农村金融需求不再单纯以农业生产性需求为主，而是向更加综合的金融需求转变。但由于农村银行类金融机构贷款审批权上收，县级机构创新动力不足，不能根据乡村振兴实际需求开发在期限、结构、金额等方面设计与"三农"资金需求特点相适应的金融产品和服务。

（三）信用体系和资本市场建设有待推进

一是农村信用体系缺失，主要表现在农村整体信用环境较差、部分农民信用观念淡薄，对诚信缺失的企业和个人缺少有效的惩戒，导致农村金融需求方和供给方之间的信息严重不对称、不透明，农村金融市场的风险较高，极大影响了金融支农的积极性和主动性。二是资产交易市场缺乏。在农村土地"三权分置"改革的背景下，土地承包经营权、宅基地使用权、四荒使用权等经营权成为更加具有资产属性和抵押效力的权利，但目前缺少集中且高效的交易市场，限制了这些权利变现为金融机构认可抵押物的能力。三是农业担保体系和农业保险发展落后。目前农业担保体系尚不完善，大多数农户可用于抵、质押的财产有限，担保能力不足；农业保险发展滞后，使得农业生产和农业投资项目缺乏风险分散渠道。

第二节　支持农业农村普惠金融的相关政策

2013 年中共十八届三中全会通过《中共中央关于全面深化改革若干重大

问题的决定》，正式提出"发展普惠金融，鼓励金融创新，丰富金融市场层次和产品"，首次正式将普惠金融作为完善金融市场体系的重要内容。2016年初，国务院印发《推进普惠金融发展规划（2016—2020）》，将普惠金融定义为立足机会平等要求和商业可持续原则，以可负担的成本为有金融服务需求的社会各个阶层和群体提供适当、有效的金融服务。小微企业、农民、城镇低收入人群、贫困人口和残疾人、老人等特殊群体是当前我国普惠金融的重点服务对象。

在中央的部署下，金融、财税、监管政策相结合的、正向激励的扶持力度不断加大，政策体系日趋完善。近年来，我国经济发展进入新常态，各部门积极落实中央有关会议精神，以推动农业现代化和供给侧结构性改革为主线，持续创新完善政策措施，着力破解农村金融"融资成本高、风险大"等问题，着力打通金融支持三农的"最后一公里"问题，使得金融服务的覆盖率、可得性和满意度不断提高，广大人民群众对金融服务的获得感日益增加。

一、支农信贷货币政策

一是加强差别化存款准备金政策。为发挥存款准备金政策在支持"三农"和小微企业方面的正向激励作用，中国人民银行对农村信用社、农村商业银行、农村合作银行、村镇银行、农业银行等涉农金融机构执行较为优惠的存款准备金制度。截至2019年5月，中国人民银行对仅在本县级行政区域内经营，或在其他县级行政区域设有分支机构但资产规模小于100亿元的农村商业银行，执行与农村信用社相同档次的存款准备金率，即为8%，比大型商业银行的14%低6个百分点，比中小金融机构的12%低4个百分点。这些差别化存款准备金政策的实施，有效激励了金融机构提升服务"三农"领域的能力，支持了农村经济的发展。

二是加大再贷款支持力度。2015年12月，中国人民银行印发关于《中国人民银行支农再贷款管理办法》，引导地方法人银行业金融机构扩大涉农信贷投放，降低"三农"融资成本。2018年6月，央行等五部门联合印发《关于进一步深化小微企业金融服务的意见》，增加支小支农再贷款和再贴现额度共 1500 亿元，下调支小再贷款利率 0.5 个百分点。截至 2017 年年末，全国支农再贷款余额为 2564 亿元，支小再贷款余额为 929 亿元，扶贫再贷款余额为 1616 亿元。

三是完善再贴现、抵押补充贷款政策。完善再贴现管理政策，对涉农票据、小微企业持有或收受的票据，以及中小金融机构承兑、持有的票据优先办理再贴现，并给予优惠利率的支持。

二、支农财政税收政策

一是金融机构费用补贴政策。财政部自 2008 年起实施县域金融机构涉农贷款增量奖励和农村金融机构定向费用补贴政策。2015 年，为更好发挥财政资金对普惠金融发展的引导和带动作用，财政部将上述资金整合，设立了普惠金融发展专项资金，并于 2016 年印发了《普惠金融发展专项资金管理办法》。该项资金采取因素分配法，由中央财政按年度将预算指标定额切块下达至省级财政部门，地方财政按照有关要求，综合运用业务奖励、费用补贴、贷款贴息、以奖代补等方式引导金融服务向普惠金融发展。2017 年，中央财政向各地拨付普惠金融发展专项资金达到了 116.54 亿元。

二是金融优惠税收政策。为引导更多资金服务"三农"，国家出台了一系列税收优惠政策，有效地缓解了农业贷款成本高、风险大和低收入农户贷款难的问题。（如表 7-3 所示）

表 7-3　金融税收优惠政策一览

文件名	时间	主要内容
《关于金融企业涉农贷款和中小企业贷款损失准备金税前扣除有关问题的通知》	2015 年	对涉农贷款五级分类中的关注类、次级类、可疑类及损失类四类贷款资产可分别按 2%、25%、50% 和 100% 的比例计提专项准备，并予以税前扣除
《关于全面推开营业税改征增值税试点的通知》	2016 年	符合条件的担保机构从事中小企业信用担保或者再担保业务取得的收入 3 年内免征增值税

文件名	时间	主要内容
《关于营业税改征增值税试点若干政策的通知》	2016 年	中国农业发展银行总行及其分支机构提供涉农贷款取得的利息收入，可以选择使用简易计税方法，按照 3% 的征收率计算缴纳增值税
《关于进一步明确全面推开营改增试点金融业有关政策的通知》	2016 年	对农村信用社、村镇银行、农村资金互助社、由银行业金融机构全资发起设立的贷款公司以及法人机构所在地县及县以下地区的农村合作银行及农村商业银行的金融业收入，可选择适用简易计税方法，按照 3% 的征收率计算缴纳增值税。中国农业银行纳入三农金融事业部改革试点的县域支行提供农户贷款、农村企业和农村各类组织贷款取得的利息收入，可选择适用简易计税方法，按照 3% 的征收率计算缴纳增值税
《关于延续并完善支持农村金融发展有关税收政策的通知》	2017 年	对金融机构农户小额贷款［单笔且该农户贷款余额总额在 10 万元（含本数）以下的贷款］的利息收入，免征增值税。对金融机构农户小额贷款的利息收入，在计算应纳税所得额时，按 90% 计入收入总额

三是农业保险保费补贴政策。2007 年以来，财政部实施了农业保险保费的补贴政策，在农户和地方自愿参加的基础上，为投保农户提供一定的保费补贴，引导和支持其参加农业保险，并逐步加大支持力度。目前，补贴品种已经扩大至种、养、林三大类 15 个，基本覆盖了关系国计民生和粮食安全的主要大宗农产品。2017 年和 2018 年，中央财政拨付农业保险保费补贴资金分别已达到 170.04 亿元和 199.34 亿元。（如表 7 - 4 所示）

表 7 - 4　农业保险保费补贴情况

项目	内　　容
补贴品种	1. 种植业。玉米、水稻、小麦、棉花、马铃薯、油料作物、糖料作物 2. 养殖业。能繁母猪、奶牛、育肥猪 3. 森林。已基本完成林权制度改革、产权明晰、生产和管理正常的公益林和商品林 4. 其他品种。青稞、牦牛、藏系羊、天然橡胶，以及财政部根据党中央、国务院要求确定的其他品种

续表

项目		内　　容
补贴比例	种植业保险	在省级财政补贴至少25%的基础上，中央财政对中西部地区补贴40%，对东部地区补贴35%。对纳入补贴范围的新疆生产建设兵团、中央直属垦区、中国储备粮管理总公司、中国农业发展集团有限公司等，中央补贴65%
	养殖业保险	在地方补贴至少30%的基础上，中央财政对中西部地区补贴50%，对东部地区补贴40%。对纳入补贴范围的新疆生产建设兵团、中央直属垦区、中国储备粮管理总公司、中国农业发展集团有限公司等，中央补贴80%
	森林保险　公益林	在地方财政补贴至少40%的基础上，中央财政补贴50%，对大兴安岭林业集团公司，中央补贴90%
	森林保险　商品林	在省级财政补贴至少25%的基础上，中央财政补贴30%，对大兴安岭林业集团公司，中央补贴55%
	藏区品种、天然橡胶	在省级财政补贴至少25%的基础上，中央财政补贴40%，对纳入补贴范围的新疆生产建设兵团、中央直属垦区、中国储备粮管理总公司、中国农业发展集团有限公司等，中央补贴65%

第三节　农业保险发展政策研究

一、农业保险政策发展历程

1982年，中国人民保险公司（以下简称"人保公司"）在中央政策的支持下，拉开了农业保险试验的序幕。1982年2月，国务院批转中国人民银行《关于国内保险业务恢复情况和今后发展意见的报告》中指出："为了适应农村经济发展的新形势，保险工作如何为八亿农民服务，是必须予以重视的一个新课题。要在调查研究的基础上，按照落实农村政策的需要，从各地的实际情况出发，积极创造条件，抓紧做好准备，逐步试办农村财产保险、牲畜保险等业务。"当时的政策只是鼓励人保公司积极支农，为农民分忧，并没有其他特殊的政策。在商业保险制度框架下，农业保险的试验并不顺利，由于农业保险的经营风险较大、成本较高，累累发生超赔，公司的农险业务多数年份是亏损的。特别是1996年，作为试验的主力军人保公司开始向商业化保险公司转型，农业保险跌入低谷，业务范围大幅萎缩、多地的经营陷入困境，承保的农作物面积和畜禽数量大幅减少。

农业保险的特点，决定了商业性保险公司在经营农业保险方面存在巨大的挑战，换言之，农业保险的正常经营需要得到政府相应的补贴，政府在农业保险的发展过程中有着举足轻重的地位。因此，我国开始探索政策性农业保险的道路。2002年修订的《中华人民共和国农业法》第四十六条规定："国家逐步建立和完善政策性农业保险制度。"作为重要政策，中央开始提出建立和完善政策性农业保险的目标。2007年，财政部根据中央的政策指导意见，第一次将"农业保险保费补贴"列入财政补贴预算科目，并制定补贴办法，开展了农业保险保费补贴的试点工作，走上了完全不同于商业性农业保险的我国政策性农业保险之路，将我国的农业保险一步一步推上了高速发展的轨道。

当前，农业保险发展按照"政府引导、市场运作、自主自愿、协同推进"的原则，政府通过保费补贴和税收优惠等支持政策，引导农户投保和鼓励保险机构承保。农业保险在开办区域上已覆盖全国所有省、自治区和直辖市。玉米、水稻、小麦三大口粮作物平均承保覆盖率超过70%。承保农作物品种超过189种，基本覆盖农林牧渔各个领域。开办区域已经覆盖全国所有省份，经营主体从2007年的6家增加到31家，保险保费收入从2007年的51.8亿增长到2017年的479.06亿元，参保农户从4981万户增长到2.13亿户。我国已经成为全球第二大、亚洲第一大的农业保险市场。

关于加强农业保险制度的建设，中国保监会于2015年印发《农业保险承保理赔管理暂行办法》，对承保、核保、查勘、定损、理赔等内控关键环节提出要求，堵塞经营管控漏洞，提高农业保险合规管理水平。针对农业保险产品保险责任窄、保障水平低、理赔条件苛刻等问题，保监会、财政部、农业部于2015年印发《关于进一步完善中央财政保费补贴型农业保险产品条款拟定工作的通知》，深化农业保险产品改革。

随着农业保险的兴起，很多保险机构也开始借助互联网进入"三农"领域。2015年8月，农业部启动实施"互联网+""三农"保险行动计划。中华联合财产保险股份有限公司（简称中华财险）目前已深入探索了"互联网+农业保险"的模式，建立了由互联网运用、卫星遥感、无人机航拍及手持移动设备共同组成的"天、空、地"一体化查勘定损的种植险应用体系。2015年12月，中国保监会"全国农业保险信息管理平台"一期系统正式上线，将经营农业保险业务的保险公司全部接入平台，初步实现了对中央财政补贴型种植业保险业务的数据集中管理。2017年中央一号文件提出，鼓励现有的保险机构利用互联网技术为"三农"提供保险服务。

二、农业保险政策支持体系存在的问题

（1）对新型农村经营主体的保障水平有待提高。首先，农业保险不能有效满足新型农业经营主体的异质性需求。我国农业保险政策主要以一般农户为出发点，将农户视为"同质"的整体，抹杀了已经日益分化的农户间不同需求特点。这使得目前农业保险以面向传统小农户的低保障、广覆盖的成本保险为主，不能满足新型农业经营主体的需求。其次，财政的保费补贴政策没有很好地体现对新型农业经营主体发展的支持。农业保险实行统一保费政策补贴，补贴比例与投保人的种植规模以及保险产品的保障水平都没有关系，没有能够很好地体现促进新型农业经营主体发展的政策导向。最后，农业保险对新型农业经营主体的保障水平亟待提升。从全国范围内看，玉米、水稻、小麦三大粮食作物亩均保险金额仍然仅为388元，相当于物化成本的80%、全部生产成本的约40%，不能适应现代农业高成本、高投入的生产特点，难以满足规模化经营的保障需求。

（2）财政补贴政策有待优化。首先，特色农业的发展要求拓宽补贴品种。当前，我国得到农业保险保费补贴的农产品品种只有16种，而美国农业保险保费补贴的农作物和畜牧产品多达130多种，由此可见，我国农业保险补贴品种与发达国家相比还有较大差距。尤其是地方特色农作物和特色养殖产品的保险，目前只是地方财政给予单独的保费补贴，还未纳入国家政策支持体系。其次，农业保险支农地位要求进一步拓展补贴项目结构。国际上对农业保险的中央财政补贴大多是保费补贴、保险经营机构管理费用补贴和再保险补贴，而我国对农业保险的补贴仅是保费补贴，项目较为单一。此外，价格支持和挂钩补贴政策等作为主要政策工具，对市场的干预和扭曲作用日益明显。

（3）经营模式有待创新。小规模分散经营和传统农业保险产品不兼容。传统农业保险产品可持续发展要求农业能够规模化经营，这样可以有效降低农业保险的交易成本，提高农业保险可持续发展能力。而当前我国规模化经营的实际占比有限，截至2016年底，我国经营规模在50亩以下的农户约有2.6亿户，占农户总数的97%，经营的耕地面积占全国总耕地面积的82%，小规模分散经营仍然是我国农业的主要经营形态。这种情况下，农业保险承保和理赔的成本都很高，为了降低成本，实践中市场主体大多依靠地方政府推动农业保险发展，这使得在行政权力约束不足的情况下容易出现很多违规行为。

（4）制度风险有待防范。首先，农业保险市场主体的准入和准出机制有待完善。目前农业保险市场的准入基本放开，市场竞争主体大幅增长，但由于行政权力对于资源配置的高度控制，不同市场主体竞争发生扭曲，在很大程度上推高了经营成本，降低了市场效率，甚至在一定程度上异化为对权利的寻租。此外，一些经营不规范、侵害农户利益的市场主体违规成本不高，市场的准出机制尚未真正建立。其次，政府对保险公司微观经营渗透和不当干预的风险仍在相当程度上存在。由于一些地方农业保险公私合作的边界不清，以及相关权力缺乏有效约束，政府部门干涉保险机构业务活动，克扣、截留保险费财政补贴款，以行政手段压低保险费率的情况时有发生。这在一定程度上漠视甚至践踏了商业运作的基本原则，影响到了农业保险制度的健康和可持续发展。

三、农业保险服务创新的政策建议

（1）提高新型农业经营主体的保障水平。一是加强针对新型农业经营主体的保险产品创新。要从当前传统单一的保险产品体系向多元化、多层次体系发展，开发"高保费、高保障"的专属性产品，满足新型农业经营主体的异质性需求。二是创新农业保险经营模式。依托规模化经营及内生的农业保险需求，有效降低农业保险的交易成本，有助于建立可持续发展的保险经营模式。三是加大农业保险服务新型农村经营主体的支持。有必要适时改变补贴的原则，将高保障创新产品纳入中央财政补贴范畴，使政策性农业保险保费补贴向新兴农业经营主体倾斜，提高农业保险保障水平，促进现代农业的发展。

（2）优化财政补贴政策。一是扩大中央财政补贴品种。基于地方特色农业发展的需要进一步增加保费补贴品种，设立特色农业产品保费补贴项目，扩大财政补贴的品种范围。通过以奖代补的方式支持地方优势特色农产品保险的发展。二是拓展补贴结构以提升农业保险支农地位。建立中央财政对农业保险经营机构经营管理费用和农业再保险以及其他形式的补贴制度，其比例和数额要兼顾政策需要和不同险种费用的差异性，实行差异化的经营管理费用补贴。

（3）促进经营模式创新。一是探索建立普惠农业保险体系。由政府全额补贴保费，提供最基本的风险保障，农业可以根据需要通过额外缴费提高保障水平。二是以指数保险取代传统的农业保险产品。传统的农业保险产品要求核保到户、验标到户、查勘定损到户，在小农经济条件下经营成本非常高，因此要创新农业保险的产品，以指数形态的保险产品取代当前的物化成本保险。

（4）防范化解制度风险。一是规范和约束农业保险中权利的运行。进一步完善农业保险的相关立法，通过规范和约束权力，保障市场主体的权利和自由，明晰政府主体在农业保险经营活动中的权力边界，有效防范和化解农业保险面临的制度风险。二是探索农业保险市场的准出机制。对于经营行为不规范、侵害农户利益、经营绩效低下的农业保险公司要使其退出市场，从而提升市场主体的违规成本，发挥良币驱逐劣币的正向激励机制。

第四节 "三农"互联网金融政策研究

一、我国"三农"互联网金融发展现状

欧美地区互联网金融发展较早，在 20 世纪 70 年代就出现了互联网金融的雏形，我国互联网金融的发展是以阿里巴巴为代表的互联网金融企业入驻

传统金融行业开始，2014 年互联网金融首次进入政府工作报告，2015 年互联网金融监管方案出台，短短数年时间，互联网金融作为一种新型的金融模式在我国迅速发展起来。随着互联网金融的不断发展，农村成了其亟待挖掘的价值洼地。2016 年初，中央一号文件首次提出支持农村互联网金融，同年国家发改委印发了《全国农村经济发展"十三五"规划》，提出加快建设健全农村金融体系。自此，各类互联网平台纷纷响应，运用互联网优势，以移动支付、P2P、众筹等方式，开展针对"三农"领域的金融服务。

（1）互联网金融需求量巨大。一是农村电商快速增长，引领互联网金融需求。截至 2017 年，我国农村地区网民线下消费使用手机网上支付的比例已提升至 47.1%，我国农村网民占比为 27%，规模为 2.09 亿，农村网络零售额达到 12448.8 亿元，同比增长 39.1%，农村电商网络零售额占全网网络零售额的比例不断飙升，由 2014 年的 6.45% 上升到 2017 年的 17.35%。农村地区对网络的接受度大幅提升，说明了对互联网金融潜在的巨大需求，有利于农村互联网金融的发展。二是"宽带下乡、信息下乡、三网融合"等农村数字化工程为农村互联网金融发展铺平了道路。三是土地流转等农村改革形成了规模化生产，为农村互联网金融发展打开了空间。

（2）互联网金融渗透到"三农"各领域及各行业。2015 年国务院办公厅发布了《关于推进农村一二三产业融合发展的指导意见》，指出农村地区一二三产业融合发展是未来农业繁荣、农民增收的重要途径。而互联网金融平台的业务也逐渐向二、三产业发展。根据翼龙贷 2016 年的数据，在农林牧渔领域，输送资金最多的是牧业，比重达到了 41%，种植业输送资金的比例达到了 37%。在农村生活服务领域，翼龙贷 58% 的资金分布在批发零售业，8% 的贷款流向了餐饮业，其余 34% 的资金流向了居民服务和其他服务业。值得注意的是，批发零售业中车类占比较高，意味着汽车在农村地区快速普及，对汽车相关的服务需求也在快速增加。

（3）农村互联网金融已基本覆盖全国。"三农"互联网金融在全国大部分地级市都有发展，以翼龙贷为例，截至 2016 年底，翼龙贷在全国 175 个地级市、4 个直辖市开展业务，新增借款额最高的三个省份是河北省、内蒙古自治区和河南省。

二、"三农"互联网金融发展现实困境

（1）农村互联网金融出现不法情形。2017 年中央一号文件指出：严厉打击农村非法集资和金融诈骗。积极推动农村金融立法。这是中央首次对"三农"互联网金融监管进行表态，提出要严厉打击"三农"互联网金融乱象。从现实看，农村互联网金融的确出现了一些不法行为，同鑫创投、惠卡世纪、快鹿等 P2P 公司先后跑路，河南浩辰投资担保公司等非法集资由城市向农村蔓延，使得农村成了互联网金融诈骗的高发区。其主要原因在于：一是农民收入不断提高却没有很好的投资渠道，部分农民风险意识淡薄给了不法分子可乘之机；二是中国金融发展失衡，特别是在农村，由于文化水平相对较低，农民缺少基本的金融常识，加上信息不对称等原因，导致了农村金融违规违法现象相对严重。

（2）平台能力不一，风险逐渐集聚。农村互联网金融市场是当前的蓝海，吸引着各种规模的互联网金融平台扎堆进入。但是由于缺乏明确的市场准入制度和统一的行业标准，同时监管相对滞后，"三农"互联网特别是 P2P 平台鱼龙混杂，整体质量不断降低。截至 2016 年，共计 335 家 P2P 平台，专注于农村金融业务领域的 P2P 仅 29 家。互联网金融公司的大量涌入也造成了风险的集聚。一是用户个人信息泄露导致个人隐私权受到侵犯，尤其是农村互联网金融依赖现场采集，导致信息采集不足或者过度的问题。二是互联网技术漏洞导致金融消费者合法权益受损。三是部分互联网平台无法保证资金的安全性。

（3）农村信用体系还需完善，坏账率高发。农业生产具有较低的稳定性和较高的不可预见性，互联网金融无法对农村用户的信誉和融资的可靠性进行保障，很多时候，可能面临投资者难以回笼资金的情况、债务人无法按时还本付息的风险，最后这些风险都转嫁到互联网金融平台，造成信用风险。农村信用体系不健全是造成以上风险的最主要因素之一，由于农户从正规金融机构寻求贷款时需要面临抵押物的硬约束，因此只能寻求民间借贷，但是农户的交易数据难以收集，违约成本过低，极容易诱发道德风险。此外，我国农村互联网金融基础发展不完善，历史积累少，没有完善的信用体系作为

支撑，因此很难发挥云计算、大数据等技术工具的优势。

三、"三农"互联网金融的监管政策

随着互联网金融、金融科技等不断由城市向农村普及，农村金融环境也伴生着风险隐患、监管空白和违法违规行为。我国监管部分随之将互联网金融纳入常态化的法治轨道。

"三农"互联网金融风险关注与政策

时间	文件名称
2015 年 7 月	《国务院关于积极推进"互联网＋"行动的指导意见》
2015 年 7 月	《关于促进互联网金融健康发展的意见》
2016 年 1 月	《推进普惠金融发展规划 2016—2020 年》
2016 年 2 月	《关于进一步做好防范和处置非法集资工作的意见》
2016 年 3 月	《互联网金融信息披露规范（初稿)》
2016 年 10 月	《互联网金融风险专项整治工作实施方案》
2017 年 2 月	《关于深入推进农业供给侧结构性改革加快培育农业农村发展新动能的若干意见》（中央一号文件）
2018 年 2 月	《中共中央国务院关于实施乡村振兴战略的意见》

（1）网络借贷监管政策。2016 年 10 月银监会等 14 个部委联合印发了《P2P 网络借贷风险专项整治工作实施方案》，通过摸底排查、分类处置和验收规范 3 个步骤，对网贷行业进行全面整治。关于备案登记方面，2016 年 11 月银监会和工信部、工商局联合发布了《网络借贷信息中介备案登记管理指引》，要求新设立的网贷平台办理备案登记需要 9 大部分材料。对于已经设立的网贷平台，除上述 9 大材料外还需要提交机构经营总体情况、产品信息及违法违规整改情况说明。从 2017 年开始，各地区也开始出台相应的文件指导 P2P 平台的发展。关于资金存管方面，2017 年 2 月银监会发布了《网络借贷资金存管业务指引》，明确要求网络信息中介机构严格区分自有资金和借贷资金，实行有效分离，并将借款人和出借人的信息在商业银行进行存管，

第三方支付存管、联合存管等模式都属于禁止之列，存管人不得对借款行为进行任何性质的信用背书。

（2）股权众筹监管政策。作为依托互联网兴起的一种低门槛资金募集模式，众筹为创业创新者提供了资金基础。2016年国务院、国家工商总局、证监会等部门出台了多份文件，鼓励众筹发展和开展非公开股权融资试点，同时也颁布了《股权众筹风险专项整治工作实施方案》等专项整治文件。与此同时，各地方也积极响应国家监管层要求，颁布了相关政策，打击非法集资行为。例如，2016年3月至4月广州、深圳陆续发文叫停房产众筹业务，2016年10月广东、北京、山东、福建和安徽等地相应颁布了地区互联网金融风险专项整治工作方案，打击利用众筹业务开展非法集资的行为。

众筹行业监管政策

时间	文　件	具体内容
2016年2月	《国务院关于进一步做好防范和处置非法集资工作的意见》	尽快出台P2P网络借贷、股权众筹融资等监管规则，促进互联网金融规范发展。
2016年9月	《关于促进创业投资持续健康发展的若干意见》	规范发展互联网股权融资平台，为各类个人直接投资创业企业提供信息和技术服务
2016年10月	《互联网金融风险专项整治工作实施方案》	股权众筹平台不得发布虚假标的，不得自筹，不得"明股实债"或变相乱集资，应强化对融资者、股权众筹平台的信息披露义务和股东权益保护要求，不得进行虚假陈述和误导性宣传。
2016年10月	《股权众筹风险专项整治工作实施方案》	重点整治八大股权众筹方面违法违规行为

（3）互联网保险监管政策。2015年7月，中国保监会出台了《互联网保险业务监管暂行办法》，明确了互联网保险业务的经营条件、信息披露、监督管理等基本经营规则，为互联网保险健康发展创造了制度条件。2016年以来，监管层对互联网保险行业监管态度趋严，不断颁布监管细则，例如2016

年1月中国保监会颁布《关于加强互联网平台保证保险业务管理的通知》,2016年10月中国保监会联合14个部门印发了《互联网保险风险专项整治工作实施方案》,2016年12月出台了《关于进一步加强互联网平台保证保险业务管理的通知(征求意见稿)》。虽然监管部门不断公布关于互联网保险的监管政策,但总体政策思路仍然是以鼓励为主,并引导其向规范方向发展。

第八章

农业人才激励和保障政策研究

实现乡村振兴要把资金、土地、技术、人才、政策等各种资源整合，其中人才是能动性和带动性最强的要素，组织、使用各类资源有效发挥作用的关键性要素。农业人才是乡村振兴战略的关键。十九大报告中明确提出"培养造就一支懂农业、爱农村、爱农民的'三农'工作队伍"，并在2019年中央一号文件指出"把乡村人才纳入各级人才培养计划予以重点支持。建立县域人才统筹使用制度和乡村人才定向委托培养制度，探索通过岗编适度分离、在岗学历教育、创新职称评定等多种方式，引导各类人才投身乡村振兴"。人才是科技强农的关键环节，是乡村振兴的基础保障。积极推进农业人才发展的体制机制和政策体系建设，培养造就一支勇于创新、高能力、高素质的"三农"工作队伍，推动更多人力资源要素配置到农村，促进农业人才的规模、质量和结构全方位均衡发展，推动农业农村经济社会全面发展。

第一节　农业人才激励和保障政策的建立

一、农业人才内涵界定

农业人才较其他农业生产要素资本、土地等资源，涵盖较广，概念较为复杂。传统的农业农村人才从行业角度和城乡角度分为农业人才和农村人才。农村人才是从城乡角度来看，指在农村领域服务但不直接涉及农业产业的人才，农村教师、医生、文艺工作者、大学生村官、农村生产能手等都属于农村人才。农业人才是从行业角度来看，从事农业产业的劳动者，农业科技工作者、农机农技人才、职业农民、经营大户、农民经纪人等都属于农业人才。

在国家中长期人才发展规划纲要（2010年—2020年）中，提出造就"一大批社会主义新农村建设带头人"，"以农村实用人才带头人和农村生产经营人才为重点，着力打造服务农村经济社会发展、数量充足的农村实用人才队伍，实施现代农业人才支撑计划"。在2019年农业农村人才工作座谈会上，农业农村部部长韩长赋指出，做好新时代农业农村人才工作，坚持乡村人才振兴，要着力建设农村实用人才带头人、新型职业农民、农业科技推广人才、农村专业服务型人才"四支队伍"，强化农业农村人才的作用发挥。农业人才应该从广义、分层次的角度来理解。

（1）农村实用人才。《关于加强农村实用人才队伍建设和农村人力资源开发的意见》中指出了农村实用人才的概念。农业实用人才是指具有一定知识和技能，为经济和科技、教育、文化、卫生等各项事业发展提供服务，做出贡献，起到示范和带动作用的农村劳动者。结合我国农村实际，主要是乡村教师、乡村医疗卫生人员、乡村科技服务人员、乡村文化工作人员、生产能手、经营能手、专业大户等各方面实用人才。在实际工作中，农村实用人才带头人作为一支重要力量受到关注和培养。

（2）农业科技人才。农业科技人才是农业科技与人才的结合，也是现代农业技术与传统农业生产连接的纽带。农业科技人才包含从事科技研发、科技推广人才，还包括实践中能够应用科学技术发展农业生产的部分农业实用人才。有专家把农业科技人才分为三类：一是从事农业科学基础研究及创新研究方面的农业科技研究人才；二是从事农业科技推广人才；三是受过一定教育运用农业科技发展生产的农业科技应用人才。结合我国实际，主要是农业科研人员、土专家、农机人才、农技人才、农业技术推广人才、农村技能服务人才等各方面技术人才。

二、农业人才激励和保障政策建立

农业人才是推动农业科技应用和实施的人力资源，我国一直都很重视农业人才，制定了一系列激励和保障政策来推进农业人才的开发和建设。

（一）新中国成立到改革开放初期的农村人才发展

第一阶段是 1950 年—1965 年，农村人才激励和培养缓慢。新中国成立后，为了实现工业化的快速发展，我国在很大程度上模仿了苏联的工业化模式，通过计划体制的安排，提出农业"以粮为纲"的口号，在一定陈度上，农民就业和农生产受到限制。而随着粮食统购统销制度的实行，开始制约农村劳动力向城市转移。这一阶段，农村人力资源数量增加较快，质量提升较慢。

第二阶段是 1966 年—1978 年，农村人才数量大起大落。初期我国实行了正规全日制学校教育和非正规半工半读学校教育制度，农民接受教育人数增加。同时人口从城市向农村逆流，使得农村人才整体素质有所提升。到 20 世纪 70 年代，在城乡二元户籍制度及"上山下乡"运动的双重作用下，农村人口增加快速但整体素质水平不高。

总体来看，从新中国成立到改革开放初期，农村人才发展和激励保障政策波动性较大，特别是 1965 年—1978 年农村人才发展数量增加，但由于教育的落后，整体质量处于农耕文明状态。但由于农村人才数量的储备，为改革开放后农村释放生产力，支撑农村经济改革快速发展奠定了基础。

（二）改革开放以后的农村人才发展

改革开放以后，随着国家农村改革的不断深入和农业投入的增加，我国农村人才在数量和质量上都发生了巨大的变化，农业生产水平极大提高。国家农业综合开发战略的实施，作为推动农业农村改革发展的农业人才不断得到激励和发展。

第一阶段是 20 世纪 80 年代中期至 20 世纪 90 年代初期。国家逐步重视农村改革发展，出台了一些农业人才激励政策和培养项目，来提高农民的文化水平和素质。1988 年，国家实施"燎原计划"，发展农民职业技术教育和培训，提高农民职业技术水平，并在实施的县、市中，确定 116 个县为全国农村教育综合改革试验县，以便向各地推广经验和示范作用。1990 年，农业部实施"绿色证书工程"，按照不同类型的农业生产需求，逐步开展对农村劳动力专业生产技术培训。

这一时期农民数量庞大但整体职业素质低下，农业初步发展带动了部分农民技术水平提高，但科技素质普遍较低，缺乏掌握职业技术、技能的农业人才。农业人才状况远不能满足农业农村发展的需求。

第二阶段是 20 世纪 90 年代中后期至 21 世纪初期。90 年代末，农民绿色证书教育写入《农业法》和《农业技术推广法》，使"绿色证书"教育有了国家法律依据，农民职业教育纳入国家法律层面。国家也逐步开始制定出台农业人才规划和政策。1999 年人事部和农业部出台了《关于加速农村人才资源开发加强农业和农村人才队伍建设有关问题的通知》，认为农业和农村经济增长要依靠科技进步和劳动者素质的提高，关键是开发农村人才资源，加强农业和农村人才队伍建设，重点强调要扩大乡镇企业专业技术人员队伍，建设一支门类齐全、素质较高的乡镇企业专业技术人才大军。2000 年 10 月，中国共产党第十五届中央委员会第五次全体会议提出要把培养、吸引用好人才作为一项重大的战略任务切实抓好。2001 年通过的国民经济和社会发展第十个五年计划纲要明确提出"实施人才战略，壮大人才队伍"，要求培养具有较高技术素质的农业产业化经营和农业科技队伍。2002 年我国第一个综合性人才队伍建设规划出台，首次提出"人才强国"战略。2003 年，《关于进一步加强人才工作的决定》提出，根据推动农村经济社会发展和城乡协调发展的需要，大力加强农村科技、教育、文化、卫生和经营管理等实用人才队伍建设，这也标志着我国农业人才工作进入新时代。

这一时期，农民接受职业教育的范围扩大，我国培养了一批农业实用人才和农业技术人才。农民的综合素质得到进一步提升，农业技术推广人才、农业生产领域的技能人才数量增加，但是农业科研研发人才、现代化企业管理人才和农业公共领域人才等高层次人才仍然缺乏。

第三阶段是 21 世纪中期至今。随着农业生产力水平极大提高，农产品极大丰富，对农业发展也提出了新的转变和要求。农业发展由粗放型向集约型发展、向注重生态环境保护和可持续性发展。在培育农村实用人才、新型职业农民、农业科技人员等专业人才队伍建设等方面颁布实施了一系列政策。

1. 培育农村实用人才方面

国家农业综合开发提出，调整结构，依靠科技进步，努力发展优质、高产、高效农业。由此，国家开始启动实施多项培训行动和政策。2003年，星火科技培训专项活动，三年来在全国培训农民2000多万。启动实施了青年星火带头人、"星火科技富民工程"，"农村青年增收成才行动""进城务工青年发展计划"和"全国农村青年转移就业促进计划"等多项措施，短时间内提高了农民素质和业务技能。2007年发布了21世纪第一个针对农业农村人才的文件《关于加强农村实用人才队伍建设和农村人力资源开发的意见》。2010年我国第一个中长期人才发展规划《国家中长期人才发展规划纲要（2010—2020）》出台，提出"服务发展、人才优先、以用为本、创新机制、高端引领、整体开发"24字指导方针，并明确了将农村实用人才列为重点建设的6支队伍之一，将现代农业人才支撑计划列为十二大重大人才工程之一。2011年《农村实用人才和农业科技人才队伍建设中长期规划（2010年—2020年）》实施，这是在国家中长期人才发展规划纲要制定后首个针对农业农村人才的中长期规划，目标是着眼于为发展现代农业、推进社会主义新农村建设提供有力的人才支撑。2011年10月，农业部协同教育部、科技部和人社部印发《现代农业人才支撑计划实施方案》，更具体地提出"31373工程"。2011年，农业部印发《农业科技发展"十二五"规划》，将农业人才培养与教育培训作为四个重点任务之一。2013年，农业部印发关于贯彻实施《中华人民共和国农业技术推广法》的意见，其中内容之一是加强国家农业技术推广队伍建设。2016年《关于深化人才发展体制机制改革的意见》，提出要健全以职业农民为主体的农村实用人才培养机制。

2. 建设新型职业农民队伍

为了提高农村劳动力素质，加快农村人才建设，中央财政于2004年和2006年先后设立了农村劳动力转移培训和新型农民培训补助专项资金，用于对农村劳动力接受职业技能培训和农村实用技术的学费补助。此后，又陆续出台了大学生村官示范培训、新型职业农民培育工程、农民专业合作社示范社建设等政策，对新型经营主体的发展给予扶持。2018年中央一号文件提出全面建立职业农民制度，支持新型职业农民通过弹性学制参加中高等农业职业教育，支持农民专业合作社、专业技术协会、龙头企业等主体承担培训，注重构建"爱农业、懂技术、善经营"的新型职业农民队伍，国家以"新型职业农民培育工程"为抓手，实施现代青年农场主培养计划和新型农业经营主体带头人轮训计划，力争每年培育新型职业农民 100 万人。同时，对配套的师资队伍、培训基地、信息化平台建设等加大了政策扶持。

3. 推进农业科技人才建设

2018 年的中央一号文件专门用一部分部署农村人才工作，除要求大力培育新型职业农民外，还强调要加强农村专业人才队伍建设，发挥科技人才支撑作用，鼓励社会各界投身乡村建设。提出了一系列激励农业科技人才的政策措施：全面建立高等院校、科研院所等事业单位专业技术人员到乡村和企业挂职、兼职和离岗创新创业制度，健全种业等领域科研人员以知识产权明晰为基础、以知识价值为导向的分配政策，探索公益性和经营性农技推广融合发展机制；研究制定管理办法，允许符合要求的公职人员回乡任职等。

从国家对人才发展的政策与制度变迁可以看到，农业人才相关政策也是逐步由计划安排转到市场配置，总体上以计划安排为主。不同时期农业人才政策设计师围绕当时时期主要经济社会发展任务而展开，政策包含了农业人才的教育培养引进、评价、流动、激励保障和管理等方面，不断加强市场作用，与国家农业农村发展阶段性政策相配套。农业人才政策文件中对人才的归类和概念复杂，但随着经济社会发展的需求而逐渐清晰明确，不同时期有着不同的人才发展重点方向。通过各个时期农业人才政策的颁布实施不断推进农业人才发展，来满足农业发展的需求，推动我国农业农村经济社会持续发展。

第二节　农业人才建设现状及政策成效

中央财政支农投入是农业人才激励和保障的重要资金渠道，2017 年，国家用于农业的支出为 21085.59 亿元，用于国家农业发展，其中也用于支持农村教育、职业农民培训，农业人才培育。国家不同时期的农业人才政策，围绕不同时期主要经济社会发展任务而展开，政策包含了农业人才的教育培养引进、评价、流动、激励保障和管理等方面，不断加强市场作用，与国家农业农村发展阶段性政策相配套。着力实施人才兴国和科技兴农的战略，不断加强农业人才队伍建设，培养造就了大批农村实用人才和农业科技人才，为农业农村经济社会持续健康发展提供了强大的保证。

一、农村实用人才不断增加

全国农村实用人才发展快速，从 2008 年的 802 万人，增加到 2015 年的 1300 万人，农村实用人才占总就业人员的比例从 2008 年的 1.09% 上升到 2015 年的 1.68%。① 农村实用人才分为生产型、经营型、技能服务型、社会服务型和技能带动型，受资料和数据限制，本文只分析生产型、经营型和社会服务型农村实用人才发展现状。

（一）生产型农村实用人才

生产型农村实用人才主要是指农村种植、养殖、捕捞、加工等领域达到较大规模，收益明显高于本地其他农户，并有一定示范带动效应，帮助农民增收致富的业主或技术骨干人员。包括种植能手、养殖能手、捕捞能手和加工能手。在现代农业生产中，新型职业农民、家庭农场主和种养殖大户是生产型农村实用人才的重要代表。

1. 新型职业农民

新型职业农民是指具有一定的文化教育，以农业为职业，具有相应的专业技能、收入主要来自农业生产并达到一定水平的现代农业从业者。

目前我国新型职业农民培育制度基本确立了教育培训、规范管理、政策扶持"三位一体"，生产经营型、专业技能型、专业服务型"三类协同"，初级、中级、高级"三级贯通"的新型职业农民培育制度框架。充分发挥农广校、涉农院校、科研院所和农技推广机构的作用，鼓励农业企业、农业园区等市场主体建立培训基地，初步形成了以各类公益性涉农培训机构为主体、多种资源和市场主体共同参与的"一主多元"新型职业农民教育培训体系。

随着现代农业发展和农民教育培训工作的有效开展，一大批新型职业农

---

① 郜亮亮，杜志雄. 中国农业农村人才——概念界定、政策变迁和实践探索［J］. 中国井冈山干部学院学报，2017（1）.

民快速成长，一批农民工、中高等院校毕业生、退役士兵、科技人员等返乡下乡人员加入新型职业农民队伍，工商资本进入农业领域，"互联网＋"现代农业等新业态催生一批新农民。新型职业农民发展快速，据《"十三五"全国新型职业农民培育发展规划》统计，2015 年底全国新型职业农民达到1272 万人，比 2020 年增长 55%；2018 年底，全国新型职业农民规模达到1500 多万人。在国家政策的支持下，返乡创业的大学生和农民工越来越多，带动了一批新型职业农民的发展。据对我国 2015 年申报的 1.3 万青年农场主统计发现，其中高中、中专学历占 58.9%，大专及以上学历占 34.7%，整体素质不断提高，人才进一步优化。

新型职业农民涉农领域进一步延伸。特色种养业、农产品深加工、休闲农业和美丽乡村旅游、农村信息服务、农产品电子商务、具有特色的传统手工艺产业等业态兴起，使得职业农民的设计领域更加广泛。截至 2015 年底年，我国农民累计创办 2505 万个中小微企业，农产品加工企业 40 多万家、休闲农业经营主体 27 万家、农业新型经营主体 250 万家。

2. 家庭农场主

家庭农场是以家庭成员为主要劳动力，以家庭为基本经营单元，从事农业规模化、标准化、集约化生产经营，并以农业收入为家庭主要收入来源的新型经营主体。2008 年十七届三中全会报告首次提出家庭农场，2013 年中央一号文件提出要鼓励支持承包土地向家庭农场等农业经营主体流转，发展多种形式适度规模经营。近年来，我国家庭农场发展迅速，取得了初步成效，成为新型农业经营主体之一。目前家庭农场扶持政策的框架已经初步构建，财政对家庭农场的支持力度不断加大，2017 年中央财政首次安排专项资金给予了支持。2019 年中共中央、国务院印发《乡村振兴战略规划（2018—2022年)》提出："培育发展家庭农场，提升农民专业合作社规范化水平，鼓励发展农民专业合作社联合社。"中央农办、农业农村部等部门联合印发了《关于实施家庭农场培育计划的指导意见》，强调要坚持农户主体、规模适度、市场导向、因地制宜、示范引领的基本原则；完善登记和名录管理制度，强化示范创建引领，建立健全政策支持体系，制定本地区家庭农场培育计划并部署实施。2015 年，"现代青年农场主培养计划"正式启动，主要面对一些种养大户、家庭农场经营者、农民合作社骨干、返乡创业大学生、中高职毕业生、返乡农民工和退伍军人，提高农场主素质，造就新型青年农民队伍。

截至 2018 年底，全国家庭农场数量达到 60 万家，是 2013 年的 4 倍多，平均每个家庭农场的劳动力为 6.6 人，其中雇工 1.9 人。据统计，73.58% 的农场主来自普通农民，来自本村的农场主占比为 81.92%。家庭农场的经营耕地以租赁为主，主要通过流转土地实现规模经营。目前登记名录中家庭农场经营土地面积的 1.6 亿亩，其中 71.7% 的耕地来自租赁，约 40% 家庭农场从事粮食生产。

（二）经营型农业实用人才

经营型农业实用人才，指从事农业经营、农村专业合作组织、农村经济等生产活动，有一定规模并有一定经济收入、有较大示范带动效应或能吸纳一定数量劳动力就业的农村劳动者。包括经营人才、农民专业合作组织负责人和农村经纪人。

1. 农民专业合作组织负责人

农民专业合作组织负责人一般是具有中等教育及以上学历，返乡下乡创业农民工和退役士兵带领农民组成专业合作社，有一定的经营能力和社会阅历，能够带领农民取得经济收入的农业人才。

2006 年 10 月国家颁布了《中华人民共和国农民专业合作社法》，支持、引导农民专业合作社发展。同时国家和地方陆续开展了农民专业合作社负责人的培训。2013 年中央一号文件明确提出要广泛开展合作社带头人培训，同年，农业部组织开展了全国农民专业合作社示范社带头人培训，用 2 年时间，分行业分类别系统培训 600 名示范社带头人。各省市根据农业部"阳光工程"进行农民专业合作社负责人培训，进一步提高合作社负责人的专业素质。

通过一系列针对性的培训，农民合作社发展快速。截至 2018 年 2 月底，全国依法登记的农民专业合作社达 204.4 万家，是 2012 年底的 3 倍；实有入社农户 11759 万户，约占全国农户的 48.1%。农民合作社负责人不断趋于年轻化，平均学历水平达到中专、高中水平。

2. 农村经纪人

农村经纪人是指在农业经济活动中，为促进农产品流通，为实现流通对接为目的，通过从事农产品收购、储运、销售以及销售代理、信息传递等中介服务的人才。农村经纪人主要分为农产品经纪人、农村工业及手工产品经纪人、农业科技经纪人、农村文化经纪人、农村劳务经纪人和农村物流信息经纪人等。① 2008 年国家工商总局下发《关于培育和规范发展农村经纪人扎实推进社会主义新农村建设的意见》，各地区根据实际情况，开展农村经纪人培育和业务指导工作。

目前农村经纪人员数量、经纪业务量迅速扩大。据国家工商总局统计，2005 年，农村经纪人总户超过 38 万户，经纪执业人员超过 61 万人，业务量超过 1700 亿元；到 2010 年，全国农村经纪执业人员超过 100 万人，经纪业务量超过 2500 亿元。此外，在农村还有大量从事临时性、季节性经济活动、未经登记难以统计的农村经纪人。随着农业产业结构不断升级，农村经济组织形式、经纪业务方式已呈多样化，经纪业务范围不断扩大，农村经纪人专业要求不断提高。

（三）社会服务型农村实用人才

主要指在农村文化、体育、医疗、教育和社会保障等领域提供公共服务的各类人才，包括文体艺术人才和社会工作人员。

1. 农村教师

2018 年，《乡村教师支持计划》和《教师教育振兴行动计划（2018—2022 年）》，实施十大行动，全面提升农村教师的质量和数量。1995 年，农村专任教师为 542 万人，到 2017 年农村教师人数为 240.4 万人，减少了301.6 万人。② 整体看，农村教育人才流失严重，留下来的农村教师队伍整体年龄偏大，临聘教师较多，现代教学能力偏低，教师整体质量偏低。

2. 农村医生

农村医生和卫生人员承担着农业农村发展经营主体的健康职责。1995年，农村卫生人员人数为 1051752 人，到了 2017 年，增加到 1360272 人。农村卫生人员和医生数量不断增加，稳步发展，但与城市相比，仍然有较大

---

① 章继刚. 中国农村经纪人发展研究［J］. 中国农村科技, 2006（9）.

② 数据来源于 2018 年《中国农村统计年鉴》.

差距。

3. 村干部

村一级的干部，是村级农业生产经营的直接推动者和组织者，在村级享有一定的威望，是农业各项政策在农村的第一实施者，也是农村实用人才带头人。农业部、中组部实施的农村实用人才带头人培训计划，截至 2017 年底累计培训村党组织书记及村"两委"其他成员、大学生村官、新型农业经营主体负责人、带领农民群众脱贫致富的带头人等约 8 万余名农业人才；已培训边疆民族地区和革命老区农村党支部书记 11.6 万名①；加上各省市培训，将在三年内实现全院轮训。培训主题为：创业富民、新型农业经营主体培育、乡村发展与治理；省部共建乡村振兴试点省农村人才培训，部省合作扶贫工作重点村支部书记培训。此外组织部、扶贫办、农办等部门联合对第一书记开展涉农、扶贫等政策和技能培训。这些培训和政策极大地推动了村干部农业专业知识结构更新，提高管理水平，以适应不同阶段农业发展的人才需要。

4. 大学生村官

从 2008 年起，中组部实施大学生村官计划，一村配备一名大学生干部，并同时推出了配套培训政策，以提高农业科技水平、农业技能和创新水平，推动农业经济发展。

截至 2016 年底，全国在岗大学生村官人数已达 10.26 万人，其中博士研究生数量呈现较大幅度增加，人数已达 102 人。国家不断加大对大学生村官的培养任用力度，一大批大学生村官走上领导岗位。在岗的大学生村官中，截至 2016 年底，进入村"两委"的大学生村官占比已达 51.9%。截至 2016 年底，全国大学生村干部累计流动 37.2 万人，其中进入公务员队伍 1.6 万人，占 36.5%；进入事业单位 11.7 万人，占 31.5%；自主创业 8313 人，占比 2.2%。② 截至 2016 年底，全国大学生村干部已创办创业项目 6314 个，为农民群众提供就业岗位 92604 个。扶贫办、中组部等部门联合组织了贫困大

---

① 曾俊霞. 乡村振兴的人才需求与政策建议［M］//中国农村发展报告，北京：中国社会科学出版社，2018.

② 数据来源于《2016—2017 中国大学生村官发展报告》.

学生村干部培训，配给培训人数达到5000人。同时，调整部分在岗大学生村官到贫困村任职，全国有2.6万名大学生村官到建档立卡贫困村任职，占在岗人数的25%，覆盖21.9%的建档立卡贫困村。

除了以上分析的三种实用人才之外，还有技能服务型和技能带动型农村实用人才。技能服务型农村实用人才，主要指村级农业技术服务人员，即农民中专门或主要从事农业技术服务，并具有较高技术和服务水平，服务对象达到一定规模以上的农村劳动者。具体包括动物防疫员、植物病虫害综合防治员、农产品质量检验检测员、肥料配方师、农机驾驶和维修能手、农村能源工作人员等。技能带动型农村实用人才，指具有制造业、加工业、建筑业、服务业等方面的特长或技能，能带动其他农民掌握该技术或进入该行业，以从事该行业作为主要经济来源的，本人年纯收入大大超过本地农村居民人均纯收入的农村劳动者。如铁匠、木匠、泥匠、石匠等手工业者。由于这两种实用型农民与新型职业农民和农业科技人员重合部分较多，不容易区分开来，本文就不将这两种实用人才进行分析。农村实用型人才过于庞大，几乎涵盖了所有农村建设所需的人才类别，而各类人才特征及功能不够明显。生产型和经营型、技能型和生产型人才等分类重合严重。从现代农业发展趋势来看，农业产业链延长、三产业融合是发展的主要方向，乡村振兴也是覆盖全方位和全领域，现代农业农村发展需要多方面复合型人才。在实际的农业生产中，农村实用人才的五类人才也是融合、交叉地分布在农业生产的各个战线上。

二、农业科技人才稳步提高

农业科技人才是农业人才中重要的人才力量，是反映生产力水平的重要力量。农业科技人才是受过专门教育和职业培训，掌握农业行业的某一专业知识和技能，专门从事农业科研、教育、推广服务等专业性的工作人员。经过多年国家对农业科技人才的培养政策扶持，全国农业科技人才队伍在规模、结构、综合素质和研发能力方面均有突破性进展。

在科研体系建设方面，我国建立了中央、省、地三级农业科研机构系统，不断完善政策环境、制度环境和投入支持环境。截至2019年8月，我国地市级以上农业科研机构的数量达到1035个。我国建立了省、市、县农技推广机构，覆盖了全国各省市。认真履行先进实用技术推广、动植物疫病及农业灾害的监测预报和防控等职责，为农业农村持续稳定发展做出了重大贡献。在教育培训体系建设上，我国农民教育培训体系先后经历了农民业余学校、识字运动委员会、干部学校、"五七大学"、各级农业广播电视学校和"一主多元"的现代新型职业农民教育培训体系，在提高农民科学生产、文明生活和创新经营的科学文化素质方面，起到了积极的促进作用。由农业农村部人事司、科技教育司主办的农业科技人员知识更新远程培训，围绕当前我国农业政策、农业农村发展形势、国内国际背景、农业生产经营等方面内容进行讲解，并通过全国农业远程教育平台农科讲堂面向全国1000余个卫星站点进行直播，同时通过互联网平台和手机App进行同步直播。全国各地农业科技学员分别通过卫星网、互联网、移动端直播、点播系统参加培训。通过培训了解掌握中央现代农业科技新知识、新方法、新技能，切实提高广大科技人员开展科研和推广工作的能力水平。

近年来，农业农村部组织全国农业科教系统12万名科研教学人员、54万名农技人员，在全国832个贫困县组建了4100多个产业扶贫专家组。通过科研创新平台建设带动人才团队建设、人才团队建设带动人才能力提高的方式，增强农业科技研发能力，提高农业科技成果应用率和农业生产水平。

截至2018年，我国农业科技进步贡献率为58.3%，每万人农村人口中农业科技人员为1.7人。取得了超级稻、转基因抗虫棉、禽流感疫苗等一批突破性成果。2017年农作物耕种收综合机械化水平达到67%。在耕地、淡水等资源约束加剧的情况下，科技对粮食单产水平提高的贡献不断加大，粮食产量自2013年以来连续5年都稳定在6亿吨以上。

第三节 国外农业人才支持政策体系经验及启示

一、美国人才支持政策体系

美国农业的持续高效发展，一直保持世界上农业强国地位，除了农业保护政策，还得益于完善的农业人才支持政策。

（一）重视农业人才培育

美国制定了农业高等教育国际化的人才培养制度。一是鼓励学生出国留学。美国政府制定了农业培养人才政策，大力支持美国学生出国留学。2008年—2009年，美国出国留学人数达26万人，远高于1999年之前每年的13万人。二是支持教师出国交流。美国多所高校设立政府基金项目，选派教师到海外交流学习。到2006年，支持教师出国研究的美国高校为58%，对教师出国研究有资金资助的高校为39%，并呈逐年上升趋势。① 三是开设国际化教育课程。美国很多农业高等院校为学生开设多元化国际化课程，让学生站在国际化角度看待问题。

建立农业劳动者的能力导向性教育机制。美国重视农业技术人才与职业教育的创新。一是提供多层次、多形式的培训。美国的农业职业技术与教育提供了多层次的教育，农民可以根据自身情况进行选择。全美国设立5万多个农民俱乐部，用来帮助农民学习各种专业技术。二是重视实践考核。美国农业技术职业学院规定，学生必须到农场、农业企业等参加农业生产实践，完成一项生活课题才能毕业，或者必须有一定的实践经验积累才能颁发给毕业文凭和专业技能鉴定证书。三是美国政府每年为农学院和农业试验站技术人员的研究提供大量资金支持，以此提高农业人员的科研水平和实践能力。地方政府聘请水土保护人员免费为农民提供技术指导，宣传水土的使用方法，提高农民的农业知识水平。

培育农业劳动者管理水平。美国政府一直重视科学管理人才的培养。很多农业企业的高层管理人员基本都接受过高等教育，是一批优秀的农业人才。美国大学和农业院校开设管理学院，为农业培养管理层面人才，除设置相关课程外，还以讲座、交流等形式对人员进行培训，将科学技术与实际应用相结合，培养专业农业管理人才。

（二）激励农业技术推广

设计合理的收入激励机制，使得从事农业技术推广的人员能够获得预期

---

① 任娇，何忠伟，刘芳. 美国农业人才培养对中国现代农业人才培养改革的启示[J]. 世界农业，2016（12）.

收入，稳定农业从业人员队伍。在美国，各农业院校和一些大学设有推广部，为农业部门培训人才。如普社大学农学院的推广部，每年预算是1880万美元，由联邦政府提供34.2%，州政府提供29.5%，地方提供25.9%，其他方面提供10.4%，[①]为农业部门培训了大批的专业人才。大学农业推广中心，工作人员一般为硕士以上学历，人员队伍较为稳定。一是工作人员薪资水平较高，高于同期美国家庭年中位收入5.4万美元。二是开展绩效考核，鼓励推广人员积极参与研究和推广工作，并争取成为终身教授，获得正常工资涨幅之外的更大增长。三是鼓励成果转化收益。根据推广人员个人对于科技成果的贡献程度，参与分享科技成果转化带来的一系列收益。例如，密歇根州立大学规定：不超过5000美元的转让收入全部归技术发明人所有；超过0.5万~10.5万美元的，技术发明者、发明人所在学院和学校均可以得到1/3；分设不同梯阶，进行三方合理分配。通过这种激励模式，拓宽了推广人员职务晋升和薪酬增长渠道，保证了人员的稳定性。

（三）完善农民职业教育法律

美国从法律机制上保障农业生产者的职业培训，从1862年的《莫雷尔法案》规定建立赠地学院、培养农业机械技术人才开始，先后颁布实施了一系列法律法规支持农业人才培育。例如，1917年美国国会通过了《史密斯—休士法案》、1963年通过了《职业教育法》、1993年颁布了《2000年教育目标：美国教育法》等，《农业法》每5年修订一次，2013年就对农业电子商务提供更多技术指导，设立农业电子商务发展项目，为农业生产者提供教育、培训、指导服务，保证农民掌握互联网技能。这些农业法律的制订使得农业科技人才教育在国家政策的导向下，按照政府既定的发展方向进行培育。[②]

（四）建立"三位一体"机制

美国把农业的教育、研究和技术推广结合到一起，形成了"三位一体"

---

① 姚志友，狄传华，张毅. 国外农业工程学科的发展和教育模式初探［J］. 中国高新技术企业，2007（12）.

② 丑勇萍，张云英，陈岳堂. 发达国家农业科技人才培养机制的特点及其启示［J］. 湖南农业大学学报社会学版，2007（11）.

的职业教育体系，有效提高了农业技术和农业人才在农业发展中的作用。州学院同时承担教育、研究和推广三项任务；每年推广计划由基层向上申请，推广站提供尽量满足农业生产需要的服务；农业推广体系由联邦推广局、州推广站和县农业推广机构组成，推广经费由联邦、州和县共同负担。州推广站是体系的核心，负责教学和培训，并针对每个州的农业特点开展农业科学研究，把科研成果转化为能给农民带来利益的产品。

二、日本农业人才支持政策

（一）扶持农业法人

1962 年，日本政府修改了《农地法》，创立了新型农业经营主体"农业生产法人"，农业生产法人具备了获取土地所有权和租用权等基本权利。日本政府于 1970 年、1980 年和 1993 年三次修改《农地法》，逐步放松了对农业生产法人的管制。① 一是放宽了农业法人的审核条件，取消了对于农业法人的多种税收政策以及对农业法人拥有土地面积、雇佣劳动力数量等方面的限制；二是政府制定了有利于农业法人的金融制度与财政制度。目前日本政府对于农业产业经济的宏观调控主要通过调节农业预算来实现，日本政府通过适度提高农业预算的支出比例来对农业法人进行扶持。从 20 世纪 60 年代开始，日本农业预算支出就呈现出"价格流通支出递减、结构改善支出递增"的趋势。一方面，政府减少价格流通支出，进一步促进分散经营的小农户群体分化，加快农业法人成长；另一方面，政府对规模化农业法人的资金逐渐增加，允许工商资本进入农业领域，壮大农业法人。在一系列政策激励下，日本农业法人实体蓬勃发展，其数量由 1986 年的 4986 个增长到 2014 年的 18900 个。

（二）培育农地规模经营主体

日本政府实施了多项政策法规对新农地规模经营主体进行培育。1961 年，日本政府通过《农业基本法》的实施，明确指出要加快专业农户的培

---

① 韩占兵 . 日本农业结班人危机探析——历史经验与政策启示 ［J］. 现代经济探讨，2018（10）.

养，提出了培育 250 万拥有 2~25 亩农地、具有规模经营能力的自立经营农户。1969 年，日本政府实施了《农地振兴地域整备法》，严格限制农业与非农用地区域，提高土地资源优化配置水平；1980 年颁布了《农地利用促进法》，进一步推动土地经营权的租售和流转；1995 年颁布实施了《农业经营基础强化法》，促使土地资源向专业农户手中转移，提升土地利用效率。这些法规对符合条件的农业经营主体都给予资金、技术以及税收等多方面支持。2012 年出台"人与农地计划"，进一步加大了农业规模经营主体的扶持力度。对都府县经营 4 公顷以上和北海道经营 10 公顷以上农田的农户，给予每公顷 2 万日元的农地集中补助，实行包括生产补贴和价格补贴在内的农业经营补偿制度。

（三）注重农业教育培训

为了培养农业人员，日本政府颁布实施了一系列政策激励进行农业教育培训。1970 年，日本政府实施了农业人员养老金制度，旨在引导农业后继人员进行长期稳定的土地生产经营，以获得养老金的物质保障。另外，日本政府通过一系列政策激励，吸引和培养青少年成为未来农业劳动力者。20 世纪 90 年代，日本政府对农业教育体制进行了深入改革，逐步把农业教育培训扩展到基础教育的全过程。推行了务农支援融资制度，着力对新务农人员进行长期无息贷款的资金支持。2011 年，日本政府发布《食品、农业和农村政策的新方向》，强调对参加农业教育和培训的新务农人每年提供 150 万日元的补助资金。在建立了完备的农业教育培训和保障激励政策下，日本新务农人员数量开始上升，农业人才队伍数量开始增加。据日本农林水产省统计，2006 年，农业生产法人的新务农人员数量为 6500 人，年龄在 40 岁以下的新务农人员占全部新务农人员总量的比例为 18%；到 2010 年，农业生产法人的新务农人员数量上升到 8000 人，年龄在 40 岁以下的新务农人员占全部新务农人员总量的比例增加到 24%。

（四）构建农业科技人才培养机制

发展高等农业教育。举办 2~3 年制的农业大学，开设农学和农业专门技术等课程，培养大批农业科研和农业科技成果人才。日本的农业教育体系包括农业指导教育、农业高等学校教育、农业大学教育和大学本科教育四个层次，对应着不同的农业教育对象，分工明确。农业指导教育是对城市在职人员、失业人员进行短期的农业技术知识转岗教育；农业高等学校重视动手能力，主要培养农业应用型人才；农业大学以培养农业技术指导人员为主；大学本科是培养高科技的农业人才，多从事农业科研、教学工作。大学本科和农业大学在农业科技创新型人才的培养中发挥着重要作用。①

设立农业研究中心。农业研究中心是日本培养高素质农业科技人才的重要渠道。以北海道为例，截至 2006 年北海道内设有 1 所国家独立行政法人北海道农业研究中心、10 所道立农业畜产试验场，共配备有 580 名职员，这些职员除了是高学历的农业研究型人才外，还有一些当地知名的农业专家。北海道内还设有 14 所农业改良普及中心及 34 所分中心，并配备有 786 名农业改良普及员。② 该中心培养具有经营能力的农业接班人，着力解决农业生产中的重点课题。2001 年起，农业改良中心的工作重点转移为地区振兴服务的普及指导上，开展加强农业接班人的支援、确立先进的信息系统等高效率的普及活动。

注重农业教育实践性。日本政府倡导教学、科研、生产一体化的农业教育体制。向学生传授实用知识和进行实用技术的培训，强调学生实际操作能力的培养，知识与实践相结合，培养大批实用人才。

三、国外农业人才支持政策的经验与启示

（一）制订相关法律法规

美国、日本对农业人才的推动发展的重要因素，是各国政府的大力扶持和保护，制订完善相关法律法规，有关促进农业人才发展的相关法律法规相当完备，内容详尽。美国、日本政府通过颁布政策法规来确定农业人才发展的方向和内容，并随着发展不断进行补充完善，来支持农业各个阶段的发展。应制定一套完备的农业人才法律法规，用以支撑农业经济发展的国家战略地位。通过发展规划、实施措施和保障激励政策的实行，引导农业实用人

---

① 孙诚. 日本重视农业科技普及人才能力培养 [J]. 成人教育，2006（1）.
② 王娟，等. 日本农业科技创新型人才队伍建设及对我国的启示 [J]. 高等农业教育，2014（4）.

才和农业科技人才从事农业产业生产经营和农村社会经济发展，符合政策的农业实用人才和农业科技人才可以享受到财政支持、财政补贴、税收优惠、信息服务等政策，促进农业人才发展壮大。

（二）建立完善的农业人才培训体系

美国、日本等各国都很注重农民的职业教育培训和农业科技人员的培训教育，建立了一套完备的农民职业培训体系。一方面，要大力发展农业职业技术学校，建立中等、高等农业教育和农民职业培训为主的农业教育体系。农业部门与一些职业培训机构合作，委托社会机构进行农业知识的教育培训，提高农业实用人员的专业水平。另一方面，政府要加大农业科研的投入，发挥农业科研机构的积极作用，促进企业技术创新，建立农业技术研发和创新平台，提高农产品科技含量。加强专业技术人员新技术的培训，建立一支高素质的农业技术人员队伍，健全农业科技推广体系，提高农业科技人员的技术创新水平。

（三）加大政府财政补贴

各国促进农业人才发展都不开政府财政的大力支持。相比较，中国对农业人才发展的财政补贴力度和广度都不足。应加大农业人才财政投入，加大财政补贴，有效支持税收优惠政策和贴息政策，设立各种基金、项目来进行财政支持，扩大财政补贴范围。加大财政补贴力度，对在农业生产和农业科技中有突出贡献的农业从业人员进行补贴或奖励，引导农民工、退伍军人、农业院校毕业生返回农村进行农村创业和农业生产管理工作。奖励和补偿农业新型生产经营主体，对于投资农业环境改造、生态农业发展的农业企业实行减免税政策从而推进农业新型经营主体的发展。

第四节　完善农业人才激励和保障政策的目标和思路

从世界主要国家的农业发展历程来看，在工业化和城镇化历史进程中，大多数国家都经历了农业劳动力匮乏的阶段，农村青年农民过度流失，新生力量无法及时补充到农业生产中去，农业劳动力正常的新老交替发生断层，农业生产可持续性遭遇危机。各国农业保障和激励政策的基本目标是保证农业劳动力数量，提高农业生产质量。随着农业多功能性凸显，农业生产方向转向保障食物安全、提高农产品质量、保护生态环境、延展农业文明等方向，配套的农业人才支持政策也随之发生变化，以支撑各国现阶段的农业发展目标。

现阶段，我国农业发展目标为保障农产品供给、增加农民收入和可持续发展并重，党的十九大提出乡村振兴战略，实现"产业兴旺、生态宜居、乡风文明、治理有效、生活富裕"的总要求，也是目前农业农村发展的总目标。乡村振兴战略涉及农村生产、生活、政治、环境等各个方面，这必然要求农村经济、政治、文化等各个领域人才的支撑。

一、目标

（一）扩大人才规模

新形势下，确保国家农业人才数量是农业人才保障和激励政策体系的首要目标，是现代农业发展和乡村振兴战略实施的重要力量。根据《农村实用人才和农业科技人才队伍建设中长期规划（2010—2020 年)》的规划，到2020 年，农业科技人才增加到 70 万，农村实用人才达到 1800 万人。确保农业人才规模不断扩大，逐步满足农业生产和乡村振兴的总需求，农业人才保障能力进一步增强。

（二）改善人才结构

提高农业人才专业水平，提升农业管理和科技水平。到 2020 年，农业科技人才中，科研人才学历结构显著改善，高层次创新型人才显著增加，重点领域人才紧缺状况得到有效缓解；推广人才专业素养明显提升，基层推广人才比重稳步提高。农村实用人才素质全面提高，生产型、经营型、技能服务型人才大幅增加，复合型人才大量涌现。中西部地区人才加速成长。[1]

二、完善人才政策体系思路

（一）优化结构，补齐短板

按照农业人才发展主要目标，进一步优化政策体系结构。加大投入政策力

---

① 参见《农村实用人才和农业科技人才队伍建设中长期规划（2010—2020 年)》

度，提升农业产业人才质量。激发市场资源配置作用，引导人才进入农业领域。调整农业人才补贴方式，加强补贴政策的针对性和指向性，调动农业从业者的积极性和主动性。增加青年农业人才发展政策内容，推进农业人才代际更迭的可持续发展。补齐农业科技人才短板，提高人才质量，推进高层次人才发展。

（二）加大投入，提高效率

加大财政支持农业人才发展的资金投入，逐步提高财政用于农业支出中人才保障和激励的支持比例。重视农业人才的培育，从基层开始分层次进行培训。利用多种方式和渠道，转变资金支持方式，提高农业人才财政支持水平。系统梳理农业人才保障和激励政策，按照发展现代农业、推进社会主义新农村建设的总体要求，整合农业人才保障激励项目，减少审批环节，优化用人环境，对符合条件的人才采取先奖后审批方式，有效提高农业人才支持保障效率。

第五节　完善农业人才激励和保障政策的建议

一、优化政策体系结构

中央财政在农业人才资金增量上进行政策间的均衡和调整，优先用于农村实用带头人队伍、新型职业农民和农业科技人才队伍的保障和激励。坚持"服务发展，人才优先，以用为本，创新机制，高端引领，整体开发"的方针，稳步推进人才强农战略。加大农业从业者的补贴和奖励，提高农业从业者的收入，发挥市场配置资源的决定性作用。以培养农业农村发展紧缺人才为重点，以人力资源能力建设为核心，抓住培养和使用两个关键环节，推进创新体制机制和完善农业人才政策体系。

强化农业人才政策创设。深化农业农村技术人员职称制度改革，系统研究推动乡村人才振兴的政策举措，建立以品德、业绩、贡献为导向的农业农村科技人才分类评价体系。修订职称评审有关政策文件，探索实施专业技术人才分类评价。积极协调有关部门出台符合涉农职业教育特点的招生考试、培养模式、学费奖补等方面支持政策。开展农业科技成果产权改革试点，赋予农业科研人员一定比例的职务科技成果所有权。加强农业人才支持保障政策的设计，按照现代农业发展目标和乡村振兴战略的总要求，制定保障扶持政策，完善农业人才补贴保障政策。

对现有的政策进行梳理，均衡各类人才队伍建设补贴标准，避免在政策执行中的趋利行为。在政策制定和实施过程中，各地要依据当地农业农村具体情况，因地制宜，避免采取一刀切的方法。通过制定各项优惠政策吸引人才，通过设立多种渠道引进人才，通过提供各种便利条件留住人才。保持政策之间的稳定性和连贯性，加强政策之间的协调，防止在政策的整合中降低农业人才的保障激励力度。

二、强化农业人才支持的法律保障

应逐步制定或出台支持农业实用人才带头人、农业科技人才等培养教育、农业技术创新、农业经营管理、农业劳动者就业等方面的法律法规、保障与激励政策以及创新制度。加强农业部与教育部在农业领域的投入，引导农业、科技、教育与推广相结合。

修订《农业法》涉及农业投入、农业科技与教育的相关条款，细化稳定增加农业人才支持财政投入的相关法律条款，细化增加农业实用人才和科技人才激励与保障的农业经费，强化保障农业人才保障经费和农业投入增长的法律责任，以此推动农业人才不断发展。依据《农业法》关于农业财政投入、农业科技与农业教育的相关条款，明确国家农业财政投入在农业教育、农业人才支持的范围、方式、主体、受益对象，规定各级政府的权利与义务，细化违法责任及处罚办法。

利用乡村振兴战略的契机，制定一套完备的农业人才支持保护的法律法规，用法律机制保障农业科技人才和农业实用人才的财政支持、财政补贴、税收优惠、信息服务等政策，以确保农业所需领域人才不断壮大发展，实现人才强农战略。

三、完善资金投入机制

确立人才投资优先观念，建立健全政府主导的多元化投入机制。积极争取财政支持，设立农业农村人才队伍建设专项资金，按财政收入的一定比例纳入年度预算；增加专项投入，支持农业科研院所、高等院校开展重大科技攻关、海外高层次人才引进和学科专业、创新团队、后备人才队伍建设。将中央和地方财政安排的农业农村建设项目作为培养农业人才的重要载体和基地。财政投入资金应主要用于组织人才培训，加强人才基地建设，实施人才队伍建设重大工程，扶持重点人才开展工作，改善基层人才工作场所和设施装备，开展人才库建设，补贴奖励优秀人才及人才队伍建设先进集体和个人，为农村实用人才创业提供贷款担保贴息等。农业企业要根据自身需要和能力逐步增加职工岗位培训的投入。综合运用信贷、保险、税收等政策工具，鼓励、引导和动员各种社会力量参与农业人才队伍建设。

根据国内农业生产人才的供需、农业农村发展方向以及国际合作人才发展规划，适时适度调整农业人才财政投入资金的规模总量、实用方向和支持保障区域，提高农业人才支持资金使用的精准度和针对性。建立社会资本投资引导机制，吸引民营企业等社会工商资本投向人才培养、奖励，设立社会奖励在内的人才资金投入体系。发挥社会资金灵活性、针对性较强的优势，鼓励其参与到农业人才培育、农业创新成果奖励等制度，对做出突出贡献的中青年人才，在科技奖励、项目申报等方面给予更多机会和支持，从而更大限度地保障农业人才预期收入和合法权益。

根据农业人才培养机制和政策重点的不同，各地资金投入的重点也不尽相同。在一些具备地域优势和产业优势的地区，对返乡农民工、外来创客、企业负责人等人才引进的同时，注重更多配套的创业政策，如土地、贷款、税收、保险等保障支持，使他们从事新产业新业态有优惠的政策保障。对于边远贫困、边疆民族地区的农业从业者，应该强化基础收入待遇和社会福利保障，加大对农业科技和教育人才的培育力度。对于农业实用人才带头人，如农村乡干部、大学生村官等，要加强农村干部的培养、管理和任用，通过晋级等方式来引导优秀农业人才向农业领域流动。

四、完善农业人才激励机制

农业人才激励和保障政策的制定要同时满足农业从业者的需求和农业农

村发展的需求，围绕人与农村的相互促进，实现政策的预期实施效果。引入市场机制，创新人才激励机制。完善分配、激励、保障制度，建立健全与业绩和贡献紧密联系、充分体现人才价值、有利于调动人才积极性的激励保障机制。制定知识、技术、管理、技能等生产要素按贡献参与分配的办法；健全科研单位分配激励机制，重点向关键岗位和优秀拔尖人才倾斜；完善事业单位岗位绩效工资制度。建立以政府奖励为基础、用人单位奖励为主体、社会奖励为补充的人才奖励体系，充分体现人才的经济社会价值。逐步建立符合农业农村人才特点的知识产权保护、争议仲裁、公益性成果经济利益分享和社会效益奖励等制度，鼓励创新创造，保护农业农村人才合法权益。建立政府引导、市场调节的农村实用人才选拔使用机制，鼓励农村基层组织、农业企业、农民专业合作组织等通过公开招聘、民主选举等方式，多渠道选拔高素质人才，充实农村实用人才队伍。完善农村实用人才创业兴业政策支持体系、公共服务体系、信息交流体系，搭建农村实用人才充分发挥作用的舞台，鼓励农村实用人才在带领农民增收致富中发挥积极作用。加强农村实用人才和农业科技人才流动的政策引导，促进农业农村人才资源有效配置。以能力和业绩为导向，完善人才评价标准，改进人才评价方式，拓宽人才评价渠道，在生产实践中发现人才，以贡献大小评价人才，把评价人才与发现人才结合起来，建立科学化、社会化的人才评价发现机制。农业科技人才的评价重在业内和社会认可，把对产业发展的贡献作为重要指标，完善评价标准体系；按照国家职称制度改革的总体方向和要求，深化农业技术人员职称制度改革。

五、完善农业人才培育体系

农业人才培育体系从队伍建设、教育培养、政策支持等方面来进行构建完善。要在农村劳动力素质提升、农村实用人才、大学生村官培养的基础上，整合有经验的农民企业家、农业生产专家、农业经营能手、返乡农民、科技人员等培养人才专家库，壮大农业人才队伍的后备力量，增强创业创新能力。建立多元教育体系，根据农业产业发展的特点和需求，将传统农业生产与现代农业经营管理、农产品质量与控制、创业风险管理等结合，开发符合新农村发展需要的培育内容体系。以家庭农场、农民专业合作社、专业大户等新型农业经营主体为依托，发挥农业院校、农广校等机构，建立多元化的培养模式。优化农业人才结构，坚持面向产业、融入产业、服务产业，着力建机制、定标准、抓考核，形成"一主多元"的教育培训体系，实施好农业经理人、现代青年农场主和新型农业经营主体带头人等分类培育计划。强化政策支持，引导土地流转、产业扶持、财政补贴、金融保险、简便市场准入、税费减免、技能培训、人才奖励激励等政策向农业从业者倾斜，① 给予农业人才充分的社会支持，加快农业人才培育。

六、强化农业人才公共服务

按照实现城乡基本公共服务均等化的要求，探索建立政府主导、上下协调、功能完善、综合配套的农业农村人才公共服务体系。落实国家人才发展各项政策，强化对农村实用人才带头人、新型职业农民、农业科技推广人才、农村专业服务型人才的扶持措施。建立政府购买公共服务的制度，创新提供公共服务的方式。充分发挥市场配置作用，破除人才流动障碍，打破户籍、地域、身份、学历、人事关系等制约，鼓励各类人才在城乡之间、农业和非农产业之间双向流动，鼓励各地以正当方式开展人才竞争，允许农业各类人才平等参与政府公益性农业技术服务、基础设施建设和产业发展项目。发展各类人才服务机构，完善人才市场体系，支持各类人才服务机构面向农业人才开展服务。成立农业农村人才协会，协助有关部门开展行业调查和决策咨询，促进各地人才的信息沟通和经验交流。搭建人才服务平台，建立人才需求信息发布制度，提供信息检索、政策咨询、就业帮扶、权益保护、档案管理等服务。② 完善社会保障体系，支持农业从业者参加城镇职工养老、医疗、工伤等社会保险，确保农业人才能够享受到城乡无差别待遇。

---

① 李文清. 强化新型职业农民培育 [N]. 山西日报，2018–12–18.
② 参见《农村实用人才和农业科技人才队伍建设中长期规划（2010—2020 年）》。

第九章

乡村振兴目标导向下的农业支持
保护机制创新

实施乡村振兴战略，是新时代"三农"工作的总抓手，是党中央从党和国家事业全局出发、着眼于实现"两个一百年"奋斗目标、顺应亿万农民对美好生活向往做出的重大决策。实施乡村振兴战略，首要任务是提升农业发展质量，培育乡村发展新动能，要通过体制机制的创新，提高农业支持保护政策效能，推动资源要素真正地向农村和农业流动，推动公共资源向农业农村优先配置。

第一节 创新财政支农投入稳定增长机制

农业是国民经济的基础性产业，具有公益性和弱质性的特点。从国际经验来看，无论是发达国家还是发展中国家，其发展始终受到政府的保护和扶持。通过财政农业投入方式来扶持农业发展，已成为许多国家农业增效和农民增收的一个重要保障。① 农业基础设施和农业科研投入能够降低农业生产成本和提高农民收入，从而能够提高农业生产率。而农业基础设施和农业科学研究所需费用无不依赖于政府财政农业支出。"十三五"以来，针对部分主要农产品价格内外倒挂明显、农产品库存庞大、农民种地收益低等问题，国家在"十三五"期间启动进行一系列补贴制度和涉农财政资金投入方式改

---

① 程文青，姜正杰，吴连翠. 安徽省财政农业投入促进农民增收的实证研究 [J]. 农村经济与科技，2012（12）：69－73.

革，对"小、散、乱"且效果不明显的涉农转移支付资金进行整理，对于目标接近、投入方向类同的涉农专项资金予以整合，重点是建立农业投入稳定增长机制。

一、财政涉农资金投入改革方向

在农业方面我国中央涉农资金包括退耕还林、对农民直接补贴、农业产业化调整、农业技术推广应用、农业生产资料补助、人畜饮水、农村能源、农村水、电、路建设以及农业综合开发等。除中央财政外，在经济发展水平较高的地区由于还存在地方政府本级财政的大量投入，财政涉农资金补贴范围更广、类别更多、标准更高。

在条块分割的项目管理体制下，我国涉农资金一直存在渠道多、项目杂、投入散、管理乱等现象。随着涉农资金投入不断加大，这种管理体制造成的如资金"碎片化"、项目"随意化"、权力"部门化"与效益"低效化"等问题日益凸显。[①] 涉农财政资金投入改革方向要确定财政农业投入的重点，健全完善涉农资金管理模式，集中有限资源，对最需要且最为关键的领域进行投入，提高财政涉农资金的使用效率，这也是农业现代化进程的客观要求。[②] 按照适应世界贸易规则、保护农民利益、支持农业发展原则，研究完善农业支持保护政策，涉农财政资金投入改革方向应该是以改善农业基本生产条件为目标，支持农业基础发展能力提升，保障资金最优投放功效发挥与产业发展整体目标实现。

支持农业产业结构调整。适应国际环境，重点扶持农产品生产和加工的龙头企业，抓住节本、创新、增效、提质、可持续发展、新动能培育等现代农业发展的关键，支持农业产业结构调整，实现农业经营特色化与规模化，推动农业发展方式转变，促进现代农业健康发展，提高农业市场适应能力和国际竞争力；做大做强优势特色产业，把地方土特产和小品种做成带动一

---

① 冯兴元，丁建华. 财政涉农资金整合改革的宁海经验 [J]. 中国改革，2016 (5)：
　　5 – 12.

② 丁文恩. 财政农业投入政策的国别比较及启示 [J]，安阳工学院学报，2011 (3)：
　　17 – 20.

方、致富农民的大产业；延伸农业产业链，强化农业生产发展资金中农村三产融合发展支出，支持农业生产性服务业、深加工业、特色加工业发展，健全农产品产地营销体系；拓展农业多种功能，推进农业与旅游、教育、文化等产业深度融合；发展农业新业态，支持"互联网+现代农业"行动，整合农村电子商务、农民工返乡创业、农村小微企业、新型职业农民等涉农领域扶持资金，引导互联网企业、农业企业、农民合作社等加大电商软硬件设施投入，发展农业电商、农资电商、农业网上服务、农产品生产和质量监控等新行业。

支持农业基础设施建设。将农业基建投资在国家基础建设投资总额中的比重逐步提高，实现农业基础设施现代化。优先保障财政对农业农村的投入，加大对农产品主产区和重点生态功能区的转移支付力度，以"粮头食尾""农头工尾"为抓手，支持主产区依托县域形成农产品加工产业集群。优化农业区域布局，发挥资源禀赋优势，促使主要农产品生产向最适宜的地区集聚，建设好"三区"，即粮食生产功能区、重要农产品生产保护区、特色农产品优势区。建立大豆、棉花、油菜籽、糖料蔗、天然橡胶等重要农产品生产保护区，引导产业集聚发展，结合地区特点推动绿色和特色农产品向优势产区集中，提升农产品发展空间；整合农业生产发展资金与农业资源及生态保护补助资金中耕地地力保护支出，聚焦于权属确定、土地平整、耕地质量、机耕道路等建设；整合小农水专项资金与水土保持专项资金，聚焦农田水利设施建设、水土保持工程建设及水利工程维修养护；推进国家高标准农田建设项目，优先保证项目在粮食生产主产区落地。推进政策集成、要素集聚、功能集合和企业集中，建设一批国家现代农业产业园，加快建设一批特色产品基地；建设一批农业产业强镇，创建一批农村产业融合发展示范园，形成多主体参与、多要素聚集、多业态发展、多模式推进的融合发展态势。① 通过健全农业生态补偿基金，加强重大生态工程建设，推进农业清洁生产，推行农业绿色生产方式，形成资源利用高效、生态系统稳定、产地环境良好、产品质量安全的农业发展新格局。

---

① 韩长赋. 国务院关于乡村产业发展情况的报告［R/OL］. 中农网，2019 - 04 - 22.

支持健全农业社会化服务体系。发展农业社会化服务，带动广大小农户同步实现农业现代化，建立完善农民与农民合作社、农业产业化龙头企业之间的利益联结与分享机制，带动农民共同富裕。加大农资、金融、技术、机械、灌溉等生产各环节的服务支持力度，满足小农户生产需求。对农机大户和农民合作社购置新型机械设备进行补贴，扩大农机报废更新补贴试点规模。强化农业生产发展资金中适度规模经营、新型职业农民培育等支出，加大对家庭农场、农民专业合作社、农业企业等新型农业经营主体，以及农机化作业服务组织与专业户、病虫害专业化防治组织等新型农业服务主体扶持力度；从品种源头、生产管控、加工营销，全链条、全方位突出优质化，深入实施农业标准化战略，完善和提升农业标准；通过增加技术、资本等现代生产要素投入，促进小农生产向采用先进科技和生产手段转变，提升小农生产的集约化水平。要通过推动小农生产发展优质绿色生态农业，提高产品档次和附加值，扩大经营容量和增值增收空间，增强小农增收能力。

支持提高农业科研和技术推广的投入比例。农业科技进步是推动农业发展的巨大动力，农业科技的每次突破都会带动农业的长足发展。要持续完善现代农业科技创新推广体系，着力强化农业物质装备和技术支撑。支持高产创建、良种良法、深松整地、旱作农业等重大农业技术推广与服务；加快农业科技创新特别是育种创新，加大实施种业自主创新重大工程和主要农作物良种联合攻关力度，加快适宜机械化生产优质高产多抗广适的新品种选育，完善畜禽良种繁育体系。[①] 加快研发高端农机装备及关键核心零部件，重点突破油菜、棉花、甘蔗等作业瓶颈，提升主要农作物生产全程机械化水平。推进农业机械装备升级，培育更适合大规模单一种植的品种、生化技术及更适合大规模使用的机械类型，开发轻便灵巧、功能特化的小型机械。支持开展粮食产品深加工、综合利用等技术的研究与示范，用科学技术提高粮食等农产品质量和加工效率，提高农业综合生产能力。

建立农业科技推广的损失补偿机制。与工业、服务业相比，农业生产对自然条件的依赖性很高，容易遭受自然灾害，造成产量大幅下降，损失严重

---

① 韩俊. 做好四篇大文章深入推进农业供给侧结构性改革 [J]. 时事报告（党委中心组学习），2017（4）：34-54.

的情况，增大了农业科技推广的风险性，因此，建立农业科技推广的损失补偿机制很有必要。建立农业科研机构社会保障制度，完善奖励政策和分配制度，鼓励科技人员创办科技型企业，促进现代农业科技成果转化。建立对金融支持农业技术进步政策性损失的补偿机制，如鼓励商业银行向农业科技项目提供贷款，财政贴息或贷款担保等。对先进科学技术的应用推广给予财政补贴，鼓励农民积极应用先进生产技术，降低农业生产风险。加大对农业技术推广、动植物疫病防控、农产品质量监管、农业气象服务四项农业公益性科技服务体系建设，增强农业公共服务能力。

二、健全财政涉农资金整合机制

创新财政支农投入方式，把用途相近的项目资金整合起来，用于建设最紧要最迫切的任务，提升资金使用效率。近年来国家不断改进涉农资金整合方案，并持续完善实践模式。自 2017 年 6 月 1 日起，中央财政公共预算安排的农业生产发展资金已经按因素法分配，并实行"大专项＋任务清单"管理方式。同时明确了除用于约束性任务资金外，各省可在专项支出方向范围内统筹使用资金。各地方政府也纷纷立足所在地域农业发展基本情况，探索涉农资金整合方式。从发展方向上看，需要进一步梳理财政涉农资金整合的关键目标与内容，以适度规模经营、加强科技装备、强化新型农民培养、优化产业体系、绿色生态发展、农村三产融合等为平台整合涉农资金，推动现代农业发展。

（一）扩大整合范围

财政涉农资金整合目标是进一步凸显产业发展的政策导向，与在新起点上推进现代农业发展紧密"衔接"，并通过优化整合平台为抓手来同步实现资金集中与规划使用，在总量稳定增长的同时，更应注重结构的优化，形成财政投入保障涉农资金安全、提高农业支持效率、促进现代农业发展的基本机制。

一是扩大资金整合种类范围。以县域经济发展的重点为龙头，吸收更多的投资主体参与农村公共产品的供给，推进"以县为主"涉农资金整合工作，根据性质相近、用途趋同、管理方式类似的标准，对来自各种渠道的支农资金进行集中整合，既注重部门内整合，更要以具体支农事项为纽带来探索部门间整合。在中央和省级层面可以采取"大专项 + 工作清单 + 集中下达"的整合模式，由主管部门整合中央各行业同类专项，关联部门分别提出工作目标，整合后的大专项经国务院批准后集中下达各省，探索推进涉农项目由专项转移支付向一般转移支付过渡，促进中央宏观调控与地方自主统筹的有效衔接。从省级层面制定涉农资金整合工作短期或中长期规划，并将其作为省直各部门申报年度重点建设项目的基本依据，确保涉农资金整合工作总体谋划、系统推进。① 同时还可考虑将农业生产发展、流通、资源及生态保护等领域补助资金围绕于乡村振兴、农村电子商务发展、新型职业农民培育、农业清洁生产等主题予以源头整合。② 加大下放项目确定权限和资金"切块"下达的力度，除省级管理项目外，对应由市、县确定的项目，将全部由市、县自主确定。

二是突破资金整合区域范围。以重点项目和区域为平台，以制定中期项目规划为依托，推进财政涉农资金内部整合。以主导产业或重点项目为平台，在不改变资金性质和资金用途的前提下，把投向相近、目标基本一致、但来源不同的各项农业专项资金进行归并，统筹安排，集中使用。③ 设置支农项目平台，将投向类似、目标一致但来源不同的资金整合集中使用。通过资金整合、集中投放，使得资金集中投向农村基础设施建设、农业龙头企业、种养殖经营大户、农产品基地建设等重点领域。④ 还可以依托各区域对利益共同点的感受力，跨越行政区划，将自然条件相当、人文背景接近、生产环境相同、产业特点类似、规模经营可操作的连片区域连接成整体，通过"优势互补、资源共享、利益均沾"来营造空间范围更广阔、更易于体现规

① 马晓河，刘振中，原松华，等. 涉农资金整合——黑龙江改革试点调查 [J]. 中国发展观察，2016 (6)：50-51.
② 杜辉. 财政涉农资金整合视域下现代农业发展路径探究——黑龙江省"两大平原"地区的经验与启示 [J]. 学术交流，2019 (6)：94-100.
③ 李普亮，贾卫丽. 地方财政农业投入绩效的制度改革路径探析 [J]. 地方财政研究，2012 (7)：55-59.
④ 余凌，冯中朝. 公共财政农业投入绩效研究——以湖北省为例 [J]. 学习与实践，2013 (4)：46-52.

模效应、更适应涉农资金整合使用的现代农业项目建设单元。

（二）完善各级政府及职能部门权责定位

优化调整部门职责。把分散在各部门的资金集中起来，打破部门界限，围绕农业、农村发展目标和规划，基层各职能部门协同申报支农项目，并将审批立项、资金拨付、运行控制、产出评价、预算核对、执行监督等环节整合于同一管理系统内，同时加强资金管理方式、分配方式、拨付时间等方面协调，充分发挥资金整合的组合效应和规模效益。

完善涉农资金管理体制。建立涉农规划编制横向协调机制，成立由发展和改革、财政、水利、国土、农业、林业、农业综合开发等部门组成的涉农规划协调机构，负责对各部门编制的涉农有关规划进行审核和行政协调，确保各部门涉农规划内容协调衔接。① 归并农业财政资金，设立一个专职机构从事涉农资金的管理和协调工作。减少财政资金划拨的中间环节，强化财政支农资金的后续管理和绩效评价工作，将财政支农资金的使用状况与以后拨付财政支农资金的数量挂钩。② 重视各级政府间协调权责关系。中央政府负责资金源头整合与支农重心择定，即在持续有效整合涉农资金的同时保证支农方向控制力，为后续工作奠定制度基础。推进中央和省级农口大部制改革，以大部改革实现涉农主管部门的职能调整，把中央和省级涉农主管部门从目前参与支农资金的分配、使用中解放出来，转向对涉农建设的规划和监管，督促地方落实。在涉农执行各环节进行逐步的机制创新探索和制度创新探索，鼓励市县两级进行农口部门合并和职能调整。③ 从省级层面制定涉农资金整合工作短期或中长期规划，并将其作为省直各部门申报年度重点建设项目的基本依据，确保涉农资金整合工作总体谋划、系统推进。④ 省政府负

① 吴强，高龙，张岚，等. 黑龙江省推进财政涉农资金整合工作的经验和启示 [J].
水利发展研究，2018（6）：32 – 35.

② 李普亮，贾卫丽. 改革开放后财政农业投入对农民增收的效应分析 [J]. 税务与经
济，2010（3）：49 – 56.

③ 中国农村财经研究会课题组. 完善农业投入保障机制与深化农村综合改革研究报告
（下）[J]. 当代农村财经，2017（9）：2 – 14.

④ 马晓河，刘振中，原松华，等. 涉农资金整合——黑龙江改革试点调查 [J]. 中国
发展观察，2016（6）：50 – 51.

责落实中央工作清单与确定本省重大项目，侧重于规范与监控因"整合"而获得更多资金支配权利的基层政府行为，包括明确省内支农重点、结合因素法与项目法来合理分配资金、审核地方申报项目、评估项目执行绩效等。省直各部门根据行业发展和既定规划，合理确定本部门支持重点项目，兼顾其他相关部门行业规划和年度支持重点，做到一体推进，配套实施。基层政府负责具体建设活动，并根据属地农情来申报地方项目，致力于破解本地农业发展难题。探索支农项目村民自主建设机制，实现向农民、向社会"放权"，把更多适宜的支农项目交给农民、农村基层组织、新型农业经营主体直接建设监管，上级部门主要发挥规划、技术指导和资金、质量监管作用。

三、健全财政农业投入立法体系

通过法律形式规定农业投资主体的权利和义务是重视农业发展国家的普遍做法。农业既是国民经济基础产业，也是弱质性产业。美国、日本、韩国等国都普遍运用立法手段保护农业和农民利益，先后制定和实施《农业法》或《农业基本法》《联邦农业完善与改革法》《食品、农业、农村基本法》《农业调整法》等农业大法，明确规定了财政支农投入增长速度均高于财政的增长速度，以此保障农业投资规模，保护农业和农民利益。

《中华人民共和国农业法》第六章第三十八条规定："国家逐步提高农业投入的总水平，中央和县级以上地方财政每年对农业的总投入的增长幅度应当高于其财政经常性收入的增长幅度。"但是从实际执行情况来看，1979年以来大部分年份财政用于农业方面支出的增长幅度都低于经常性财政收入的增长幅度。说明我国财政农业投入的稳定增长并没有得到应有的法律保障。一方面，从实践上讲，《中华人民共和国农业法》对财政农业投入政策的相关规定已经无法满足"三农"发展的现实要求。因此，应该完善财政支农投入增长机制。边探索边总结，把成熟有效的体制机制创新成果纳入法治的轨道，将实践证明行之有效的各项支农政策制度化、法定化，制定一套具有法律效力的、容易操作的财政支持农业的法律体系，尤其是制定农业投入监督管理法规，保障农业融资和使用渠道畅通，提高财政支农资金的使用效益，稳定政策预期，促进政策效应充分释放，使政府的财政真正用于农业、农村和农民。另一方面，由于农业是国民经济的基础产业，对于国民经济发展具有举足轻重的特殊意义，中央政府应当承担更多的稳定农业发展的责任，根据财力与事权统一的基本原则，进一步完善分税制财政体制，也需要以法律的形式将中央和地方财政的支农事权进行明确的界定。

四、建立现代农业发展的多主体参与机制

建立农业农村投入稳定增长机制，确保农业投入只增不减，对发展现代农业、保障主要农产品供给的意义重大。在乡村振兴背景下，需要进一步探索和建立多渠道、多层次、多元化的农业投入机制，优化农业投入结构，提高农业投入效率。

一要建立财政投入刚性增长机制。2017年的中央一号文件提出，要坚持把农业农村作为财政支出的优先保障领域。加大中央财政投入力度，解决"钱从哪里来"的问题，财政再困难，也要优先保障农业支出，开支再压缩，也不能减少"三农"投入。中央财政农业支出增长必须是刚性的要求，按照持续增加投入总量、稳步提高投入比例的要求，确保公共预算对农业支出的法定增长，即明确农业投入每年增长比例，保证农业投入总量持续增加，投入比例稳步提高。

二要合理划分中央与地方支农事权。明确中央和地方各级政府对农业投入的财政体制划分和增长幅度，地方财政每年对农业投入的增长幅度应当高于其财政经常性收入的增长幅度。顺应新时期政府间财政关系调整的要求，增加对基层一般性转移支付的比重，让县级政府来设立更符合当地农业发展需要的农业和农村项目，把花钱的权利留给信息掌握更为充分的基层政府，让基层自行修补相对欠缺的"毛细血管"，在县级预算分配环节有效解决"最后一公里"。①

三是探索多渠道、多层次、多元化的农业投入机制。优化统筹支农资金，创新财政支农投入方式，合理运用财政引导各方投入主体，培育农业企业、专业合作社等经营主体，引导工商资本、农业企业与农户以产业项目合

---

① 苏明，张立承，王明昊，等.持续加大公共财政对"三农"的投入力度——新时期公共财政支持"三农"政策研究［N］.农民日报，2013 - 9 - 17（3）.

作为平台来调动社会各方资本投入积极性，引导社会各方力量参与农业投入，拓展农业新的投入渠道，推动建立完善国家、集体、社会资本和农民之间合理的利益分享机制，形成政府持续加大投入、农民积极筹资投劳、社会力量广泛参与的多元化投入机制，推动各类生产经营主体与农民建立紧密的利益联结机制。①

第二节 健全新型农业社会化服务体系建设机制

农业社会化服务是农业现代化的重要标志，农业社会化服务体系水平也是衡量一个国家或者一个地区农业现代化发展水平的重要指标。在乡村振兴战略的新背景下，要创新机制加快新型农业社会化服务体系建设步伐，让专业人干专业事，解决好农业产前、产中、产后服务配套等问题。构建完善的农业社会化服务体系，为新型农业经营主体提供专业化服务，引导小农户集中连片接受社会化服务，把分散的土地集中起来，是推动传统农业走向现代农业、实现农业现代化的重要举措。新型社会化服务体系为破解当前农业生产存在的小生产与大市场、分散承包与规模化经营、全产业链发展与专业化分工等矛盾提供了途径，让农业生产也能像二、三产业那样向专业化、标准化、集约化转变，解决谁来种地、怎么种地问题，推进由"农民地农民种"向"农民的新型经营主体种"转变，提升农民生产经营组织化、社会化程度，提高农业综合效益和竞争力，以完备高效、体系健全的农业社会化服务体系服务乡村振兴。

一、农业社会化服务与农业社会化服务体系

20世纪80年代初确立家庭承包经营制度之后不久，国家就提出要发展农业的社会化服务。90年代初，中共中央国务院把建立农业社会化服务体系明确为农村经济体制改革的重要任务。此后，中央又多次对构建农业社会化

---

① 申子钰，李铜山. 健全农业投入稳定增长机制的对策思考 [J]. 南方农业，2017，11 (22)：90 – 91.

服务体系做出部署。① 进入新时期，农业的多功能性、农民的传统观念、农村环境与生态价值等都将发生重大变革，这对新时期农业社会化服务体系的创新能力、综合服务能力、组织能力等均提出了更高的要求。② 建设适应新时期发展要求的新型农业社会化服务体系是推进农业现代化的迫切要求。

（一）农业社会化服务

农业社会化服务是围绕农业产前、产中、产后开展的提供生产性和非生产性服务，包括生产销售服务、科技服务、信息服务和金融服务为主题的社会化服务的总称。③ 农业社会化服务是随着农业产业化的发展完善、农业产业链的分工细化、市场经济的增容需求等出现的，已经成为农村服务经济的重要内容之一，属于社会专业分工的范畴。④ 近年来，农业发展中出现农民老龄化、农村空心化、农业兼业化、农地撂荒化等问题，普通农民一家一户办不了、办不好、办起来不合算的事越来越多。同时，随着城镇化快速推进，大量的农村劳动力向二、三产业和城市转移，加上农产品质量安全要求越来越高，"谁来种地、地怎么种"的问题日益突出，迫切需要专业化、组织化、社会化相结合的农业生产经营服务，农业社会化服务越来越重要。1983 年中共中央印发题为《当前农村经济政策的若干问题》文件，首次提出"农业社会化服务"的概念⑤。1986 年中央一号文件再次提出"农村商品生产的发展需要生产服务社会化"，此后关于农业社会化服务相关问题讨论从未间断。⑥ 农业社会化服务通过社会化分工，延长农业产业链，有利于提高

---

① 仝志辉. "去部门化"——中国农业社会化服务体系构建的关键［J］. 探索与争鸣，2016（6）：60－65.
② 张龙，栗卫清，何忠伟，等. 北京农业社会化服务体系发展趋势探析［J］. 农业展望，2017（6）：84－88.
③ 秦小立，李玉萍，叶露，等. 云南省农业社会化服务体系和模式研究［J］. 热带农业科学，2015（10）：112－117.
④ 孔祥智. 发展合作社与健全农业社会化服务体系［J］. 中国农民合作社，2014（3）：31－33.
⑤ 中共中央国务院关于"三农"工作的一号文件汇编（1982—2014）［M］. 北京：人民日报出版社，2014.
⑥ 林小莉，邓雪霜，骆东奇，朱莉芬. 重庆农业社会化服务体系建设的现实困境与对策［J］. 农业现代化研究，2016（2）：360－366.

农业生产各环节的生产效率，加快农业发展方式的转变。

随着农业生产逐步向专业化、市场化发展，农户对农业社会化服务需求逐渐由单纯的生产环节服务向综合性服务扩展，包括农业技术推广服务、农业生产性服务、农村商品流通服务、农村信息服务、农村金融服务、农产品质量安全服务等方面。农业社会化服务具有一定的公益性质，较低的投资回报率难以吸引多种渠道的资金进入，加之基层政府对社会化服务的投入不足，社会化服务体系在基础农户中间的契合度不高，当前农业社会化服务供给能力总体偏低。

（二）农业社会化服务体系

农业社会化服务体系是与农业相关的经济、社会组织为满足农业发展的需要，对从事农业生产经营的主体提供各种服务所构成的组织体系。农业社会化服务体系建设需要强化整体化的社会服务系统，要求服务组织深入农业生产过程的每一个环节，服务农户，服务农村生产经营。农业社会化服务体系在实践中，在省、市、县层面逐步形成了由政府的公共服务体系、农民的合作服务体系和公司化经营性服务体系等构成的服务体系。

1978 年以后，中国农村普遍推行家庭承包制，农户的农业生产迫切需要各类服务。1990 年 12 月《中共中央国务院关于 1991 年农业和农村工作的通知》正式提出建立农业社会化服务体系。① 进入 21 世纪，面对粮食安全的严峻形势和新型经营主体服务需求的急剧增加，国家层面关于促进农业社会化服务体系建设的政策密集出台。2008 年—2019 年的中央一号文件连续提出发展现代农业、解决"三农"问题的要求，将农业社会化服务体系的科学构建作为提高农业现代化水平的重要途径。农业社会化服务体系包含为农业生产和发展提供服务的组织或机构及相应的农业社会化服务网络和组织系统，是以公共服务机构为依托、合作经济组织为基础、龙头企业为骨干、其他社会力量为补充，公益性服务和经营性服务相结合、专项服务和综合服务相协

---

① 关于 1991 年农业和农村工作的通知 [J]. 中华人民共和国国务院公报, 1991 (42).

调，为农业生产提供社会化服务的成套的组织机构和方法制度的总称。① 农业社会化服务体系涵盖内容广泛，主要有基础农业技术推广、动物疫病防控、农业信息服务、农业金融保险服务以及农村现代流通经营服务，包括物资供应、生产服务、技术服务、信息服务、金融服务、保险服务、培训服务以及农产品的包装、运输、加工、贮藏、销售等各个方面。②

随着市场化进程，农户开始发生分化，经营内容不断发生变化，在农业生产主体中，出现了兼业中小农户、专业大农户、专业合作社和农业企业等的分化，农业经营主体的变化相应地要求农业服务方式的变化。农业社会化服务体系作为一种农业经济组织形式，可以使经营规模相对较小的农业生产单位获得大规模效益。同时，需要更加关注扶持与提升小农户，健全农业社会化服务体系，对小农户进行整合，推进现代化产业链发展。

二、农业社会化服务体系服务能力存在的问题

农业社会化服务体系牵涉部门多，覆盖范围广，服务内容杂，涉及政府、农业科研机构、供销社、农民专业合作社、涉农龙头企业等多个组织机构，在不同的阶段、不同的环节起到不同作用。随着农业现代化进程的加快，农业发展呈现出明显的新的特点，迫切需要与之适应的农业社会化服务体系。随着农业生产经营主体呈多元化趋势，农业经营主体生产目标、生产规模不同，从而对农业社会化服务的需求也各有侧重。目前我国已经初步形成了以农户、村、乡（镇）、县层层递进又相互联系的社会化服务网络，但是提供的实际服务组织和服务项目与和农民的实际需求存在不匹配，不能满足各类新型经营主体多元化、个性化需求。③ 目前，农业社会化服务体系服务能力存在问题有以下几个方面。

---

① 云振宇，刘文，孙昭. 浅析我国农业社会化服务标准体系的构建与实施［J］. 农业现代化研究，2014，35（6）：685 – 689.

② 高强，孔祥智. 我国农业社会化服务体系演进轨迹与政策匹配：1978—2013 年［J］. 改革，2013（4）：5 – 7.

③ 刘明娟. 安徽省完善农业社会化服务体系对策研究［J］. 大理大学学报，2017（5）：27 – 30.

（一）农业社会化服务供给能力不能满足新阶段农业农村现代化发展需要

整体社会化服务能力不强。目前社会化经营服务体系中呈现主体数量多，个体服务多，专业化的服务公司少，成规模、服务能力强的"龙头"公司少等现象。从服务供给能力来看，随着农业生产经营的主体发生明显的变化，社会化服务能力不能满足农业经营主体需要。一方面，农业生产经营主体已不再是传统的一家一户的个体农业生产者，而是包括农民专业合作组织、农业产业企业、家庭农场及种养殖大户等多种类型。随着规模化经营农业的增多以及农业生产的市场化、社会化程度的加深，农业经营主体对服务的需求呈快速增加趋势。另一方面，就服务项目来看，服务内容远远不能涵盖经营主体的多元化诉求。当前服务体系以农业生产环节服务供给为主，服务内容侧重于农机服务、农资供应、病虫害防治等产前、产中服务，现代农业急需的农产品保鲜、储藏、加工、营销、物流及金融、保险、信息等产后服务缺乏，包括农产品安全生产、生态环境管理、品牌建设、农业生产全程化管理等新兴社会化服务内容与服务能力缺口较大。

（二）服务体系建设滞后，供给主体服务意识不强

农业社会化服务体系实际上存在中央、部门、地方政府、中小农户或规模经营主体这样四个运作主体，政府涉农机构、农民专业合作组织、农业龙头企业、农业服务公司是当前服务体系中具有较强实力和技术支撑的服务供给主体，而由于目标利益的不同，各主体或多或少都存在着服务意识不强、服务领域和范围过窄等问题。

一是部门之间竞争财政资金，部门化的服务组织之间不正当的竞争服务资源，导致体系建设迟滞。① 政府涉农机构，以市县范围为例，既有政府涉农行政部门，如农业局、科技局、发改委等，又有涉农事业单位，如气象局、农机站、农技推广中心等，还有逐步转为企业经营的经济组织，如供销社、信用社等，由于人、财、物力以及机构设置和体制等方面原因，其供给

① 仝志辉. "去部门化"——中国农业社会化服务体系构建的关键［J］. 探索与争鸣，2016（6）：60－65.

以一般性、指导性和计划性服务为主，显现出"建制不完善、人员不完整、服务不到位"等诸多难以克服的问题，而且主要保障农业基本生产，对小农户对接大市场方面服务不多。对于超越部门利益的服务体系的搭建，农业行政主管部门本身就是其中的利益主体，因此很难在各部门中服众，体系构建的任务只能被延滞。在农业公共服务领域，如农田水利基础设施建设、气象服务、道路建设等，提供服务变成经营牟利行为，服务质量不高或者缺失。并且由于职能定位不清，权责不明确，部门沟通不畅，不能统筹高效使用资源，在推进小农户与现代农业有机衔接中没有发挥应有作用。

二是农业社会化经营性组织发育不足，农民专业合作组织经营规模小、服务层次低、管理松散、运营欠规范，受自身经济、技术、管理、能力、效益等制约，为社员提供互助性服务的能力不强，实际服务效率、效果及对行业市场的影响力不高。

三是龙头企业服务结构单一、科技创新水平不高，市场开拓能力和抵御风险能力较弱，与农民利益联结不紧密，提供的服务主要针对其关联农户，且以生产环节服务为主，主要围绕其自身生产经营展开，企业经营以盈利为目的社会化服务，存在利益驱使，服务面窄、不系统、水平参差不齐，甚至误导服务对象等问题，农民的利益没有得到充分保护。

四是农业服务公司以及基层农资供应商和农村经纪人，由于自身能力和条件限制，服务层次低，服务能力不强。服务供给主体对小农生产服务需求的理性"排斥"使小农户缺乏融入社会化大市场的介质和支撑，对促进其与现代农业的有机衔接助益不多。

（三）公益性服务组织机构管理分散，政策扶持体系和风险保障机制还有待进一步健全和完善

在实践中，公益性服务组织机构管理分散，不少地方基层农技推广系统人员年龄和知识结构老化，专业技术人员缺乏。财政资金投入不足，已投入的资金条块分割、分散使用，导致技术手段和基本物质条件仍未满足社会化服务体系所需，特别是技术推广经费缺乏更是直接影响科技成果转化速度。政府对服务供给主体的政策扶持体系、动力促进机制、风险分担机制等都很

不健全。① 社会化服务部门之间协同协作发展较少，服务方式、目标与手段不统一，管理制度效力难以发挥，缺乏高效的激励方式，经营性过强，逐利性突出，影响了农民对农业社会化服务的信赖度，降低了农民接受农业社会化服务的意愿。

三、创新新型农业社会化服务体系建设机制

按照"主体多元化、运行市场化、服务专业化"要求，创新新型农业社会化服务体系建设机制，培育服务主体，发展与农业需求相适应的社会化服务，构筑综合性社会化服务平台，推动服务供给主体和服务需求主体的一体化和内部利益机制的一体化，构建立体式复合型农业社会化服务体系。

（一）创新农业社会化服务管理体制

健全农业社会化服务法律法规，明确农业社会化服务的目标和方向，明晰农业各参与主体的法律地位，使经营运作有章可循；发挥政府的服务和保障职能，提高基层政府服务意识，从财政投入、项目支撑等方面落实保障措施，完善农业动植物疫病防控、农资和农产品质量检测、农业技术推广等设施条件。完善农业农村人才引进机制，制定激励措施，吸引更多的人才参与到农业社会化服务之中，为农业社会化服务体系建设提供支撑。

（二）创新政府向经营性服务组织购买农业公益性服务机制

2014 年中央一号文件提出对农业公益性服务可以采取购买服务等方式，2015 年中央一号文件进一步强调采取购买服务等方式，鼓励和引导社会力量参与公益性服务。② 文件提出在部分具备条件的地区开启政府向经营性服务组织购买农业公益性服务机制创新试点，首先支持的是在专项服务转向综合服务全程化方面展开试点。

以县级层面主导，公开遴选承担全县农业生产全程社会化服务的试点企业，这些企业综合实力强、规模大、信誉好，与农户签订小麦生产服务合

① 赵然芬. 以健全农业社会化服务体系为抓手加快推进河北省乡村振兴的对策与建议[J]. 经济论坛, 2018 (3): 4-6.
② 中共中央国务院关于"三农"工作的一号文件汇编（1982—2014）[M]. 北京: 人民日报出版社, 2014.

同，其服务内容包括小麦生产的所有环节。同时建立完善政府购买服务的程序规范、主体选择、质量监管及效益评价等机制。

（三）推动供销合作社成为农业社会化服务体系的重要力量

供销社组织体系比较完整，经营网络比较健全，服务功能比较完备。供销社改革目标是推动供销合作社由流通服务向全程农业社会化服务延伸，向全方位城乡社区服务拓展，加快形成综合性、规模化、可持续的为农服务体系，真正成为农民合作经济组织体系的重要支柱，减弱甚至去除其行政部门色彩。

充分发挥供销合作社为农服务合作经济组织的优势。构建以服务农业生产经营全过程为基准，以市场化服务为导向，以县级供销合作社为主体，整合基层社、社有企业等资源，推进与农户、各类新型农业主体的联合与合作，采取菜单式、保姆式等服务模式，新型庄稼医院要强化物技结合，推广统防统治、测土配方、农资集中配供、农田托管等，为农民提供系列化、专业化、规模化服务，与新型农业经营主体和农户形成紧密的利益连接机制，构建经营性服务与公益性服务相结合、综合服务与专项服务相协调的可持续的农业社会化服务体系。①

面向新型经营主体。提供农资供应、良种推广、配方施肥、节水灌溉、农机作业、统防统治、收储加工、质量检测、信息化管理等某些关键环节或全程服务。

面向分散农户。以"基层社 + 村两委 + 农户"等多种形式，整合作物种植区域，使之连片成方，提高广大农民的组织化程度，为农户提供多方位服务，推动小农户与现代农业发展有机衔接。对所有生产环节"打包"提供全程服务，形象地称"保姆式"托管或全托管。根据服务对象的需求，对生产过程的某些关键环节提供个性化的服务，形象地称"菜单式"托管或半托管。

（四）建立以农民为主体的脱离部门归属的综合性服务组织

加强县、乡两级基层农业公共服务能力建设，建设"一站式"乡镇农业

---

① 陈光东. 以县级社为主体提供全方位为农服务 [N]. 中华合作时报, 2015 - 02 - 10.

公共服务中心，扩大服务范围、找准服务方向、丰富服务内容，整合为农服务资源，提升为农服务效率。

推进村级综合服务社建设。推行基层农技人员包村联户制度，建立村级服务站点，通过加快与龙头企业对接，在开展系列化服务上下功夫，形成了商务、事务、村务"三务合一"的综合服务模式。商务方面，为村民提供生活资料、农资销售，农副产品收购、废旧物资回收等，方便村民购买商品和出售农副产品，解决"买难"和"卖难"。

建设社会化功能线下服务平台。强化信息化服务平台建设，借助大数据手段，实现农业生产要素和农村经济发展要素的整合集聚，使各类要素的高效、快捷流动与融合成为可能。每个乡镇农业社会化综合服务中心统一设立农业类"一站式"政府服务窗口、培育引进农业社会化服务公司，开展土地规模化经营、庄稼医院、农安监管等基本服务功能，鼓励各镇结合产业特点，开展农村休闲旅游推广等特色服务，形成社会化服务功能模块体系。

建设网络化线上服务平台。建设土地信息服务平台、农机信息服务平台，建立各村土地电子信息数据库，清晰标注农作物种植、闲置撂荒等土地信息，为服务中心精准生产奠定基础；开发土地托管 App 软件，提供土地流转线上交易和进度查询服务，及时了解土地托管进度，提高土地托管业务效率。①

（五）组建农民专业合作社联合社

按照服务农民、进退自由、权力平等、管理民主的要求，扶持农民专业合作社加快发展，鼓励村两委、基层供销社、农村能人、龙头企业、基层科协、乡镇事业站所，以及城市各类社会团体和组织，领办农民专业合作社或设立专业服务公司。鼓励各类服务组织开展跨区域、跨领域经营服务，推进同类合作组织联合与协作，形成以产品为纽带，相互联系、上下贯通的合作组织网络体系。采取创办、领办、联办等形式发展农民专业合作社，组建农民专业合作社联合社，发展各类农村经济协会，通过联合合作，实现跨区

---

① 张海波. 从"服务中心"到"孵化中心"——山东威海市创新农业社会化服务体系助力乡村振兴［J］. 农村工作通讯，2019（14）：22 – 24.

域、抱团式发展。

培育壮大农机服务组织、农民专业合作社、专业技术协会、专业服务公司等经营组织，依托大专院校和研究部门，通过农技交流、信息互通等方式，提高农民专业合作社等经营组织的服务能力。

实施"菜单式"服务。积极鼓励社会化服务组织，将各项农事活动细化成"菜单式"服务内容，农户选择所需要的服务项目，对耕地、播种、收获等每个环节明码标价，统筹开展订单种植、产销对接、质量追溯、品质评定等服务，为村民提供"菜单化"服务。双方签订协议，实施托管种植。

（六）加快构建新型农业创新支撑体系

一是加强农业社会化服务过程中的科技化、信息化、技术化和现代化，加强现代科技在社会化服务体系中的运用。从国家、战略、行业层面充分利用现代的农业科技、网络信息技术等全方位地为农户提供各种农业技术服务，形成现代科技在农业全领域、全行业、空地一体的服务格局。①

二是调整优化农业创新结构，加快培育一批优质绿色安全高效的农业产业技术。加快培育新型农业经营主体和技术农民，激发农村创新创业活力。推动农业技术创新进步模式由"创新—推广—应用"向"创新—转化—集成应用再创新"转变，构建符合各自发展特点和需求的先进技术体系。科研机构和高校由上下统揽的技术创新向技术原始创新和重大、共性及关键技术创新转变，技术集成应用创新交由农业创新型经营主体或与他们协助完成，并由技术推广向技术创新服务转变。鼓励支持城市农业科技资源、人才、资本向农村流动，与新型农业主体、农民和农村资源融合开展创新创业，尽快形成产学研融合创新机制，加快建立主体多元、分工明确、紧密融合、协同高效的新型农业创新支撑体系。

在现代化农业的发展过程中，社会经济发展水平对农业社会化服务体系建设起着决定性作用，也就是说随着社会经济发展水平的提高，农业社会化服务体系将会日益完善和出现共性特征。发达国家农业社会化服务体系的发

---

① 刘燕群，宋启道，谢龙莲. 德国农业社会化服务体系研究［J］. 热带农业科学，2017（12）：119－122.

展经验表明农业社会化服务体系是随着农业生产的社会分工和专业化程度不断提高及农业生产经营规模变化而逐渐发展与完善的。① 我国农业社会服务化体系建设的历程也表明，新型农业社会化服务有利于培育农业龙头企业、农业合作社、家庭农场等新型经营主体，促进形成以政府宏观调控为辅、市场导向为主的农业经营方式创新以及信息化、机械化、物联网智慧农业等现代农业技术应用创新，在一定程度上推动了农村生产关系和农业生产力的适应性调整。我国已进入加快改造传统农业、走中国特色农业现代化道路的关键时期，加快我国农业社会化服务体系构建，形成全覆盖、多层次、精准化的社会化服务网络格局，对于推进乡村振兴战略背景下的农业现代化来说是一项重大而紧迫的战略任务，意义重大。

第三节　建立农业高质量发展的智慧治理机制

农业高质量发展，是我国经济社会发展到新阶段对农业经济发展提出的更高要求。② 全球科技创新呈现出新的发展态势和特征，新一轮科技革命和产业变革正在蓬勃兴起，成为包括我国在内各国发展最不确定而又必须把握的重大时代潮流。③ 新一轮科技革命和产业变革是以绿色、低碳、健康为主题，由新一代信息技术、新能源、生物、纳米、新材料等领域的群体性科学技术突破和融合引发经济社会深刻变革的过程。新一轮科技革命和产业变革将引发农业、医疗、工业、能源等领域的深刻变革，为解决人类社会发展面临的资源环境、粮食安全、健康等问题提供强有力的手段。④ 同时，新一轮科技革命和产业变革与全球化相互推动，也必将促进全球性产业结构大调整

---

① 彭勃文，杨宇．发达国家农业社会化服务体系发展和趋势及对中国的借鉴［J］．世界农业，2018（10）：149－153．

② 王赞新．抓住乡村振兴的着力点提升农业农村发展质量［N］．经济日报，2018－10－25．

③ 王志刚．勇立新科技革命和产业变革潮头［J］．求是，2015（1）：6－12．

④ 王昌林．中国以改革创新推进科技革命和产业变革［N］．中国社会科学报，2013－11－01．

和世界经济格局的深刻变化，推动世界经济向知识经济、绿色经济、低碳经济转型。新科技产业革命或还将动摇旧生产力与旧生产关系，加剧现行教育、科技、就业、社保、法律法规等传统制度体系与新的生产力之间的矛盾，对全球治理体系和各国经济社会制度带来新的挑战，也将带来生产力更伟大的突破，对生产关系和制度变革产生更深刻的影响。① 在农业领域，农业的国际化和现代化加快推进，全球农业市场的格局发生深刻调整，一些发达国家的农业加快向"3.0""4.0"转变，农业的国际竞争日益加剧，必须把中国农业的高质量发展摆在重要的位置，更加注重运用信息化手段推动工作，推进互联网、大数据、人工智能等与农业深度融合，以"农业＋"和智能化发展为引擎，完善对智慧农业、科技农业、农业机械化等政策支撑体系，构建智慧型的农业治理体系，推动农业高质量发展。②

一、农业高质量发展内涵

农业高质量发展是乡村振兴的前提和基础，是乡村振兴的内源性动力支撑，是中国现代化建设的重大战略目标选择。③ 新时代的农业现代化，不是数量规模型的现代化，而是质量效益型的现代化，是高质量发展的现代化。当前我国经济已由高速增长阶段转向高质量发展阶段，农业作为国民经济的基础，也要顺应这一趋势，向高质量发展阶段迈进。农业高质量发展，包括提高农业绿色化、优质化、特色化、品牌化水平等多个方面，不仅要求农产品质量好、农业产业素质高、国际竞争力强，还要求农业经营效益高、农民收入多、高水平的国际竞争力④，具体有以下几个方面。

（1）高品质的农产品。农产品的高质量和高品质是农业高质量的基本标志。农产品的高质量主要体现为高品质和高安全性两个方面。进入高质量发展阶段，产品合格只是保障人们"舌尖安全"的基本线，不仅要守住农产品

---

① 易信．新一轮科技革命和产业变革趋势、影响及对策［J］．中国经贸导刊，2018（10）：47－49．

② 孔令刚．建立农业高质量发展的智慧治理机制［J］．新西部，2019（11）：62－64．

③ 夏青．农业高质量发展进行时［J］．农经，2019（2）：19－25．

④ 宋洪远．推进农业高质量发展［J］．中国发展观察，2018（23）：49－53．

质量安全这条底线，还要在此基础上有新突破。要使生产的农产品在保障人的健康安全的基础上，口感更好、品质更优，营养更均衡、特色更鲜明，即不仅农产品供给数量上更充足，而且在品种和质量上更契合消费者需要，真正形成结构更加合理、保障更加有力的农产品有效供给。同时，不仅要满足农产品量的需要，更要提供被市场认可、与需求层次提升相适应，多层次、多样化、个性化、优质生态安全的高质量农产品及相关服务。① 一是加强绿色、有机、无公害农产品供给，着力提高农产品供给质量，大幅提升绿色优质农产品供给，从规模化、标准化的农产品需求更多向个性化且具有地理标识特征的农产品、绿色有机农产品转变。二是适应消费结构升级趋势，提供更好的品质、品相产品，给消费者提供更好的味觉、视觉等品质性体验。②

（2）高效益的农业产业。农业经营有效益，让农业成为有奔头的产业，这是农业作为产业的基本价值和承载的基本责任。农产品生产效益和比较利益，决定着农户或农业企业增加农产品供给的积极性。提高农业生产及农产品赢利能力，才能保障农产品供给和实现农业高质量可持续发展。乡村振兴战略背景下要以发展高效农业推动农业产业的高效益。高效农业是以市场为导向，运用现代科学技术，充分合理利用自然资源和社会资源，实现各种生产要素的最优组合，科学集成各种农业实用技术，提高土地产出率、资源利用率、劳动生产率，生产多系列、多品种、高产量的质量安全农产品，最终实现经济、社会、生态综合效益最佳，可持续发展的农业生产经营模式。③ 实现高效益的农业产业，一是突出区域农业特色化和差异化发展，发展农产品精深加工，形成产业集群，提高农业全产业链效益和市场价值④。二是挖掘农业的生态价值、休闲价值、文化价值，加快发展乡村旅游等现代特色产业，拓展农业的内涵、外延和发展领域，深化农业与制造、旅游、科研、电商、创意、康养等二、三产业融合发展，推动产业链、价值链、供应链整合

① 王赞新. 抓住乡村振兴的着力点提升农业农村发展质量 [N]. 经济日报, 2018 - 10 - 25.
② 钟钰. 如何推进农业高质量发展 [N]. 大众日报, 2018 - 11 - 01.
③ 吕美晔. 把握高效农业发展的新内涵 [J]. 群众, 2017 (9)：17.
④ 郭玮. 着力构建现代农业产业体系生产体系经营体系 [N]. 农民日报, 2016 - 02 - 16.

重构，促进农业业态更多元、形态更高级、分工更优化，农业增值空间不断拓展，把农业的生态、生活功能和休闲娱乐、养生度假、文化创意、农业技术、农副产品、农耕活动等有机结合起来，提升农产品质量及附加值，让农业成为有奔头、有希望的产业。

（3）高效完备的农业生产经营体系。高效完备的生产经营体系主要特征是农业生产经营集约化、专业化、组织化、社会化，关键在于形成有利于现代农业生产要素创新与运用的体制机制。集约化是相对于粗放化而言的，包括单位面积土地上要素投入质量和要素投入结构的改善，农业经营方式的改善和要素利用效率的提高。专业化是相对于兼业化和"小而全"的农业经营方式而言的。在新的生产经营方式下，形成新经营主体和经营关系，让善经营者和善劳作者各司其职、各显神通，创造更多的就业岗位，也就是通过深化分工协作，提高农业资源利用率和要素生产率。组织化是相对于"小而散"的农户经营而言的，包括新型农业生产经营或服务主体的发育，及与此相关的农业组织创新。社会化是指建立在专业化、市场化基础之上的农业生产经营和服务体系的社会化，农业产业体系完善、结构优化，抗风险能力强，对需求变化具有较强的适应性和灵活性，产业优势突出，综合竞争力强。

（4）高质量的农业生态环境。高质量农业需要良好的生态环境和洁净的资源来支撑，农业高质量发展更体现在运用先进装备和技术，提高资源使用效率，实现对资源和能源的集约化和节约化利用，不断改良农业生产的过程。因此，需要重新定义农业与山水林田湖的生态关系，推进绿色发展，打造高质量农业生态。一是要做好"减法"。扭转粗放使用和过度利用农业生态资源的生产方式，分类推进农业资源利用高效化和农业生产清洁化，实施化肥、农药减量增效行动，大力开展测土配方施肥，全面普及化肥、农药减量增效技术模式，推广高效低毒低残留农药、高效节约植保机械和精准施药技术，推行生态调控、物理防治和生物防治，减少化肥、农药、农膜等化学物质在农业生产中的使用量，同时适当降低耕地、牧场、草地、水资源等稀缺资源的使用强度，实行耕地轮作休耕制度，提高利用效率、改善资源质量，让长期过度利用的农业生态资源休养生息。① 二是做好"加法"，大力发展循环农业，推进农业废弃物资源化利用。推广小麦玉米秸秆机械粉碎深耕还田作业方式和秸秆青贮利用方式，提升秸秆饲料化、肥料化、原料化、能源化、基料化"五料化"利用水平，构建现代化的农业生产结构和种养模式，培育全社会对发展高质量农业农村生态的价值导向。

（5）高质量的农业发展要素。要素质量和结构，是农业现代化程度和农村发展水平的重要体现。高质量聚集的农业发展要素，需要土地、水、气候、生物等自然资源的支撑，更需要人力资本、管理、技术、资金等经济要素的投入。农业高质量发展需要增强农业对优质资源要素和工业以及服务业发展成果的吸纳能力，把土地、资本、劳动力等传统要素与科技创新、组织化程度、专业化水平、体制机制建设等新发展要素，一并纳入农业生产和供给发展要素中，畅通智力、技术、管理下乡的通道，更注重通过金融资本、科学技术、先进装备、组织管理等现代生产要素的集约投入和深度开发，形成新的要素组合方式，提高全要素生产率，促进全要素生产率和农业综合素质的稳步提升，为农业发展聚集更多高质量要素。②

（6）高水平的农业国际竞争力。农产品和农业企业的竞争，已超越纯粹产品竞争的层次，进入农企与农企之间、农企和消费者之间"场景"的竞争时代。中国农业产业的市场格局，要在两个方向上同步进行战略调整。一是由大型农企所引领的代表产业集中趋势的产业链归并整合，二是在市场和品牌竞争中呈现的代表市场和品牌的多样化、个性化趋势超细分态势。因地制宜实施差别化发展，大宗农产品要在扩规模、降成本上下功夫，特色农产品要在增品种、提品质上下功夫，并且要超越早期散兵游勇、"野蛮"竞争的状态，形成与现代世界农业游戏规则相适应的"文明"形态，提高竞争水平，实现由农业贸易大国向农业贸易强国的转变。③

总体上来看，农业高质量发展的实质是农业产业总体素质和效率达到较

---

① 许贵舫. 提升农业综合效益 推动乡村产业振兴 [N]. 河南日报, 2019 – 05 – 31.

② 郭雪飞, 李春艳. "互联网" 视阈下成都农业供给侧改革实践与路径研究 [J]. 成都行政学院学报, 2019（3）：86 – 91.

③ 王铁军. 产业竞争性决定中国农业国际话语权 [J]. 农经, 2015（8）：18 – 21.

高水平的发展，是农村、农业、农民协调发展，生产、生态、生活融合发展，经济效益、社会效益、生态效益全面发展的综合体现，是发展动力强、增长快、效率高、效果好的发展状态。[①] 新时期，要以农业绿色发展推进质量兴农，建立起与高质量发展相适应的现代农业产业体系、生产体系、经营体系，推进农业高质量发展，全面提升农业自身素质和竞争力。

二、"农业 4.0" 与农业高质量发展

现代工业经历了从机械化生产、电气化大生产、信息化生产到网络化和智能化生产的 4 级演变。[②] 2013 年 4 月，德国政府在汉诺威工业博览会上正式提出"工业 4.0"战略，其目标是建立一个高度灵活的个性化和数字化的产品与服务的生产模式。在这种模式中，传统的行业界限将消失，并会产生各种新的活动领域和合作形式。"工业 4.0"打破了传统的行业界限，实现了跨行业的重组与融合。农业作为工业生产原材料的提供行业和工业制品的使用行业，也必将融入这场时代的变革中。[③] 纵观农业发展历程，历经农业 1.0 至 4.0 共 4 个阶段，即以体力劳动为主的小农经济"农业 1.0"时代，以机械化生产为主、适度经营的"种植大户""农业 2.0"时代，以现代科学技术为主要特征的"农业 3.0"时代和以智能化为主要特征的智能"农业 4.0"时代。

农业 1.0。体力和蓄力劳动农业，是以体力劳动为主的小农经济时代。其标志性成果为畜力机具和人畜粪便的使用。农业 1.0 利用简单的工具和畜力耕种，依靠经验来判断农时。以小规模的一家一户为单元从事生产，生产规模较小，经营管理和生产技术较为落后，抗御自然灾害能力差，农业生态系统功效低，商品经济性较薄弱。农业 1.0 在我国延续的时间十分长久，而传统的农业技术精华至今仍有广泛影响。[④]

---

① 张伟.增优势创品牌推进农业高质量发展［N］.河南日报，2018 - 03 - 30.
② 秦志伟."农业 4.0"已露尖尖角［N］.农村·农业·农民（B 版），2015 - 09 - 20.
③ 邱爽."现代农业 4.0"概念下的供销社力量［N］.中华合作时报，2015 - 09 - 15.
④ 蒋圣华.2015，农业 4.0 元年［J］.中国农村科技，2015（11）：20 - 23.

农业 2.0。机械化农业，是以机械化生产为主、以"农场"为主要经营单位的时代。其标志性成果为合成化肥、农药、杂交育种、中小型机械使用。人们开始运用先进适用的农业机械代替人力、畜力生产工具，将落后低效的传统生产方式转变为先进高效的大规模生产方式，大幅度提高劳动生产率和农业生产力水平。

农业 3.0。信息化农业，是以现代科学技术为主要特征的时代。其标志性成果为转基因、无土栽培、缓释控肥、大型农机等新技术使用。现代计算机、电子及通信等现代信息技术以及自动化装备在农业生产、经营、管理、服务等各个方面实现普及应用。与机械化农业相比，农业 3.0 自动化程度更高，资源利用率、土地产出率、劳动生产率更大。

农业 4.0。智慧农业，其标志性成果为物联网、大数据、移动互联、云计算技术、空间地理技术和人工智能技术等信息技术的高度融合，一种高度集约、高度精准、高度智能、高度协同、高度生态的现代农业形态①，是继传统农业、机械化农业、信息化农业之后现代农业发展的高级阶段②，是智能化技术在农业全领域、全产业、全链条的应用，是农业产业链的智能化，代表农业现代化的制高点以及未来农业发展的主要方向。农业 4.0 通过农业—工业—服务业的高度融合，充分利用移动互联网、物联网、大数据、云计算等信息技术，实现与农业的跨界融合，是以信息支撑、管理协同、产出高效、产品安全、资源节约以及环境友好为标志的现代化农业升级版。在农业 4.0 时代，农业生产实现生产者、农民、农业企业的无缝数字化高效对接，农产品精准生产。同时智能化应用在节水、节药、节肥、节劳动力等方面充分发挥作用，提高土地产出率、资源利用率和劳动生产率。另一方面，农业 4.0 采用现代化工业生产方式和自动化控制系统，结合大数据分析，运用物联网传感器和软件通过移动平台或者电脑平台对农业生产进行控制，实现农产品全程可追溯，使农业生产更具有"智慧"，从而生产出安全、高效、健

① 李道亮. 农业 4.0——即将到来的智能农业时代 [J]. 农业信息化，2017（10）：42—49.
② 金涌. 第六产业将助力中国迈向生态农业 4.0 时代 [J]. 科技导报，2017，35（5）：1.

康、绿色的农产品，促进农业产业向智能化、精准化、网络化方向转变，实现传统农业向现代农业转型，推动农业高质量发展。

三、建立农业高质量发展的智慧治理体系

实施智慧农业工程。面向政府部门监管、生产经营主体，开发与应用科学业务协同与数据分享模型，发展农业互联网、农业电子商务、农业电子政务、农业信息服务等。建设天空地数字农业管理系统，推动大数据、人工智能、物联网等现代信息技术与农业产业深度融合，推进农业物联网试验示范，建立技术标准和监测体系。推进农业资源管理、农业应急指挥、农业行政审批和农业综合执法等实现在线化、数据化、智能化和个性化，精准化种植、可视化管理和智能化决策；建成国家和省级大数据平台，实现农业行业管理精细化和管理决策科学化；建成农副产品质量安全追溯公共服务平台，实现农副产品和食品"从农田到餐桌"的全程追溯，保障"舌尖上的安全"，使国家粮食安全的保障能力大幅提升。到2035年，我国农业信息化应用水平基本达到或超过现在欧美发达国家水平，农业信息化应用进入农业产业集成融合发展阶段，基本实现新一代信息技术与"三农"的完全融合，全国完全实现传统农业产业的数据化、在线化改造，实现农业产业与新一代信息技术集成融合，全面实现农业4.0的目标，信息技术、智能技术与农业生产、经营、管理、服务全面深度融合，农业全面进入智能化时代。

加快建设农业智慧治理的核心技术和技术标准支撑体系。加快农业生物技术、信息技术、装备技术创新步伐，转变传统生产方式、经营方式和管理方式，加大对以物联网、大数据、人工智能、3S①为代表的智慧农业前沿技术、核心技术和关键技术的攻关力度，推进精准作业数字化管理与智能决策、变量施肥与施药等智能装备、农产品柔性加工、区块链等技术的研发，加快3S、智能感知、模型模拟、智能控制等软硬件产品的集成应用。建成一批智能化的大田种植、设施园艺、畜禽养殖、水产养殖物联网综合生产基地及家庭农场，实现生产空间集约高效；熟化一批农业物联网关键技术和成套

---

① 3S 技术包括遥感技术（Remote Sensing，RS）、地理信息系统（Geographic Information System，GIS）与全球定位系统（Global Positioning System，GPS）。

智能设备，形成与推广应用一批节本增效的农业物联网应用模式，建立数字农业技术标准和规范体系，完善数字农业技术创新与服务体系。

夯实农业生产经营管理智慧治理数据基础。建设集智能管理、精准控制、全面分析于一体的智慧农业管理与服务系统。运用地理信息技术、遥感技术，整合空间数据，将耕地资源、渔业水域资源、粮食生产功能区、现代农业园区、特色农产品优势区等区划，特色农业强镇、生产经营主体、村庄分布等数据上图入库，使农业农村资源数据立体化；整合农情调度系统、田间定点监测系统，集遥感信息、无人机观测、地面传感网等于一体，构建天空地一体化数据获取技术体系，建立作物空间分布、重大自然灾害等的动态空间图，构建覆盖农资源、乡村产业、生产管理、产品质量、农机装备、乡村治理等领域的数据库，形成天空地一体化的全域地理信息图，以农业农村资源与业务数字化和可视化夯实农业生产经营管理智慧治理数据基础。①

建设智慧农业管理与服务系统。运用智能终端、遥感等装备和手段，构建实时、动态的全产业链数据采集体系和数据仓库。公共管理服务平台数字化应用。加快建设省级耕地基本信息数据资源、农产品市场交易数据资源、农业投入品数据资源、农业生产经营主体基础信息数据资源等数据库平台，归集整理农业全产业链信息。建立健全重点农产品监测预警体系和重要信息发布机制，提供农业各类经营主体，提供市场预警、政策评估、资源管理、舆情分析等服务业。以新型农业主体和现代农业产业园为依托，建设集智能管理、精准控制、全面分析于一体的智慧农业管理与服务系统，推动大数据、人工智能、物联网等现代信息技术与农业产业深度融合，搭建灵活、便捷、高效、透明的农业生产经营和管理体系，为广大农民提供更为便捷、优质的信息服务。

以"互联网＋农业"为基础推动智慧农业全产业应用。加大对移动互联技术、云计算以及智能装备等现代信息技术和装备在农业生产全过程的广泛应用，提升园艺、畜禽、水产、田管、营销和农家乐等数字化建设、智慧化管理水平，提高农业智能化水平，提高农业全产业链劳动生产率。建立高速

---

① 胡青. 乡村振兴背景下"数字农业"发展趋势与实践策略 [J]. 中共杭州市委党校学报, 2019 (5): 69 – 75.

度、短距离、少环节、低费用的流通网络，完善农村电商生态系统，紧扣农产品流通电商化发展趋势，壮大农村电子商务，促进农产品流通个性化、品牌化、电商化，有效缓解农产品进城"最后一公里"难题。利用电商平台积极发展创意农业、分享农业、众筹农业、休闲农业、乡村旅游等新业态和田园综合体，促进农业高质量发展。①

---

① 牛沐萱. 在农业 4.0 时代如何做农业 [J]. 农经，2018 (9)：56 – 58.

后　记

　　党中央提出实施乡村振兴战略，不仅是继中国新农村建设战略后着眼于农业农村优先发展和着力解决中国"三农"问题的又一重大战略，而且也是着眼于解决新时代中国发展不平衡和不充分，尤其是解决城乡发展不平衡和农村发展不充分矛盾的重大举措。实施乡村振兴战略，不仅需要充分认识这一战略的重大意义，而且需要准确把握乡村振兴战略的科学内涵、目标任务及其实施路径。

　　国家《乡村振兴战略规划（2018—2022年)》要求以提高农业质量效益与竞争力为目标，强化绿色生态导向，创新完善政策工具和手段，加快建立新型农业支持保护政策体系。农业可持续发展是乡村振兴战略的关键内容。强化对农业可持续发展的引导和扶持，提高农业生产能力，促进农业绿色发展，推动农业产业结构优化升级，是实现乡村振兴的必然选择。完善农业支持保护制度、构建新型农业支持保护政策体系，是强化乡村振兴制度供给、加强乡村振兴制度建设的重要内容，对补齐农业发展短板、促进农业高质量发展、推进农业现代化具有重要引领和支撑作用。针对目前农业产业结构不合理、农业资源环境制约严重、农业财政金融支持力度不够和农业人才流失严重等问题，在如何调整、完善农业产业结构调整政策、"三产"深度融合政策、农业资源保护政策、农业补贴政策、农业融资和保险政策、农业人才激励和保障政策等方面需要深化研究。

　　本书是安徽省社科院重点学科建设项目"安徽乡村振兴战略实施路径研

262

究"阶段性成果，着眼于对乡村振兴战略实施进程中促进农业发展的政策需求和体制机制开展系统梳理，重点研究探索以乡村振兴战略为要求的提高农业质量效益与竞争力、绿色生态为目标的新型农业支持保护制度框架与政策支撑体系。

参与课题研究与撰稿人员分工如下（按照章节顺序）：

绪　论　孔令刚

第一章　严　静

第二章　陈清萍

第三章　李　颖

第四章　储昭斌

第五章　蒋晓岚

第六章　张谋贵

第七章　吴寅恺

第八章　许　红

第九章　孔令刚

孔令刚负责课题研究工作组织与统筹、课题研究框架和写作体例设计及统稿等工作。

课题研究是在安徽省社科院党组领导下进行的。安徽省社科院党组书记、院长曾凡银教授，安徽省社科院党组成员、副院长沈天鹰教授，安徽省社科院党组成员、副院长杨俊龙教授，安徽省社科院党组成员、《江淮论坛》主编沈跃春研究员始终关注课题研究进展，并给予有价值的指导。安徽省社科院院办公室、科研处、人事处、财务处、图书馆以及机关服务中心等部门为课题研究工作提供便利与帮助。在此，表示衷心的感谢！

课题选题及研究过程中，我们征询了中国社科院农村发展研究所、安徽大学、安徽农业大学、安徽省人民政府发展研究中心、安徽省农村农业厅等高校、研究机构的专家学者以及政府部门领导的意见，他们给予了积极的回应和富有价值的指导，使我们受益匪浅。在此，向这些专家学者和领导致以崇高的敬意！

由于学识有限，对相关领域的文献及研究进展梳理把握不够全面，分析不够深入，提出的思路与见解也存在不足，还请社会各界有识之士不吝赐教。

　　本书写作过程中参阅了大量国内外学者的研究成果。为便于查阅，我们以页注参考文献的形式列出了这些文献的出处，并大体上按引文出现的顺序排列。最后呈现出来的结果，可能会有舛误和遗漏。在此，我们向这些研究者表示诚挚的谢意！

2019 年 11 月